Rüdiger Heintz

Neues Verfahren zur invarianten Objekterkennung und -lokalisierung auf der Basis lokaler Merkmale

Schriftenreihe des

Instituts für Angewandte Informatik / Automatisierungstechnik

an der Universität Karlsruhe (TH)

Band 18

Neues Verfahren zur invarianten Objekterkennung und -lokalisierung auf der Basis lokaler Merkmale

von
Rüdiger Heintz

universitätsverlag karlsruhe

Dissertation, Universität Karlsruhe (TH)
Fakultät für Maschinenbau, 2007

Impressum

Universitätsverlag Karlsruhe
c/o Universitätsbibliothek
Straße am Forum 2
D-76131 Karlsruhe
www.uvka.de

Universitätsverlag Karlsruhe 2007
Print on Demand

ISSN: 1614-5267
ISBN: 978-3-86644-166-8

Danksagung

Die vorliegende Dissertation entstand während meiner dreijährigen Tätigkeit an der Fakultät für Elektro- und Informationstechnik der Hochschule Karlsruhe.

Besonders danke ich Herrn Prof. Dr.-Ing. habil. Georg Bretthauer und Herrn Prof. Dr.-Ing. Gerhard Schäfer. Durch ihre Kooperation wurde die Grundlage geschaffen, welche diese Arbeiten erst ermöglichte.

Die vorliegende Arbeit wäre nicht möglich gewesen, ohne die außergewöhnlich gute und intensive Zusammenarbeit mit Prof. Dr. Ing. Gerhard Schäfer. Ihm sei an dieser Stelle noch einmal herzlich gedankt. Durch seine ständige Diskussionsbereitschaft und großes Interesse entstanden neue Ideen, welche meine Arbeit bereicherten.

Besonderer Dank gilt Herrn Prof. Dr. Ing. habil. Georg Bretthauer, der alle bürokratischen Barrieren ausräumte und so die Fertigstellung der Arbeit ermöglichte. Für seine Unterstützung bei der Fertigstellung der Arbeit und bei Veröffentlichungen auf wissenschaftlichen Konferenzen bin ich ebenfalls sehr dankbar.

Ganz herzlichen Dank an Eduardo Monari. Herr Monari lieferte während seiner Masterthesis neue Ideen und Wissen über hardwarenahe Programmierung. Ebenso war er eine unermüdliche Unterstützung bei der Korrektur von Veröffentlichungen.

Für die vielen anregenden Diskussionen danke ich Prof. Dr. Ing. Franz Quint, Prof. Dr. Ing. Urban Brunner und Prof. Dr. Ing. Norbert Link.

Mein herzlicher Dank gilt schließlich meiner Familie und meiner Frau für die besondere Unterstützung.

Inhaltsverzeichnis

Symbolverzeichnis

Die wichtigsten Formelzeichen und ihre Bedeutung sind im Folgenden zusammengestellt:

Formelzeichen	Bedeutung
$\mathbf{A}_R$	Rotationsmatrix
B_a	Azimutale Bandbreite
B_r	Radiale Bandbreite
c	Konstante, um die Parameter ω und σ des Gaborfilters in Beziehung zu setzen
$E_i(\mathbf{x})$	Ortsvektor $\mathbf{x}$ abhängige i-te Ortsfunktion
$(f**g)(\chi)$	Zweidimensionale Faltungsfunktion der Signale $f(\mathbf{x})$ und $g(\mathbf{x})$
$\mathfrak{F}_{x\omega}(h(\mathbf{x}))$	Zweidimensionale Fouriertransformierte der Ortsfunktion $h(\mathbf{x})$
$\mathbf{f}(\mathbf{x},\mathbf{q})+\mathbf{v}$	Transformationsfunktion zur geometrischen Transformation
g	Parameter der Merkmalsextraktion, legt die Bandbreitenabsenkung fest
$h_g(\mathbf{x},\sigma_{x1},\sigma_{x2},\omega,\theta)$	Funktion des drehbaren Gaborfilters
$h_g(\mathbf{x},\mathbf{p})$	Funktion des modifizierten Gaborfilters
$H(\omega)$	Fouriertransformierte der Ortsfunktion $h(\mathbf{x})$
$H_g(\omega,\mathbf{p})$	Fouriertransformierte des modifizierten Gaborfilters $h_g(\mathbf{x},\mathbf{p})$
Im(x)	Imaginärteil der komplexen Zahl x, es gilt Im(a+jb)=b
j	imaginäre Einheit, es gilt $j^2=-1$
$\mathbf{J}(\mathbf{x})$	Jetmatrix an der Stelle $\mathbf{x}$
$\mathbf{JS}$	Suchjetmatrix
$\mathbf{JR}$	Referenzjetmatrix
$\mathbf{j}(\mathbf{x})_{k,n}$	Element der k-ten Zeile und n-ten Spalte der Jetmatrix $\mathbf{J}(\mathbf{x})$
$\mathbf{jx}_{k,n}$	Element der k-ten Zeile und n-ten Spalte der Jetmatrix $\mathbf{JX}$
$(f\otimes\otimes g)_{nor}(\chi)$	Normalisierte zweidimensionale Kreuzkorrelationsfunktion der Signale $f(\mathbf{x})$ und $g(\mathbf{x})$
$(f\otimes\otimes g)(\chi)$	Zweidimensionale Kreuzkorrelationsfunktion der Signale $f(\mathbf{x})$ und $g(\mathbf{x})$
$(\mathbf{JA}\otimes\otimes\mathbf{JB})_{Jet}(m,n)$	Normalisierte zweidimensionale Kreuzkorrelationsfunktion der Jetmatrizen $\mathbf{JA}(\mathbf{x})$ und $\mathbf{JB}(\mathbf{x})$
$M(\mathbf{x},\mathbf{p})$	Merkmalsbereich abhängig vom Ortsvektor $\mathbf{x}$ und Adaptionsvektors $\mathbf{p}$
$\overset{\mathcal{M}}{\mapsto}$	Transformation vom Ortsraum in den Merkmalsraum
M	Parameter der Merkmalsextraktion, Anzahl der Abtastpunkte entlang p_2 (Skalierung)
N	Parameter der Merkmalsextraktion, Anzahl der Abtastpunkte entlang p_1 (Rotation)
$Q(\mathbf{x})$	Erkennungsgüte
$\mathbf{p}$	Adaptionsvektor
p_i	i-te Komponente des Adaptionsvektors
$\mathbf{q}$	Transformationsvektor
q_i	i-te Komponente des Transformationsvektors

Formelzeichen	Bedeutung
$Re(x)$	Realteil der komplexen Zahl x, es gilt $Re(a+jb)=a$
σ_{xi}	Ausdehnungsparameter des Gaborfilters entlang der i-ten Ortskoordinate
θ	Drehwinkel des Gaborfilters
v	Verschiebungsvektor
v_i	i-te Komponente des Verschiebungsvektors
x	Ortsvektor
x_i	i-te Komponente des Ortsvektors
ω	Ortsfrequenzparameter des Gaborfilters
ω_m	Parameter der Merkmalsextraktion, maximale Frequenz der Gaborfilter
Z	Anzahl zusätzlicher Zeilen der Referenzjetmatrix gegenüber der Suchjetmatrix
B^{-1}	Inverse Matrix von B
B^T	Transponierte Matrix von B
b^T	Transponierter Vektor von b

1 Einleitung

Das einleitende Kapitel gibt einen Überblick über das Maschinelle Sehen (Machine Vision), verdeutlicht die Bedeutung der visuellen Objekterkennung und -lokalisierung und gibt eine Einordnung der Arbeit in das Forschungsgebiet der visuellen Objekterkennung und Objektlokalisierung.

1.1 Bedeutung der visuellen Objekterkennung und Objektlokalisierung

Das Forschungsgebiet der künstlichen Intelligenz (Artificial Intelligence, AI) befasst sich mit der Entwicklung von Systemen, die Informationen aufnehmen, verarbeiten und darauf basierend „intelligente" Leistungen erbringen. Dabei wird mindestens zwischen den vier Intelligenzarten:

- Visuelle Intelligenz

- Sprachliche Intelligenz

- Manipulative Intelligenz

- Rationale Intelligenz

unterschieden [1].

Die visuelle Objekterkennung und -lokalisierung wird dem Forschungsgebiet des Maschinellen Sehens zugeordnet und setzt sich mit der Erzeugung visueller Intelligenz auseinander. Das Maschinelle Sehen beschäftigt sich mit dem maschinellen Bildverstehen (Image Understanding). Ziel des Maschinellen Sehens ist die Transformation eines Bildes in eine symbolische Beschreibung. Dazu orientiert sich das Maschinelle Sehen an den Fähigkeiten des menschlichen visuellen Systems.

Die Begriffe visuelle Objekterkennung und -lokalisierung sind sehr eng miteinander verknüpft. Unter visueller Objekterkennung wird die Identifikation von Bildmerkmalen als Abbild eines bestimmten Objektes einer Datenbasis verstanden. Somit wird erkannt, welches Objekt bzw. welche Objekte im Bild sichtbar sind. Dagegen beschreibt der Begriff der visuellen Objektlokalisierung die Bestimmung der Position und Lage eines Objektes anhand der Bildmerkmale. In vielen Algorithmen sind die Erkennung und Lokalisierung von Objekten untrennbar miteinander verbunden, daher wird in der Literatur oftmals nur der Begriff visuelle Objekterkennung verwendet und nicht zwischen Erkennung und Lokalisierung differenziert. Im späteren Verlauf werden Verfahren vorgestellt, welche Erkennung und Lokalisierung in getrennten Schritten durchführen, weshalb eine

Differenzierung der Begriffe beibehalten wird. Ein weiterer Grund für die enge Verknüpfung von Objekterkennung und Objektlokalisierung liegt darin, dass für die meisten Aufgaben des Maschinellen Sehens die Informationen über Objekttyp, Lage und Position nötig sind.

In den letzten Jahren hat sich das Maschinelle Sehen zu einer Schlüsseltechnologie mit einem breiten Spektrum von Anwendungsgebieten entwickelt. So weist die industrielle Bildverarbeitung laut einer Studie des Bundesministeriums für Wirtschaft und Arbeit [2] seit Jahren die höchsten Zuwachsraten innerhalb der Automatisierungstechnik auf und prognostiziert ihr enorme Wachstumsraten in der Zukunft. Anwendungsgebiete des Maschinellen Sehens sind z.b. die Qualitätskontrolle, die Fertigungssteuerung, die Über-wachung, die Auswertung medizinischer Daten und die Arbeitssicherheit [3] [4] [5] [6]. Die meisten Anwendungen des Maschinellen Sehens lassen sich ohne visuelle Objekterkennung und -lokalisierung nicht realisieren. Daher stellt die visuelle Objekterkennung und Objekt-lokalisierung einen der Hauptbestandteile von maschinell sehenden Systemen dar.

Bedingt durch die Komplexität der Problemstellungen stellt die visuelle Objekterkennung und -lokalisierung ein interdisziplinäres und heterogenes Forschungsgebiet dar. Trotz signifikanter Fortschritte in verschiedenen Teilbereichen während der letzten Jahre sind die Verfahren noch weit von der Leistungsfähigkeit und Flexibilität der menschlichen visuellen Objekterkennung und -lokalisierung entfernt.

Eines der Hauptprobleme der Objekterkennung und -lokalisierung stellt die Vielzahl der möglichen Ansichten eines Objektes dar. Zusätzlich erschweren störende interne und externe Einflüsse die Objekterkennung und -lokalisierung. Zu den externen Störungen zählen zum Beispiel die Änderung der Beleuchtung und die Teilverdeckung des Objektes. Unter interne Störungen fallen unter anderem das Sensorrauschen und das Quantisierungsrauschen.

In den Anfängen der maschinellen Bildauswertung entsprachen die Rechenleistung und Bildsensorik bei weitem nicht dem heutigen Standard, wodurch nur einfache Auswerte-verfahren realisierbar waren. Daher wurde die maschinelle Bildauswertung hauptsächlich in industriellen Umgebungen eingesetzt, da hier unter wirtschaftlichen Bedingungen definierte Umgebungen geschaffen werden konnten, was eine vollständige Beschreibung der Umwelt ermöglichte. Beispielanwendungen für solche Verfahren sind:

- Form- und Lageprüfung

- Positionssteuerung von Schweißrobotern

- Objektprüfung

- Vollständigkeitsprüfung.

Durch die definierten Umgebungen ließen sich störende externe Einflüsse wie Helligkeitsschwankungen, Teilverdeckung der Objekte, Skalierung des Objektes usw. vermeiden, wodurch sich die Problemstellungen stark vereinfachten.

Mit steigender Rechenleistung und verbesserter Bildsensorik konnten komplexere Verfahren zur Bildauswertung realisiert werden, wodurch anspruchsvollere Probleme lösbar wurden. Waren früher nur stark eingeschränkte Probleme in künstlich erzeugten Umgebungen lösbar, rückt in den letzten Jahren die Auswertung von Bilddaten aus natürlichen Umgebungen immer weiter in den Blickpunkt.

Beispiele für aktuelle Forschungsgebiete sind:

* Gesichtslokalisierung und -erkennung

* Automatische Erkennung der Fahrbahn und von Verkehrsschildern

* Objektverfolgung

* Erzeugung von dreidimensionalen Modellen aus Bildsequenzen oder Stereobildern.

Da in natürlichen Umgebungen im Allgemeinen keine vollständige Beschreibung der Umwelt angegeben werden kann, müssen die Verfahren zahlreichen Bedingungen genügen. So müssen die Verfahren trotz unsicherer und unvollständiger Information eine robuste visuelle Objekterkennung und -lokalisierung ermöglichen und flexibel auf andere Aufgabenstellungen anpassbar sein.

Eines der Ziele der Entwicklung von Verfahren zur visuellen Objekterkennung und Objektlokalisierung stellt der Einsatz in Systemen des Robotersehens (Robot Vision) dar, da die visuelle Wahrnehmung der Umwelt eine essenzielle Voraussetzung für universelle Robotikanwendungen bildet.

1.2 Darstellung des Entwicklungsstandes

Die visuelle Objekterkennung und -lokalisierung stellt ein Schwerpunktthema des Maschinellen Sehens dar. In den letzten Jahrzehnten wurde mit hohem Aufwand die Entwicklung neuer Objekterkennungs- und Objektlokalisierungsverfahren vorangetrieben. Trotz allem sind die Fähigkeiten aktueller Objekterkennung- und Objektlokalisierungsverfahren sehr begrenzt und meist für bestimmte Anwendungen konzipiert.

Die Verfahren unterscheiden sich hinsichtlich Geschwindigkeit, den zulässigen Objekttransformationen, der Robustheit gegen interne und externe Einflüsse und der zulässigen Objektklassen.

In den nachfolgenden Unterabschnitten werden die bekanntesten Verfahren zur Objekterkennung und Objektlokalisierung vorgestellt. Die Gruppierung der Verfahren wird anhand der Art der Merkmalsextraktion vorgenommen. Die Merkmalsextraktion stellt eine zentrale Stufe der Objekterkennung und Objektlokalisierung dar. Die Bildinformationen werden durch die Merkmalsextraktion derart aufbereitet, dass ein Objektmodell erzeugt werden kann. Das Objektmodell bildet die Grundlage, auf welcher ein Objektvergleich möglich wird. Im Einzelnen werden Verfahren basierend auf der Segmentierung, der Kantenextraktion, Tiefeninformationen, lokalen Merkmalen und die Fourier-Mellin Transformation untersucht. Im Anschluss erfolgt ein Vergleich der Verfahren.

1.2.1 Segmentbasierende Verfahren

Unter Segmentierung wird die Unterteilung eines Signals in eine Anzahl endlicher Gruppen mit gleicher inhaltlicher Bedeutung verstanden. Auf die Bildverarbeitung bezogen bedeutet dies, eine Unterteilung des Eingabebildes, in Regionen, die einem speziellen Einheitlichkeits- oder Homogenitätskriterium genügen [7].

Segmentierungsverfahren werten das Bild ohne genaue Kenntnisse der enthaltenen Objekte aus. Es existiert eine Vielzahl unterschiedlicher Segmentierungsverfahren, welche sich in verschiedene Gruppen ordnen lassen. Kantenbasierende Verfahren ermitteln Bereiche indirekt über ihre Begrenzungen, im Gegensatz dazu nutzen punktbasierende Verfahren eine Histogrammauswertung zur Segmentbestimmung. Ebenfalls weit verbreitet sind bereichsorientierte Verfahren, welche Bereiche anhand ihrer Homogenität segmentieren. Zu den Segmentierungsverfahren steht eine Vielzahl an Literatur zur Verfügung [8] [9] [10] [11] [12] [13].

Die Segmentierung muss nicht zwangsläufig anhand der Pixelinformationen erfolgen, oftmals ist es zweckmäßig, Merkmale aus dem Bild zu extrahieren, um auf deren Basis eine Segmentierung durchzuführen. Weist das zu segmentierende Objekt oder der Hintergrund eine Textur auf, bieten sich Verfahren zur Texturanalyse an. Den Verfahren zur Texturanalyse liegen deterministische, statistische, fraktale, neuronale, strukturelle und Ortsfrequenz Ansätze [14] zugrunde. Die Analyse der Ortsfrequenzen mittels Gaborfilterung [15] [16] oder der Wavelet-Transformation [17], gelten als die modernsten Verfahren zur Extraktion von Merkmalen. Sie werden unter anderem im Bereich der Medizintechnik und der Biometrie eingesetzt.

Die Segmentierung unterteilt ein Bild in Segmente, ordnet die Segmente aber keinen Objekten zu. Für die Segmentzuordnung auch Objektklassifizierung genannt, wurden erscheinungsbasierte Erkennungsmethoden entwickelt. Die bekanntesten Methoden sind:

- Berechnung spezieller Momente
  Zu den speziellen Momenten zählen die invarianten Momente [18], die affin invarianten Momente [19] und die Zernike Momente [20].

- Integral Invarianten
  Durch Integration werden bei diesen Verfahren invariante Merkmale bestimmt. Invariante Methoden basierend auf der Fouriertransformation nutzen die Verschiebungsinvarianz des Leistungsspektrums. Der bekannteste Vertreter ist die Fourier-Mellin Transformation [21]. Im Gegensatz zu den invarianten Methoden basierend auf der Fouriertransformation, existiert ein Integrationsverfahren, welches über eine Transformationsgruppe integriert [22]. Die Transformationsgruppe umfasst dabei alle zulässigen Transformationen.

Die Methoden zur Segmentauswertung sind für die Erkennung planarer Oberflächen konzipiert. Für planare Oberflächen ist unter Vernachlässigung von Beleuchtungseffekten eine Objektansicht ausreichend, um das Aussehen des Objektes für jede affine Transformation anzugeben, was wiederum eine Berechnung affin invarianter Merkmale erlaubt.

Die segmentierungsbasierte visuelle Objekterkennung und -lokalisierung wird meist für industrielle Umgebungen verwendet, da durch die Segmentierung eine Datenreduktion erfolgt und infolgedessen schnelle Verfahren realisierbar sind. Zu den Anwendungsgebieten gehört die Vermessung von Objekten auf Fließbändern ebenso wie die Erkennung von Objekten in Satellitenbildern.

Da nur ein geringer Teil der Objektinformationen in die Segmentierung einfließt, können geringe störende interne und externe Einflüsse zum Versagen der Segmentierung führen. Eine falsche Segmentierung ist durch die Segmentauswertung kaum zu kompensieren, da sich die Segmentauswertung nur auf den Segmentinhalt bezieht.

Um eine robustere Segmentierung zu erreichen, wurden Segmentierungsverfahren entwickelt, welche zusätzliche Informationen wie den Konturverlauf eines Objektes auswerten. Unter dem Überbegriff „Aktive Konturen" finden sich mehrere solcher Verfahren. Ausgehend von einer Startkontur ermöglichen die „Aktiven Konturen" eine iterative Anpassung der Kontur an die gesuchten Objektgrenzen. Erreicht wird die Anpassung an die gesuchten Objektgrenzen durch Deformierung der Kontur, bis eine Minimierung der Summe der inneren und äußeren Energie eintritt. Die innere Energie wird aus der Kontur bestimmt und ist ein Maß für die Glattheit der Kontur, dagegen wird die äußere Energie aus den Bilddaten berechnet und sorgt dafür, dass sich die Kontur an die Objektgrenzen anschmiegt. Durch die Betrachtung der Gesamtkontur vermeiden die aktiven Konturen ein Ausfließen des Segmentes, wie es bei anderen Segmentierungsverfahren auftreten kann. Die aktiven Konturen werden nach dem parametrischen und geometrischen Ansatz unterschieden. Der parametrische Ansatz ist geeignet für interaktive Eingriffe während der Segmentierung, wohingegen der geometrische Ansatz Vorteile bei der Erkennung mehrerer Objekte bietet, da er einfache Möglichkeiten zur Konturvereinigung und -trennung bietet. Vertreter des parametrischen Ansatzes sind in der Literatur unter dem Begriff Snakes [23] zu finden. Im Bereich der geometrischen Methoden werden die Level-Set-Methode und die Fast-Marching-Methode unterschieden. Mehr zu diesen Methoden ist in [24] zu finden. In [25] wird gezeigt, dass auf Basis einer „Aktiven Kontur" eine Erkennung und Lokalisierung dreidimensionaler Objekte möglich ist, was anhand einer dreidimensionalen Figur nachgewiesen wurde.

Die „Aktiven Konturen" eignen sich nur für Objekte, welche sich anhand der Kontur robust erkennen lassen und deren Konturen sich von der Umgebung abheben. Die iterative Anpassung an eine Objektkontur ist rechenintensiv und die Betrachtung der Objektkontur ist für eine Auswertung oftmals unzureichend. Da die Nachteile der „Aktiven Konturen" in der Medizintechnik eine untergeordnete Rolle spielen, ist dort das Hauptanwendungsgebiet der „Aktiven Konturen" zu finden.

1.2.2 Verfahren, basierend auf Kantenextraktion

Neben der Segmentierung ist die Kantenextraktion eines der Standardwerkzeuge des Maschinellen Sehens. Der Einsatz als Standardwerkzeug ist auf die Robustheit der Kanten-merkmale und der durch die Kantenextraktion entstehenden Datenreduktion zurückzuführen.

Die Schwierigkeit der Objekterkennung mittels Kanteninformationen liegt in der Überführung der Kantenmerkmale in ein für einen Objektvergleich geeignetes Modell. In der affin-invarianten Objekterkennung von Schriftzeichen werden dazu kantenbasierte Verfahren wie die Fourierdeskriptoren oder die auf B-Splines basierte Konturnormalisierung [26] eingesetzt.

Die kantenbasierten Verfahren werden auch zur Erkennung und Lokalisierung dreidimensionaler Objekte verwendet. Aus dreidimensionalen Modellen der Objekte lässt sich die Objektkontur für beliebige Drehlagen extrahieren und effektiv mit den Kantenmerkmalen vergleichen. Das Problem stellt hierbei die Erzeugung vergleichbarer Modelle dar. Paulik and Wang [27] erzeugten vergleichbare Modelle auf Basis eines Vektor-Wavelet Ansatzes, welcher eine rotations- und skalierungsinvariante dreidimensionale Objekterkennung erlaubt. Das Verfahren wurde erfolgreich an Flugzeugkonturen getestet.

Ähnlich der Segmentierung fließt nur ein Teil der Objektinformationen in die Auswertung ein, wodurch sich die kantenbasierten Verfahren nur für Objekte eignen, welche eine signifikante Kontur aufweisen.

1.2.3 Verfahren, basierend auf lokalen Merkmalen

Mittels extrahierter lokaler Merkmale konnten neue Anwendungsgebiete für die visuelle Objekterkennung und -lokalisierung erschlossen werden. Im Bereich der Gesichtserkennung und -lokalisierung führten Verfahren, basierend auf lokalen Merkmalen zu einem Entwicklungssprung und entsprechen dem aktuellen Stand der Technik. Dieser Entwicklungssprung lässt erahnen, welches Potenzial in Verfahren, basierend auf lokalen Merkmalen steckt. Es besteht die berechtigte Hoffnung bis dato offene Probleme der visuellen Objekterkennung und -lokalisierung zu lösen.

Das Verfahren von Arlt, Brause und Tratar [28] zur aufmerksamkeitsbasierten, skalierungs-invarianten Objekterkennung (Mechanism for Attention-based Scale-Invariant Object Recognition, MASCOT) extrahiert signifikante Umgebungen mittels einer Scale Space Analyse [29]. Jedes Bild zeichnet sich durch lokale, das Objekt beschreibende, Merkmale aus. Lokale Merkmale sind zum Beispiel Ecken und Texturen und lassen sich auf Grundeigenschaften bzw. Bildprimitive zurückführen. Eine Zusammenfassung unter-schiedlicher Bildprimitive ist in Abbildung 1.1 dargestellt.

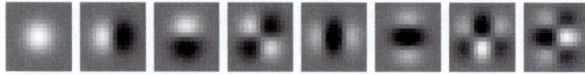

Abbildung 1.1:   Einige Scale Space Primitive [30]

Zur Auswertung eines Eingangsbildes wird das Eingangsbild mit den Bildprimitiven gefaltet. Die Faltungsergebnisse dienen als lokale Merkmale und erlauben eine Lokalisierung signifikanter Umgebungen. Die Abbildung 1.2 zeigt eine mithilfe der Scale Space Primitive erzeugte Aufmerksamkeitskarte (Mitte) und die daraus extrahierten signifikanten Umgebungen (rechts). In der Aufmerksamkeitskarte wird die Aufmerksamkeit durch die Helligkeit repräsentiert. Anhand der Aufmerksamkeitskarte wurden aus dem Originalbild (links) 20 signifikante Umgebungen extrahiert. Die signifikanten Umgebungen sind als durch-nummerierte rote Kreise (rechts) gekennzeichnet.

 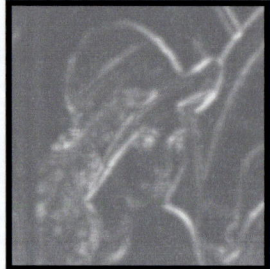 

Abbildung 1.2:   Scale Space Feature Point Bestimmung mithilfe der Mascot-Software [30]

Die extrahierten Merkmale der signifikanten Punkte werden zu einer skalierbaren Struktur zusammengefasst, welche zur Objekterkennung und -lokalisierung verwendet wird. Das Verfahren ist invariant gegenüber Objektverschiebungen aber nur robust gegen Objekt-skalierungen, da die Struktur zwar skalierungsinvariant ist, die einzelnen Merkmale aber nur robust gegen Skalierung sind. Eine Abgrenzung der Begriffe invariant und robust ist in

Abschnitt 2.1 zu finden. Andere Transformationen wie die Rotation sind nicht zulässig und führen zu einem Versagen der Erkennung.

Das von Lowe [31] vorgestellte Verfahren basiert auf lokalen rotations- und skalierungsinvarianten Merkmalen, welche durch Auswertung verschiedener Gaußfilterungen extrahiert werden. Laut Lowe weisen die verwendeten Merkmale ähnliche Eigenschaften auf wie die zur Objekterkennung genutzten Neuronen der Hirnrinde von Primaten. Durch eine Analyse der Frequenzverteilung werden rotations- und skalierungsinvariant signifikante Punkte, vom Autor als „Keypoints" bezeichnet, extrahiert. Durch rotations- und skalierungsinvarianten Vergleich der „Keypoints" von Objekt und Suchbild ist eine Objekterkennung möglich. Das Verfahren ist robust gegenüber Helligkeitsschwankungen, kann mit teilverdeckten Objekten umgehen und ist auf unterschiedlichste Objekte anwendbar. Das Verfahren ist eines der robustesten Verfahren zur rotations- und skalierungsinvarianten Objekterkennung und entspricht dem Stand der Technik.

Zur Vollständigkeit wird ein von Viola und Jones [32] entwickeltes Verfahren vorgestellt. Basis der Objekterkennung bilden Bildmerkmale, welche sich schnell berechnen lassen. Als Objektmerkmale werden Mittelwerte über bestimmte Bereiche gebildet und gegeneinander gewichtet. Zur effektiven Berechnung der Mittelwerte wird ein Integralbild erzeugt, wodurch eine echtzeitfähige Objekterkennung möglich wird. Die geeigneten Objektmerkmale sind für jedes Objekt neu zu bestimmen. Viola und Jones demonstrierten ihr Verfahren anhand einer Gesichtslokalisierung. Die geeigneten Objektmerkmale wurden dazu mit dem AdaBoost Klassifikator [33] auf der Basis von korrekten und falschen Beispielbildern bestimmt. Durch Einlernen der Gesichter für unterschiedliche Kopfdrehungen wird eine Invarianz gegenüber der Kopfdrehung erreicht. Die Skalierungsinvarianz wird durch Betrachten des Bildes für verschiedene Skalierungen erzeugt.

1.2.4 Tiefeninformation basierte Verfahren

Die zusätzliche Auswertung der Tiefeninformation ermöglicht eine robustere Erkennung und Lokalisierung von Objekten. Zur Gewinnung von Tiefeninformationen stehen mehrere Technologien zur Verfügung:

- dreidimensionales Laserscannen

- Photomischdetektor

- strukturierte Beleuchtung

- Stereobildauswertung.

Das menschliche räumliche Sehen lässt sich mittels zweier Kameras nachahmen. Durch Auswertung der Stereobilder mittels Triangulation können Tiefeninformationen aus den Kamerabildern gewonnen werden, wodurch ein visuelles dreidimensionales Sehen [34] möglich wird. Für die Triangulation sind korrespondierende Bildpunkte zu bestimmen. Da im Allgemeinen nicht für jeden Bildpunkt eine eindeutige Korrespondenz bestimmbar ist und vorkommende Abdeckungen eine Korrespondenzzuordnung verhindern, lässt sich im Allgemeinen keine Tiefeninformation für das gesamte Bild ermitteln. Für bestimmte Anwendungen lässt sich das Problem der Zuordnung von Korrespondenzen mittels Beleuchtung mit strukturiertem Licht [35] lösen. Abdeckungen lassen sich damit aber nicht beseitigen. Grundsätzlich verbleibt das Problem, dass nur eine geringe Tiefenauflösung möglich ist, da die Anzahl der Bildspalten die Tiefenauflösung vorgibt und zusätzlich die Tiefenauflösung über den Messbereich nicht konstant bleibt.

Es existieren Technologien, welche Tiefeninformationen nicht mittels visueller Informationen bestimmen, sondern die Laufzeit des Lichtes verwendet. Ein dreidimensionaler Laserscanner [36] tastet die Szene schrittweise ab und bestimmt mittels Impuls- oder Phasenlaufzeit die Entfernung. Durch die sequenzielle Abtastung liegt die Auswertung einer Szene im Minutenbereich, weshalb dreidimensionale Laserscanner für die Objekterkennung ungeeignet sind und eher zur Überführung von natürlichen Objekten in Computermodelle verwendet werden.

Eine relativ neue Technologie zur Bestimmung von Tiefeninformationen stellt der Photomischdetektor [38] (Photonic Mixer Device, PMD) dar. Nach Meinung vieler Fachleute [2] wurde mittels dieser Technologie ein entscheidender Schritt in Richtung des dreidimensionalen Sehens durchgeführt. Im Gegensatz zum Laserscanner ermöglicht der Photomischdetektor es, die komplette Tiefeninformation einer Szene gleichzeitig zu erfassen und erlaubt zusätzlich die Extraktion von Grauwertinformationen. Die aktuell möglichen Ortsauflösungen erreichen jedoch nicht die Ortsauflösung eines Laserscanners.

Die Nutzung von Tiefeninformation erlaubt eine mit rein visuellen Systemen bisher unerreichte Objekterkennung und -lokalisierung. Dies wurde von Johnson und Hebert [39] anhand der Auswertung von Tiefeninformationen eines dreidimensionalen Laserscanners gezeigt. Deren Verfahren liefert eine robuste Erkennung und Lokalisierung dreidimensionaler Objekte trotz starker Verdeckung der Objekte. Das Verfahren basiert auf dem Vergleich von Oberflächenbereichen, wodurch die Auswertung einer Szene mehrere Minuten in Anspruch nimmt und daher für die meisten Anwendungen ungeeignet ist.

1.2.5 Fourier-Mellin Transformation

Die Fourier-Mellin Transformation [40] lässt sich keinem der zuvor beschriebenen Gruppen zuordnen. Die Transformation dient zur rotations- und skalierungsinvarianten Objekterkennung und basiert auf der Invarianz des Leistungsdichtespektrums gegenüber Verschiebungen im Ortsbereich. Durch globale Operationen wird die Rotation und Skalierung in Verschiebungen überführt, um mittels Leistungsdichtespektrum die Invarianzeigenschaft zu erhalten. Die Bestimmung des Leistungsdichtespektrums führt jedoch zu einem Informationsverlust, da die Phaseninformation verloren geht und dadurch keine robuste Objekterkennung in natürlichen Umgebungen mehr möglich ist. In Abbildung 1.3 wird der Informationsgehalt von Betrags- und Phasenspektrum verdeutlicht.

Von den Originalbildern (Abbildung 1.3 oben) werden die Fouriertransformierten bestimmt. Durch Vertauschen der Phaseninformation der Fouriertransformierten der Originalbilder, ergeben sich bei der Rücktransformation die in Abbildung 1.3 unten dargestellten Ergebnisse.

Das Betragsspektrum beinhaltet Informationen über die „Glattheit" (bzw. „Rauhigkeit") und das Phasenspektrum beinhaltet Lageinformation. Durch die Berechnung des Leistungsdichtespektrums gehen die Phaseninformation und somit die Lageinformation verloren und es wird nur die „Glattheit" betrachtet, wodurch der Informationsverlust entsteht.

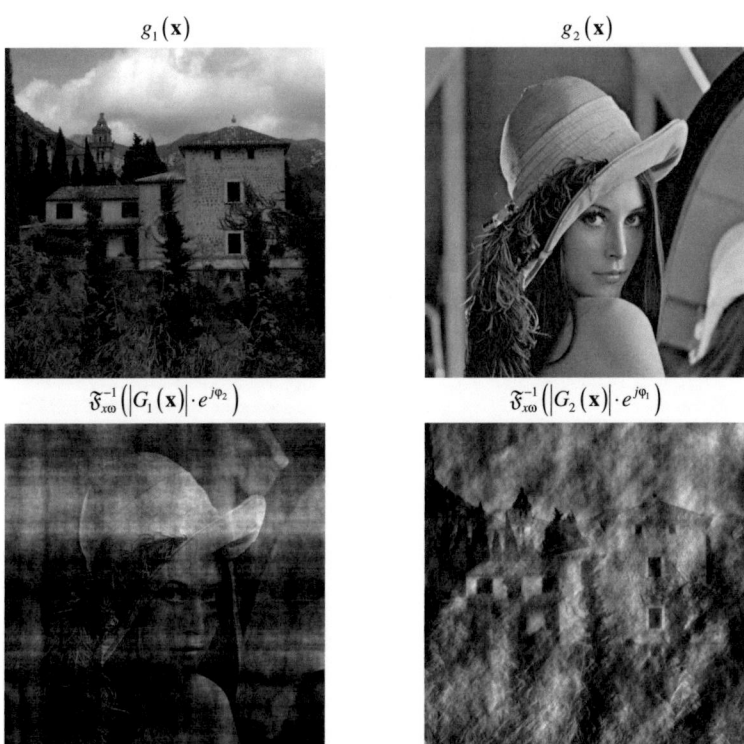

Abbildung 1.3: Verhalten bei Vertauschen von Betrags- und Phaseninformation zweier Bilder

1.2.6 Vergleich der Verfahren

Zunächst lassen sich vier Qualitätsmerkmale für ein Objekterkennungs- und Objektlokalisierungsverfahren definieren. Gefordert werden:

- hohe Geschwindigkeit (Echtzeitfähigkeit),

- hohe Robustheit,

- einfache Anpassung auf unterschiedliche Objekte und

- einfache Anpassung auf unterschiedliche Objekttransformationen.

Unter Betrachtung dieser Qualitätsmerkmale weisen die vorgestellten Verfahren aus Unterabschnitt 1.2.1 - 1.2.5 verschiedene Eigenschaften auf.

Mittels Segmentierung (Unterabschnitt 1.2.1) lassen sich echtzeitfähige Objekterkennungs- und Objektlokalisierungsverfahren realisieren. Jedoch ist die Segmentierung nur für Objekte geeignet, die ein Homogenitätskriterium erfüllen. Zumeist besitzen nur einfache Objekte ein einheitliches Homogenitätskriterium, weshalb die Segmentierung für natürliche Objekte zumeist ungeeignet ist. Falls sich durch das Homogenitätskriterium das Objekt vom Hintergrund abhebt, lässt sich eine robuste Objekterkennung realisieren. Eine flexible Anpassung an andere Objekte ist zumeist nicht möglich, da zuerst das passende Homogenitätskriterium bestimmt und implementiert werden muss. Eine Anpassung auf unterschiedliche Objekttransformationen ist möglich, falls die Objekttransformationen anhand der Segmentsilhouette ausgewertet werden kann.

Die Kantenauswertung (Unterabschnitt 1.2.2) erlaubt ebenfalls eine echtzeitfähige Objekterkennung und -lokalisierung. Geeignet ist die Kantenauswertung nur für die wenigen Objekte, welche sich anhand ihrer Kanten eindeutig identifizieren lassen. Liegen eindeutige Kanten vor, ist eine robuste Objekterkennung möglich. Eine Anpassung auf unterschiedliche Objekte und Objekttransformationen ist möglich.

Lokale Merkmale (Unterabschnitt 1.2.3) lassen sich gut auf die jeweilige Aufgabenstellung anpassen. So wurden mittels lokaler Merkmale unter einer sehr starken Einschränkung der Merkmalsanzahl Verfahren zur Gesichtslokalisierung in Echtzeit ermöglicht. Es existieren aber auch Verfahren, welche sich auf unterschiedliche Objekte anpassen lassen. Zu diesen allgemeine Verfahren zählt das Verfahren von Lowe, welches als Merkmale die Filterresultate von Gaußfiltern verwendet. Nachteil dieses Verfahrens ist die aufwändige Verknüpfung der Filterergebnisse, um weitere Umgebungsinformationen zu erhalten. Das Lowe-Verfahren ist robust und flexibel auf unterschiedlichste Objekte anwendbar und für rotations-, verschiebungs- und skalierungsinvariante Objekterkennung geeignet. Das Verfahren beruht jedoch auf keiner Methodik, die eine Erweiterung auf andere geometrische Objekttrans-formationen erlaubt. Durch den hohen Aufwand bei der Verknüpfung der Filterergebnisse lassen sich mit diesem Ansatz nur unter starken Einschränkungen schnelle echtzeitfähige Systeme realisieren.

Die Auswertung von Tiefeninformationen (Unterabschnitt 1.2.4) liefert zusätzliche Informationen über eine Szene, was die Robustheit erhöht und einen Einsatz für unterschiedlichste Objekte erlaubt. Es lassen sich dreidimensionale Modelle erzeugen, weshalb eine flexible Anpassung auf unterschiedlichste Objekttransformationen möglich ist. Der große Nachteil dieser Verfahren ist die geringe Geschwindigkeit. Eine Auswertung kann je nach Verfahren im Minutenbereich liegen.

Durch die Fourier-Mellin Transformation (Unterabschnitt 1.2.5) kann auch eine echtzeitfähige Objekterkennung erfolgen. Zudem ist die Fourier-Mellin Transformation für unterschiedliche Objekte geeignet. Durch den hohen Informationsverlust ist jedoch keine robuste Objekterkennung möglich. Ein weiterer Nachteil der Fourier-Mellin Transformation ist, dass keine Anpassung auf andere Objekttransformationen möglich ist.

Die Ansätze der Kantenauswertung und die Ermittlung lokaler Merkmale stellen für natürliche Umgebungen den Stand der Technik dar. Mittels Kantenextraktion lassen sich echtzeitfähige Erkennungs- und Lokalisierungssysteme für einfache dreidimensionale Objekte in einfachen Umgebungen realisieren. Lokale Merkmale erlauben eine Erkennung komplexer Objekte in komplexen Umgebungen, sind aber nur für bestimmte Objekttransformationen geeignet.

1.3 Ziele und Aufgaben

Aus dem Vergleich der bestehenden Verfahren zur Objekterkennung und -lokalisierung ergeben sich die Ziele dieser Arbeit. Lokale Merkmale bieten das größte Potenzial zur Entwicklung neuer Verfahren zur Objekterkennung und -lokalisierung, daher sollen lokale Merkmale als Grundlage der Auswertung dienen. Viele Objekterkennungs- und Objekt-lokalisierungsverfahren sind eng an eine Aufgabenstellung angepasst, woraus oftmals Problemlösungen entstehen, welche nicht an geänderte Aufgabenstellungen anpassbar sind. Daher soll das zu entwickelnde Verfahren von der Methodik her für geometrische Transformationen invariant sein und für Rotations- und Skalierungsinvarianz realisiert werden. Des Weiteren soll die Auswertezeit im Sekundenbereich liegen und Objekte sollen mittels Beispielbildern eingelernt werden können. Um in natürlichen Umgebungen einsetzbar zu sein, ist eine weitere Forderung an das Verfahren die Robustheit gegen interne und externe Störungen.

Zur Entwicklung des Verfahrens wurden folgende Arbeitsschritte durchgeführt:

- Eine allgemeine Methodik zur einfachen Auswertung von Objekttransformationen auf der Basis lokaler Merkmale ist zu entwickeln.

- Als Nachweis der Funktionsweise der neu entwickelten Methodik ist anhand der Methodik ein neues Verfahren zur rotationsinvarianten, skalierungsinvarianten und verschiebungsinvarianten Objekterkennung und –lokalisierung, basierend auf lokalen Merkmalen, zu entwickeln. Das Verfahren muss robust sein gegen Helligkeits-schwankungen und Objekte trotz Teilverdeckung, Rotation und Skalierung erkennen können.

- Zu prüfen ist, inwieweit sich das Verfahren mittels spezieller Hardware beschleunigen lässt. Dazu soll die Hardwaretechnologie der feldprogrammierbaren Gatter Anordnung (Field Programmable Gate Array, FPGA) untersucht werden.

- Das Verfahren ist um eine effiziente Farbbildauswertung zu erweitern. Hierdurch ergeben sich neue Anwendungsgebiete.

- Zu untersuchen ist, ob eine Ermittlung von für die Objekterkennung und -lokalisierung geeigneter Umgebungen anhand lokaler Merkmale möglich ist. Eine Erkennung signifikanter Umgebungen erlaubt eine Vorselektierung geeigneter Umgebungen und eine Beschleunigung, da bei der Auswertung nur diese Umgebungen zu betrachten sind.

- Das entwickelte System muss für unterschiedlichste Objekte und Aufgabenstellungen geeignet sein. Der Nachweis der Eignung ist anhand verschiedener Anwendungs-beispiele zu erbringen.

Dazu wird in Kapitel 2 eine neue Methodik zur einfachen Auswertung von Objekttrans-formationen mittels eines Merkmalsbereichs vorgestellt. Die Methodik liefert Bedingungen, welche eine Merkmalsextraktion erfüllen muss, um zur Erzeugung eines geeigneten Merkmalsbereichs verwendbar zu sein. Ausgehend von den Bedingungen an die Merkmals-extraktion wird in Kapitel 3 eine Merkmalsextraktion zur Erzeugung eines Merkmalsbereichs zur einfachen Auswertung von Rotation, Skalierung und Verschiebung entwickelt. Eine wichtige Vorgabe an die Objekterkennung und -lokalisierung ist eine geringe Rechenzeit. Zur

Beschleunigung des Verfahrens wird in Kapitel 4 eine Implementierung der Merkmals-extraktion auf eine Hardwareplattform vorgestellt und die Rechenzeiten mit Software-implementierung verglichen. Um den Anwendungsbereich weiter zu vergrößern, erfolgt in Kapitel 5 eine Erweiterung des Verfahrens auf farbige Objekte. Zur Unterstützung des Anwenders und weiteren Beschleunigung der Auswertung wird in Kapitel 6 untersucht, ob sich anhand des Merkmalsbereichs für die Objekterkennung und -lokalisierung geeignete Umgebungen erkennen lassen. Zum Nachweis der Funktionsfähigkeit des Verfahrens erfolgt in Kapitel 7 eine Untersuchung unterschiedlicher Beispielanwendungen. Es wird eine Anwendung aus der Markenerkennung, der Satellitenbildauswertung und der Vollständig-keitsprüfung untersucht. Abgeschlossen wird die Arbeit mit einer Zusammenfassung und einem Ausblick in Kapitel 8.

2 Neue Methodik zur invarianten Objekterkennung und Objektlokalisierung

Der Begriff der invarianten Objekterkennung und -lokalisierung beschreibt die Eigenschaft unter einer Gruppe von Objekttransformationen, ein Objekt erkennen und lokalisieren zu können. Die hier vorgestellte Methodik befasst sich mit den in Anwendungen des Maschinellen Sehens sehr häufig vorkommenden geometrischen Objekttransformationen. Verfahren, basierend auf dieser Methodik, lassen sich auf weitere Objekttransformationen erweitern, was im nachfolgenden Kapitel am Beispiel der Invarianz gegen Helligkeitsänderungen gezeigt wird.

Eine Invarianz gegen alle beim Maschinellen Sehen vorkommenden Transformationen ist nicht möglich, da viele Transformationen zum völligen Informationsverlust des Objektes führen können. Infolgedessen sind nur Verfahren realisierbar, die gegen bestimmte Transformationen in einen begrenzten Bereich invariant sind. Nach [41] wird die Gruppe der für ein Verfahren zulässigen Transformationen, also gegen die ein Verfahren invariant ist, als Transformationsgruppe bezeichnet.

Im Abschnitt 2.1 wird zunächst eine Abgrenzung der Begriffe invariante und robuste Methodik zur Objekterkennung gegeben. Im Anschluss werden in den Abschnitten 2.2 und 2.3 zwei Verfahren zur invarianten Objekterkennung und Objektlokalisierung vorgestellt. Zum einen die Erzeugung invarianter Merkmale und zum anderen die Überführung der Transformationen in einen einfach auswertbaren Merkmalsbereich.

2.1 Abgrenzung der Begriffe invariant und robust

Eine Methodik zur Objekterkennung ist invariant gegen eine Transformation, wenn diese Transformation theoretisch keine Auswirkung auf die Erkennungsgüte hat. In realen Realisierungen kann es durch Quantisierungsrauschen trotzdem zu Reduzierung der Erkennungsgüte kommen. Dagegen ist eine Methodik zur Objekterkennung robust gegen eine Transformation, wenn eine kleine Transformationsänderung die Erkennungsgüte kaum beeinflusst, dass heißt eine Unempfindlichkeit diese Transformation besteht.

Ein Merkmal wird als gegen eine Transformation invariant bezeichnet, wenn die Transformation theoretisch keine Auswirkung auf das Merkmal hat. Bei einem teilinvarianten Merkmal haben nur bestimmte Transformationswerte eine Auswirkung.

2.2 Invariante Merkmale

In [41] wurde von Schulz-Mirbach eine Methodik zur invarianten Objekterkennung durch Integration über eine Transformationsgruppe vorgestellt und als Basis eines rotations- und verschiebungsinvarianten Objekterkennungssystems verwendet. Die Integration über die Transformationsgruppe liefert invariante Merkmale, welche eine Objekterkennung ermöglichen. Eine Bestimmung der Transformationsparameter ist nicht möglich, da durch die Integration die Information über die Transformation verloren geht. Ein weiterer Nachteil der Integration ist der durch sie entstehende Informationsverlust, welcher zu einer Verringerung der Separierbarkeit führt. Hinzu kommt, dass das Verfahren nur für segmentierte Objekte funktioniert, da die Integration über die Verschiebung nur identische Ergebnisse liefert, wenn nur über das Objekt integriert wird. Bei der Segmentierung entstehen die bereits in Unterabschnitt 1.2.1 beschriebenen Probleme, daher ist die Methodik von Schulz-Mirbach für den Einsatz in natürlichen Umgebungen unzureichend.

2.3 Angepasster lokaler Merkmalsbereich

Eine weitere Möglichkeit für eine invariante Objekterkennung beruht auf dem Ansatz, die Merkmale zu einem Merkmalsbereich zusammenzufassen, in welchem sich die Auswirkungen der Transformationsgruppe einfach auswerten lassen. Der Begriff Merkmalsbereich beschreibt einen aus den Bilddaten durch Merkmalsextraktion erzeugten Bereich, in welchem eine Auswertung erfolgen kann. Zur einfachen Auswertung des Merkmalsbereichs soll untersucht werden, ob es möglich ist, die Auswirkungen der Transformationsgruppe in Verschiebungen im Merkmalsbereich zu überführen. Der Begriff des lokalen Merkmalsbereichs beschreibt die Eigenschaft, dass jede Position des Merkmalsraums nur Informationen über eine begrenzte lokale Umgebung beinhaltet. Die Betrachtung begrenzter lokaler Umgebungen erlaubt eine segmentierungslose Auswertung, da falls die lokale Umgebung im Objekt liegt, die Eigenschaft des Hintergrundes keine Rolle spielt.

Ein nur vom Ort abhängiges zweidimensionales Bild lässt sich mit der Funktion $E(\mathbf{x})$ beschreiben, wobei der Vektor $\mathbf{x}$ den Ortsvektor darstellt und der Zusammenhang $E:\mathbb{R}^2 \to \mathbb{R}$ gilt. Es wird festgelegt, dass ein Bild $E_2(\mathbf{x})$ aus der geometrischen Transformation eines Bildes $E_1(\mathbf{x})$ hervorgegangen ist. Die geometrische Transformation wird dabei durch Änderung der Ortskoordinaten mittels einer Transformationsfunktion erreicht.

Transformationsfunktion: $\mathbf{f}(\mathbf{x},\mathbf{q}) + \mathbf{v}$ (2.1)

Die Transformation ist nicht nur abhängig von den Ortskoordinaten sondern auch vom Verschiebungsvektor $\mathbf{v}$, welcher die Ortsverschiebung beschreibt und dem Transformationsvektor $\mathbf{q}$, welcher die restlichen Parameter der Transformation umfasst. Mittels der Werte der Komponenten des Transformationsvektors und des Verschiebungsvektors wird die Transformation gesteuert. Die Transformationsfunktion liefert als Ergebnis einen Ortsvektor welcher die gleiche Anzahl an Komponenten wie der Ortsvektor $\mathbf{x}$ und der Verschiebungsvektor $\mathbf{v}$ besitzt. Auf die getrennte Betrachtung des Verschiebungsvektors $\mathbf{v}$ wird später noch eingegangen.

Zur Verdeutlichung der Transformationsfunktion ist in Gleichung (2.2) eine Transformationsfunktion für Skalierung einer zweidimensionalen Bildes dargestellt. Da es sich um eine zweidimensionales Bildhandelt, besitzen der Ortsvektor $\mathbf{x}$ und der Verschiebungsvektor $\mathbf{v}$ jeweils zwei Komponenten. Es liegt eine gemeinsame Skalierung der beiden Komponenten des Ortsvektors $\mathbf{x}$ vor, daher besitzt der Transformationsvektor nur den Skalierungsfaktor q_1 als Komponente und der Verschiebungsvektor $\mathbf{v}$ ist ein Nullvektor.

$$\mathbf{f}(\mathbf{x},\mathbf{q}) + \mathbf{v} = \begin{bmatrix} q_1 \cdot x_1 \\ q_1 \cdot x_2 \end{bmatrix} + \begin{bmatrix} 0 \\ 0 \end{bmatrix} \tag{2.2}$$

Ausgehend von der allgemeinen Transformationsfunktion ergibt sich für die Bilder $E_1(\mathbf{x})$ und $E_2(\mathbf{x})$ der Zusammenhang nach Gleichung (2.3).

$$E_2(\mathbf{x}) = E_1\big(\mathbf{f}(\mathbf{x},\mathbf{q}) + \mathbf{v}\big) \text{ mit } \mathbf{q} = \begin{bmatrix} q_1 \\ q_2 \\ \vdots \\ q_N \end{bmatrix}, \ \mathbf{x} = \begin{bmatrix} x_1 \\ x_2 \\ \vdots \\ x_R \end{bmatrix} \text{ und } \mathbf{v} = \begin{bmatrix} v_1 \\ v_2 \\ \vdots \\ v_R \end{bmatrix} \tag{2.3}$$

Die Gleichung (2.3) gilt unabhängig der Anzahl N der zulässigen Transformationsparameter und der Dimension R des Koordinatensystems. Anhand des Zusammenhanges aus Gleichung (2.3) lassen sich die Merkmalsbereiche von $E_1(\mathbf{x})$ und $E_2(\mathbf{x})$ in Beziehung setzen. Anhand der Beziehung der Merkmalsbereiche lassen sich Bedingungen aufstellen, welche eine Merkmalsextraktion erfüllen muss, damit die Auswirkungen der Transformationsgruppe in Verschiebungen im Merkmalsbereich übergehen.

Die Verschiebung im Ortsbereich nimmt eine Sonderstellung ein, da sich die Grundforderung, dass die Transformationen in Verschiebungen im Merkmalsbereich übergehen sollen, für die Verschiebung im Ortsbereich nicht realisierbar ist. Bei lokaler Betrachtung wirkt sich die Verschiebung nur in der Transformationsfunktion aus. Dies lässt sich durch Betrachtungen der Umgebungen um die Positionen $\mathbf{x}_{B1}$ und $\mathbf{x}_{B2}$ bzw. $\mathbf{x}_{R1}$ und $\mathbf{x}_{R2}$ in Abbildung 2.1 veranschaulichen. Die Umgebungen dieser Punkte werden durch die Verschiebung mit einem Verschiebungsvektor $\mathbf{v}$ nicht beeinflusst. Diese Erkenntnis erscheint trivial, aber da die Verschiebung der Umgebungen, wie in Abbildung 2.2 mittels Rotation verdeutlicht, auch von den restlichen geometrischen Transformationen abhängt, lässt sich keine unabhängige Verschiebung im Merkmalsbereich erzeugen. Obwohl in Abbildung 2.2 die gleiche Verschiebung wie in Abbildung 2.1 durchgeführt wurde, ergeben sich durch die zusätzliche Drehung zwei unterschiedliche Verschiebungsvektoren $\mathbf{v}_R'$ und $\mathbf{v}_B'$. Um den Verschiebungsvektor $\mathbf{v}$ daraus zu bestimmen, muss der Drehwinkel bekannt sein.

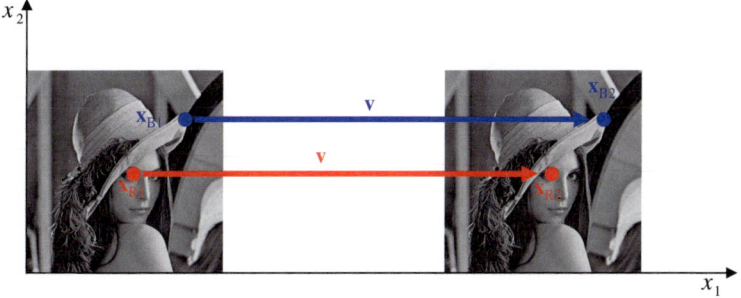

Abbildung 2.1:   Auswirkung der Verschiebung auf lokale Umgebungen

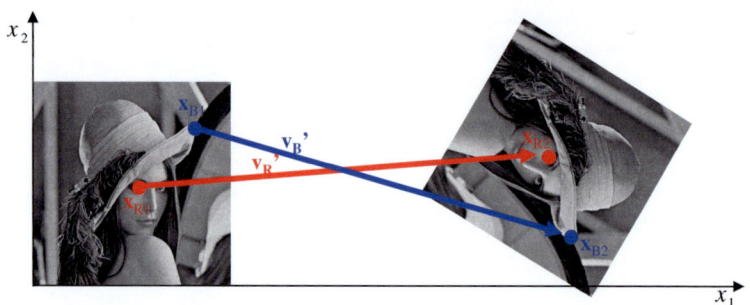

Abbildung 2.2:   Auswirkung geometrischer Transformationen auf lokale Umgebungen

Damit eine Verschiebung im Ortsbereich in eine von anderen Transformationen unabhängige Verschiebung im Merkmalsbereich übergeht, ist die Kenntnis der Transformationsparameter notwendig, welche aber erst anhand des Merkmalsbereichs bestimmt werden sollen.

Zur einfachen Auswertung des Merkmalsbereichs wird stattdessen gefordert, dass der Merkmalsbereich einen Ortsvektor besitzt und eine Verschiebung des Ortsvektors im Ortsbereich in eine Verschiebung des Ortsvektors im Merkmalsbereich übergeht.

Zur Verdeutlichung des Entwurfs eines Merkmalsbereichs, wird eine kurze Betrachtung der invarianten Merkmale gegeben. Ist ein Merkmal invariant gegen Verschiebung, ist es unabhängig vom Ort. Ist das Merkmal nicht invariant gegen Verschiebung, so ist der Merkmalsbereich vom Ortsvektor abhängig und für die Merkmalstransformation einer Bildes $E(\mathbf{x})$ ergibt sich der ortsabhängige Merkmalsbereich $MI(\mathbf{x})$.

$$E(\mathbf{x}) \quad \overset{\mathcal{M}}{\longmapsto} \quad MI(\mathbf{x}) \quad \text{mit } M:\mathbb{R}^2 \to \mathbb{R} \tag{2.4}$$

Das Formelzeichen $\overset{\mathcal{M}}{\longmapsto}$ beschreibt den Übergang vom Ortsbereich $E(\mathbf{x})$ in den Merkmals-bereich $MI(\mathbf{x})$. Für die Merkmalsbereiche von $E_1(\mathbf{x})$ und $E_2(\mathbf{x})$ ergibt sich aus den Gleichungen (2.4) und (2.3) der Zusammenhang nach Gleichung (2.5).

$$MI_2(\mathbf{x}) = MI_1\left(\mathbf{f}(\mathbf{x},\mathbf{q}) + \mathbf{v}\right) \tag{2.5}$$

Verdeutlichen lassen sich die Gleichungen (2.4) und (2.5) anhand der Abbildung 2.2. Erfüllt eine Merkmalstransformation diese Gleichungen, ergeben sich für die Position $\mathbf{x}_{R1}$ und $\mathbf{x}_{R2}$ identische Werte in den Merkmalsbereichen, dass heißt die Werte von $MI_1(\mathbf{x}_{R1})$ und $MI_2(\mathbf{x}_{R2})$ sind identisch. Gleiches gilt für die Positionen $\mathbf{x}_{B1}$ und $\mathbf{x}_{B2}$.

Der Entwurf des Merkmalsbereichs für invariante Merkmale lässt sich auf variante Merkmale erweitern. Bei varianten Merkmalen ist der Wert des Merkmalsbereichs nicht nur vom Ort, sondern zusätzlich von einem Adaptionsvektor $\mathbf{p}$ abhängig. Dieser erlaubt eine Anpassung des Merkmalsbereichs an Transformationen der Transformationsgruppe und besitzt daher eine mit dem Transformationsvektor $\mathbf{q}$ identische Anzahl an Komponenten. Folglich ergibt sich die Gleichung (2.6).

$$E(\mathbf{x}) \overset{\mathcal{M}}{\longmapsto} M(\mathbf{x},\mathbf{p}) \text{ mit } \mathbf{p} = \begin{bmatrix} p_1 \\ p_2 \\ \vdots \\ p_N \end{bmatrix} \text{ und } M : \mathbb{R}^{2+N} \to \mathbb{R} \qquad (2.6)$$

Der Merkmalsbereich ist vom Ortsvektor abhängig und mittels des Adaptionsvektors $\mathbf{p}$ ist eine Anpassung an die zulässigen Transformationen möglich. Wie bereits beschrieben, muss der Ortsvektor bei der Transformation in den Merkmalsbereich unverändert bleiben, um die Verschiebungseigenschaften des Bildbereiches beizubehalten. Für die Merkmalsbereiche $M_1(\mathbf{x})$ und $M_2(\mathbf{x})$ der Bilder $E_1(\mathbf{x})$ und $E_2(\mathbf{x})$ ergibt sich folgender Zusammenhang.

$$M_2(\mathbf{x},\mathbf{p}) = M_1\big(\mathbf{f}(\mathbf{x},\mathbf{q}) + \mathbf{v}, \mathbf{p} - \mathbf{g}(\mathbf{q})\big) \text{ mit } \mathbf{g}(\mathbf{q}) = \begin{bmatrix} g_1(q_1) \\ g_2(q_2) \\ \vdots \\ g_N(q_N) \end{bmatrix} \qquad (2.7)$$

Die Gleichung (2.7) stellt die Bedingung an die Merkmalsextraktion dar. Jede beliebige durch die Transformationsgruppe erzeugte Transformation muss im Merkmalsbereich durch Verschiebungen kompensierbar sein. Bei der Merkmalsextraktion ist im Allgemeinen der Transformationsvektor $\mathbf{q}$ unbekannt, daher lässt sich nur ein Merkmalsraum erzeugen, dessen Ortsvektor von der Transformationsfunktion abhängt. Die eingeführte Funktion $\mathbf{g}(\mathbf{q})$ dient zur Anpassung des Transformationsvektors an den Merkmalsbereich.

Die Gleichungen (2.6) und (2.7) lassen sich ebenfalls anhand der Abbildung 2.2 verdeutlichen. In Abbildung 2.2 wurden Rotation und Verschiebung als Transformationen gewählt. Erfüllt eine Merkmalstransformation Gleichungen (2.6) und (2.7), ergeben sich für die Position $E_1(\mathbf{x}_{R1})$ und $E_2(\mathbf{x}_{R2})$ identische Werte in den Merkmalsbereichen bei $M_1(\mathbf{x}_{R1},\mathbf{p})$ und $M_2(\mathbf{x}_{R2},\mathbf{p} - \mathbf{g}(\mathbf{q}))$. Gleiches gilt ebenfalls für die Positionen $\mathbf{x}_{B1}$ und $\mathbf{x}_{B2}$.

Wird eine lokale Umgebung aus dem Bild $E_1(\mathbf{x})$ um den Position $\mathbf{x}_1$ in einem Bild $E_2(\mathbf{x})$ gesucht, sind der Transformationsvektor $\mathbf{q}$ und der Verschiebungsvektor $\mathbf{v}$ unbekannt. Es ist also nötig, den Merkmalsbereich $M_1(\mathbf{x}_1,\mathbf{p}_1)$ mit dem Merkmalsbereich $M_2(\mathbf{x},\mathbf{p})$ durch Variation von $\mathbf{x}$ und $\mathbf{p}$ zur Überdeckung zu bringen. Wird die Überdeckung erreicht, können, falls alle inversen Funktionen in $\mathbf{g}^{-1}(\mathbf{q})$ existieren, der Transformationsvektor $\mathbf{q}$ und der Verschiebungsvektor $\mathbf{v}$ mittels Gleichung (2.8) bestimmt werden.

$$\mathbf{q} = \mathbf{g}^{-1}(\mathbf{p} - \mathbf{p}_1) = \begin{bmatrix} g_1^{-1}(\mathbf{p}_1 - \mathbf{p}_{11}) \\ g_2^{-1}(\mathbf{p}_2 - \mathbf{p}_{12}) \\ \vdots \\ g_N^{-1}(\mathbf{p}_N - \mathbf{p}_{1N}) \end{bmatrix} \qquad \mathbf{v} = \mathbf{x} - \mathbf{x}_1 \qquad (2.8)$$

Sind die Merkmale der Umgebung gegenüber einer bzw. mehrerer Transformationen vollständig oder teilweise invariant, entstehen im Merkmalsbereich mehrdeutige

Zuordnungen. Mehrdeutige Zuordnungen führen dazu, dass die zugehörige Komponente bzw. die zugehörigen Komponenten des Transformationsvektors nicht eindeutig bestimmbar sind und somit keine vollständige Objektlokalisierung möglich ist. Daher ist die Auswahl der geeigneten lokalen Umgebungen von essenzieller Bedeutung für die Objektlokalisierung.

2.4 Angepasster lokaler Merkmalsbereich und teilweise invariante Merkmale

Die in Abschnitt 2.3 beschriebene Methodik lässt sich auch für teilweise invariante Merkmale anwenden, da invariante Merkmale die in Gleichung (2.7) eingeführte Bedingung ebenfalls erfüllen. Eine Bestimmung der zugehörigen Komponenten im Transformationsvektor ist aber durch die Invarianzeigenschaften der Merkmale nicht mehr eindeutig möglich. Invariante Merkmale bieten dafür den Vorteil, dass sich der Suchbereich verkleinert, da entlang der Dimension, gegen welche ein Merkmal invariant ist, alle Werte identisch sind. Ob teilweise invariante Merkmale verwendet werden können, hängt von den Gegebenheiten des Objekterkennungssystems ab.

2.5 Objektlokalisierung mittels lokaler Umgebungen

Wie in Abschnitt 2.3 dargelegt, ist eine Auswertung anhand des Merkmalsbereichs nur für feste Ortskoordinaten im Merkmalsbereich möglich. Um eine Separierbarkeit des zu suchenden Objektes zu erreichen, ist es wichtig, dass an den Stellen der verwendeten Ortskoordinaten im Merkmalsbereich, geeignete Informationen über die lokale Umgebung eines Objektes enthalten sind. Eine weitere Verbesserung der Separierbarkeit lässt sich erreichen, indem mehrere Ortskoordinaten im Merkmalsbereich zur Objekterkennung verwendet werden. Da die Orte im Merkmalsbereich von der Transformation abhängen, lässt sich bei Betrachtung der dem Suchobjekt zugeordneten Orte die Objektlage bestimmen. Die Anzahl der nötigen Orte hängt dabei von der Art der Transformation ab.

In Abbildung 2.2 wurde eine Transformation mittels Verschiebung und Rotation erreicht, es genügen zwei Punktzuordnungen, um die Parameter der Rotation und Verschiebung zu berechnen.

$$\mathbf{f}(\mathbf{x},\mathbf{q}) + \mathbf{v} = \begin{bmatrix} \cos(q_1) & \sin(q_1) \\ -\sin(q_1) & \cos(q_1) \end{bmatrix} \cdot \mathbf{x} + \mathbf{v} \tag{2.9}$$

Der Drehpunkt kann beliebig festgelegt werden. Durch Festlegung des Drehpunktes in den blauen Punkt $\mathbf{x}_{B1}$ bzw. roten Punkt $\mathbf{x}_{R1}$ vereinfacht sich die Berechnung der Transformationsparameter, da im Drehpunkt die Rotation keine zusätzliche Verschiebung im jeweiligen Punkt hervorruft.

$$\mathbf{x}_{B1} = \mathbf{x}_{B2} + \mathbf{v} \Leftrightarrow \mathbf{v} = \mathbf{x}_{B1} - \mathbf{u}_{B2}$$

$$\mathbf{x}_{R1} = \begin{bmatrix} \cos(q_1) & \sin(q_1) \\ -\sin(q_1) & \cos(q_1) \end{bmatrix} \cdot \mathbf{x}_{R2} + \mathbf{v} = \begin{bmatrix} \cos(q_1) & \sin(q_1) \\ -\sin(q_1) & \cos(q_1) \end{bmatrix} \cdot \mathbf{x}_{R2} + \mathbf{x}_{B1} - \mathbf{x}_{B2} \to q_1 \tag{2.10}$$

Wie in (2.10) gezeigt, ist eine Bestimmung der Parameter für die Verschiebung und Rotation möglich. Als Drehpunkt wurde der blaue Punkt $\mathbf{x}_{B1}$ angenommen.

In diesem Kapitel wurden die theoretischen Grundlagen zur Erzeugung eines Merkmalsbereichs, in welchem sich die Auswirkungen der Transformationsgruppe einfach auswerten lassen, geschaffen. Dazu wurde eine Methodik zur Entwicklung einer effektiven Objekterkennung und -lokalisierung auf Basis eines angepassten lokalen Merkmalsbereichs vorgestellt, womit eine Verbesserung der Erkennungsgüte erzielt wird. Die Methodik ist auch zur Erzeugung eines teilweise invarianten Merkmalsbereichs geeignet und bietet Möglichkeiten einer robusten Objekterkennung und -lokalisierung durch Auswertung mehrerer lokaler Umgebungen. Anhand der Methodik wurden die Gleichungen (2.6) und (2.7) aufgestellt. Diese Gleichungen stellen Bedingungen dar, welche eine Merkmalsextraktion erfüllen muss, um als Basis eines Merkmalsbereichs, in welchem sich die Auswirkungen der Transformationsgruppe mittels Verschiebungen auswerten lassen, zu dienen. Aufbauend auf den Gleichungen (2.6) und (2.7) wird im nachfolgenden Kapitel ein Verfahren zur rotations-, skalierungs- und verschiebungsinvarianten Objekterkennung und Objektlokalisierung entwickelt.

3 Anwendung der neuen Methodik für die rotations-invariante, skalierungsinvariante und verschiebungs-invariante Objekterkennung und Objektlokalisierung

Anhand der in Kapitel 2 entwickelten Methodik zur Erzeugung eines Merkmalsbereichs wird in diesem Kapitel ein solcher Merkmalsbereich für Rotation, Skalierung und Verschiebung entwickelt. Im Anschluss werden Verfahren zur Auswertung dieses Merkmalsbereichs vorgestellt, welche es ermöglichen, Objekte rotations-, skalierungs- und verschiebungs-invariant zu erkennen und zu lokalisieren.

3.1 Lokale Merkmalsextraktion

Der Merkmalsbereich wurde zur Auswertung lokaler Umgebungen konzipiert. Zur Analyse lokaler Umgebungen sollen Merkmale in möglichst eindeutiger Form die Eingangsdaten abbilden und flexibel extrahiert werden können. Dafür sind parametrisierbare Abbildungen, wie sie bei Faltungsfiltern vorliegen, als geeignet anzusehen. Dies ergibt sich aus der möglichen unabhängigen Wahl der Filterkoeffizienten und deren unabhängigen Einfluss auf jeweils einen Bildpunkt im vorgegeben Auswertebereich. Der Einfluss und die Wirkung von Faltungsfiltern lassen sich außerdem durch die Betrachtung des Frequenzverhaltens effektiv beschreiben. Des Weiteren sind Faltungsfilter lineare Systeme, was eine analytische Anpassung eines durch Faltung erzeugten Merkmalsbereichs an die Bedingungen des Merkmalsbereichs aus Gleichung (2.6) und (2.7) ermöglicht. Die in Unterabschnitt 1.2.3 vorgestellten Verfahren zur Objekterkennung basieren alle auf der Auswertung von Ergebnissen, welche mittels Faltung erzeugbar sind. Die Vorteile bei der Verwendung von Faltungsfiltern und die vorhandenen Erfahrungsberichte in diesem Bereich waren Entscheidungskriterien für die Verwendung dieser Filter in der weiteren Arbeit.

Da der Merkmalsbereich auf lokalen Merkmalen aufbaut, ist eine hohe gleichzeitige Orts- und Ortsfrequenzauflösung von entscheidender Bedeutung. Die Heisenbergsche Unschärferelation der Signalverarbeitung besagt, dass das Ausdehnungs-Bandbreite-Produkt nach unten streng begrenzt ist [42]. Infolgedessen sind effektive Ausdehnung und effektive Bandbreite nicht gleichzeitig beliebig reduzierbar, was sich durch Betrachtung eines festen Ortes veranschaulichen lässt. Für einen festen Ort lassen sich keine Ortsfrequenzen angeben, da Ortsfrequenzen eine bestimmte Ausdehnung benötigen, um oszillieren zu können.

Heisenbergsche Unschärferelation für 2D Signale [43]: $\Delta x_1 \Delta x_2 \Delta \omega_1 \Delta \omega_2 \leq \dfrac{1}{16\pi^2}$ (3.1)

Die Ortsauflösung entlang der Dimensionen x_1 und x_2 wird dabei durch Δx_1 und Δx_2 ausgedrückt. Durch $\Delta\omega_1$ und $\Delta\omega_2$ wird die Ortsfrequenzauflösung entlang der Dimensionen im Ortsfrequenzbereich beschrieben.

Wie von Daugman [43] nachgewiesen, erfüllt das Gaborfilter die Heisenbergsche Unschärferelation der Signalverarbeitung für zweidimensionale Signale mit Gleichheitszeichen und erreicht folglich maximale kombinierte Orts- und Ortsfrequenzauflösung. Es lässt sich zudem nachweisen, dass das zweidimensionale Gaborfilter das einzige zweidimensionale Filter ist, welches maximale kombinierte Orts- und Ortsfrequenzauflösung [44] besitzt.

Denis Gabor [42] entwickelte den eindimensionalen Gaborfilter aus dem Ansatz einer zeit- und frequenzabhängigen Verbunddarstellung zur Signalbeschreibung. Gabors Ansatz erlaubt eine lineare Beschreibung instationärer Signale und wird als einer der wichtigsten Ursprünge der Wavelet Theorie angesehen. Das Gaborfilter setzt sich aus dem Produkt einer Gaußglocke und einer komplexen Exponentialfunktion zusammen. Daugman [43] erweiterte Gabors Ansatz auf zweidimensionale Filter, wodurch ein Einsatz für die Bildverarbeitung möglich wurde. Das Gaborfilter hat sich bei der Gewinnung robuster Merkmale bewährt, so werden Gaborfilter zur Iris Erkennung [45], Texturanalyse [46], Gesichtserkennung [47], Stereobildauswertung [48], Schriftzeichenerkennung [49], Bilddatenkompression [50] usw. eingesetzt.

Ein weiterer interessanter Aspekt ist der Bezug zum biologischen Sehen. „Rezeptive Felder" einfacher Zellen im primären visuellen Kortex von Katzen lassen sich sehr gut mittels Gaborfiltern modellieren [51]. Ein rezeptives Feld fasst die Informationen visueller Rezeptoren eines Bereiches der Netzhaut zusammen und gibt die zusammengefasste Information an die zugehörige Zelle im primären visuellen Kortex weiter.

Anhand dieser Eigenschaften wurde entschieden, den Gaborfilter für die Merkmalsextraktion zu verwenden.

3.2 Gaborfilter

Die Impulsantwort eines drehbaren Gaborfilters lautet [52] [53]:

$$h_g\left(\mathbf{x},\sigma_{x1},\sigma_{x2},\omega,\theta\right)=\underbrace{\frac{1}{\sigma_{x1}\sigma_{x2}}e^{\left(-\frac{1}{2}\left(\frac{x_{R1}^2}{\sigma_{x1}^2}+\frac{x_{R2}^2}{\sigma_{x2}^2}\right)\right)}}_{Term\ A}\underbrace{e^{\left(j\cdot\omega\left(x_{R1}+x_{R2}\right)\right)}}_{Term\ B}\quad \text{mit } j^2=-1 \text{ und}$$

$$\mathbf{x}_R=\begin{bmatrix}x_{R1}\\x_{R2}\end{bmatrix}=\mathbf{A}_R\cdot\mathbf{x}=\begin{bmatrix}\cos(\theta) & \sin(\theta)\\-\sin(\theta) & \cos(\theta)\end{bmatrix}\cdot\begin{bmatrix}x_1\\x_2\end{bmatrix} \tag{3.2}$$

Der Gaborfilter entspricht dem Produkt einer Gaußglocke (Term A) und einer komplexen Welle (Term B). Über die Parameter $\sigma_{x1},\sigma_{x2},\omega,\theta$ lässt sich eine Parametrisierung des Gaborfilters durchführen. Die Parameter werden kurz erläutert.

- Der Parameter θ legt den Drehwinkel des Gaborfilters im Ortsraum fest. Die Drehung erfolgt durch Transformation des Ortsvektors $\mathbf{x}$ in einen Ortsvektor $\mathbf{x}_R$ mittels der Rotationsmatrix $\mathbf{A}_R$.

- Die Parameter σ_{x1}, σ_{x2} geben die Ausdehnung der Gaußglocke entlang der Ortsvektorkomponente x_{R1} bzw. x_{R2} an.

- Der Parameter ω legt die Ortskreisfrequenz der komplexen Welle fest.

Das Gaborfilter entspricht also einer parametrisierbaren gedämpften komplexen Welle.

Der Aufbau eines Gaborfilters und die Auswirkungen der Filterparameter auf ein Gaborfilter werden anhand mehrerer Abbildungen verdeutlicht.

In Abbildung 3.1 ist der Aufbau eines Gaborfilters veranschaulicht. Um eine bessere Vorstellung zu erhalten, ist eine dreidimensionale Darstellung der Impulsantwort des Gaborfilters gewählt.

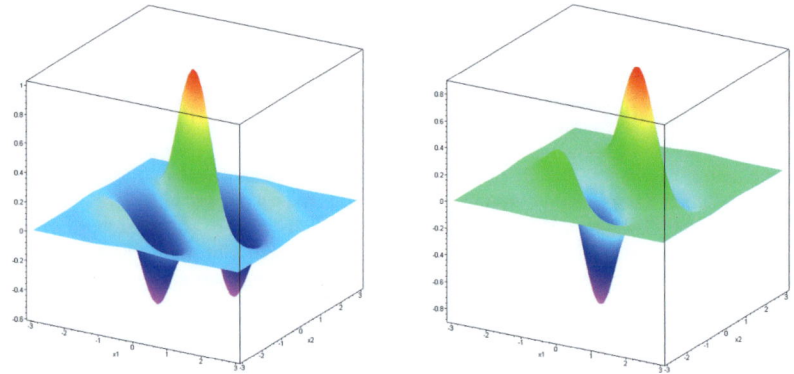

Abbildung 3.1:   Dreidimensionale Darstellung des Realteils (links) und Imaginärteils (rechts) der Impulsantwort eines Gaborfilters

In den folgenden Abbildungen 3.2 bis 3.5 wird die Entstehung eines Gaborfilter und die Auswirkung der Parameter verdeutlicht. Zur besseren Visualisierung werden dazu zweidimensionale Darstellungen verwendet. In den zweidimensionalen Darstellungen entspricht die horizontale Achse der Ortsvektorkomponente x_2, die vertikale Achse der Ortsvektorkomponente x_1 und der Grauwert dem Funktionswert.

Die Abbildung 3.2 stellt die Entstehung des Gaborfilters aus einer komplexen Welle und einer Gaußglocke dar. Die Abbildungen a) und b) zeigen den Real- und Imaginärteil der komplexen Welle. Durch Multiplikation der komplexen Welle mit der Gaußglocke in Abbildung c) ergeben sich der Real- und Imaginärteil der Impulsantwort eines Gaborfilters, welche in den Abbildungen d) und e) dargestellt sind.

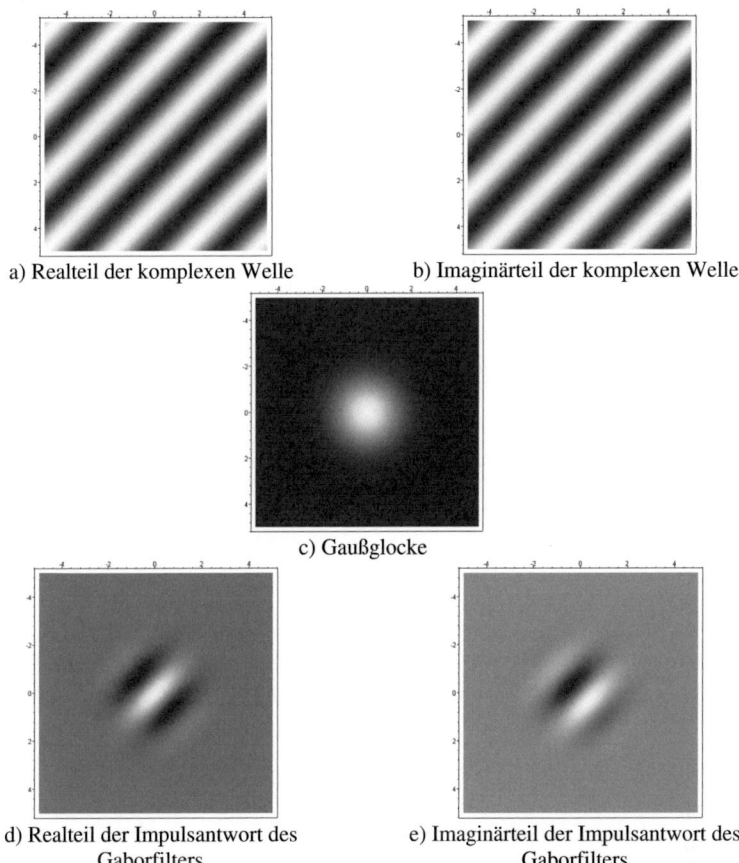

a) Realteil der komplexen Welle   b) Imaginärteil der komplexen Welle

c) Gaußglocke

d) Realteil der Impulsantwort des   e) Imaginärteil der Impulsantwort des
Gaborfilters   Gaborfilters

Abbildung 3.2:   Beispiel für die Erzeugung eines Gaborfilterkerns ($\sigma_{x1}=\sigma_{x2}=1$, $\omega=2$, $\theta=0$)

Die Abbildung 3.3 verdeutlicht die Auswirkung von σ_{x1} und σ_{x2} auf das Gaborfilter. Als Parameter wurden $\omega = 2$, $\theta = 0$ und $\sigma_{x1} = \sigma_{x2} = 1$ (links), $(\sigma_{x1},\sigma_{x2}) = (2,1)$ (Mitte), $\sigma_{x1} = \sigma_{x2} = 2$ (rechts) verwendet. Mittels der Parameter σ_{x1} und σ_{x2} ist eine Festlegung der Ausdehnung der Gaußglocke und somit des Gaborfilters möglich. Die Ausdehnung entlang der Ortskoordinaten lässt sich unabhängig voneinander einstellen, daher lassen sich auch elliptische Ausdehnungen erzeugen.

$$\sigma_{x1} = \sigma_{x2} = 1 \qquad (\sigma_{x1}, \sigma_{x2}) = (2,1) \qquad \sigma_{x1} = \sigma_{x2} = 2$$

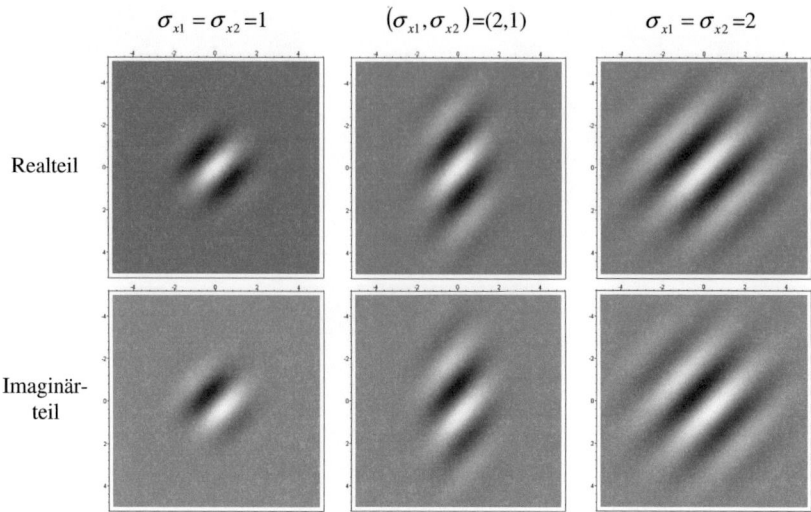

Realteil

Imaginär-
teil

Abbildung 3.3: Auswirkung verschiedener Variationen von σ_{x1} und σ_{x2} auf die Impulsantwort des Gaborfilters.

In Abbildung 3.4 wird die Auswirkung der Variation von ω auf die Impulsantwort des Gaborfilters verdeutlicht. Als Parameter wurden $\sigma_{x1} = \sigma_{x2} = 1$, $\theta = 0$ und $\omega = 1$ (links), $\omega = 2$ (Mitte), $\omega = 3$ (rechts) verwendet. Mittels ω wird die Ortsfrequenz der komplexen Welle und somit des Gaborfilters festgelegt.

$$\omega = 1 \qquad\qquad \omega = 2 \qquad\qquad \omega = 3$$

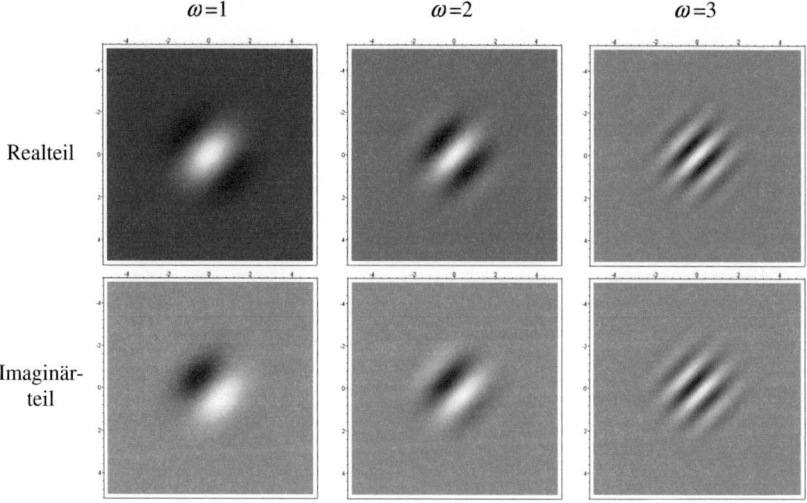

Realteil

Imaginär-
teil

Abbildung 3.4: Auswirkung der Variation von ω auf die Impulsantwort des Gaborfilters.

Die Abbildung 3.5 verdeutlicht die Auswirkung von θ auf das Gaborfilter. Als Parameter wurden $\sigma_{x1} = \sigma_{x2} = 1$, $\omega = 2$ und $\theta = 0$ (links), $\theta = \dfrac{\pi}{4}$ (Mitte), $\theta = \dfrac{\pi}{2}$ (rechts) verwendet. Mittels des Parameters θ ist eine Festlegung der Drehlage der komplexen Welle und somit des Gaborfilters möglich.

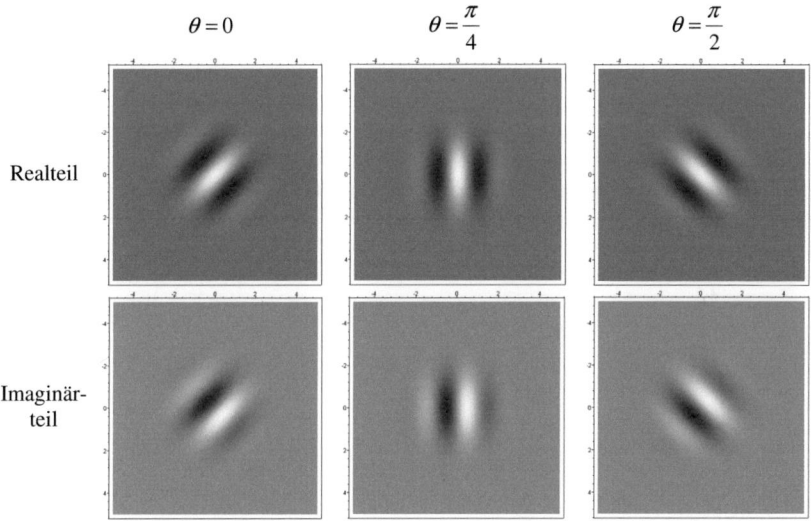

Abbildung 3.5: Auswirkung verschiedener Variationen von θ auf die Impulsantwort des Gaborfilters.

Nachdem der Aufbau und die Parameter die Impulsantwort des Gaborfilters betrachtet wurden, erfolgt im nächsten Abschnitt eine Anpassung des Gaborfilters, um zur Erzeugung des geforderten Merkmalsbereichs verwendbar zu sein.

3.3 Modifizierter Gaborfilter zur Erzeugung des Merkmalsbereichs

Basierend auf der in Kapitel 2 aufgestellten Methodik wird im Anhang A gezeigt, welche Bedingungen ein Faltungsfilter erfüllen muss, um als Basis des benötigten Merkmalsbereichs Verwendung zu finden. Ausgehend von den Bedingungen im Anhang A wird im Anhang B das Gaborfilter betrachtet und bestimmt, welche Anpassungen notwendig sind, um den Filter zur Erzeugung eines Merkmalsbereichs für Rotation, Skalierung und Verschiebung einzusetzen. Als Ergebnis ergibt sich das modifizierte Gaborfilter nach Gleichung (10.25) aus Anhang B.3, welches in Gleichung (3.3) dargestellt ist. Nach Erläuterung der Entstehung und der Parameter des modifizierten Gaborfilters erfolgt in den Unterabschnitten eine Zusammenstellung der Eigenschaften des modifizierten Gaborfilters.

$$h_g(\mathbf{x},\mathbf{p}) = \frac{\omega^2 \cdot d_1 \cdot d_2}{c^2} e^{\left(-\frac{\omega^2}{2c^2}\left(d_1^2 \cdot x_{R1}^2 + d_2^2 \cdot x_{R2}^2\right)\right)} e^{\left(j \cdot \omega(x_{R1}+x_{R2})\right)} \text{ mit } \omega = \omega_m \cdot a^{p_2}, a \in \mathbb{R}, \ 0 < a < 1,$$

$$\mathbf{x}_R = \begin{bmatrix} x_{R1} \\ x_{R2} \end{bmatrix} = \mathbf{A}_R \cdot \mathbf{x} = \begin{bmatrix} \cos(p_1) & \sin(p_1) \\ -\sin(p_1) & \cos(p_1) \end{bmatrix} \cdot \begin{bmatrix} x_1 \\ x_2 \end{bmatrix} \tag{3.3}$$

Die Komponente p_1 des Adaptionsvektors $\mathbf{p}$ dient zur Festlegung der Drehlage des Gaborfilters. Mittels der Komponente p_2 ist eine Skalierung des Gaborfilters möglich.

In Daugman [54] wird eine exponentielle Filterskalierung für eine optimale Abtastung gefordert. Um die Bedingungen an den Merkmalsbereich zu erfüllen, ist eine exponentielle Abtastung zwingend notwendig, wie am Zusammenhang zwischen p_2 und ω in (3.3) erkennbar ist. Durch Festlegung von $p_2 \geq 0$ wird erreicht, dass die Maximalfrequenz dem Wert ω_m entspricht.

Folgende Einschränkungen wurden in Anhang B ermittelt, um die Forderung an den Merkmalsbereich nach Gleichung (2.7) aus Abschnitt 2.3 zu erfüllen und führten zum modifizierten Gaborfilter nach Gleichung (3.3).

$$\frac{\sigma_{x1}}{d_1} = \frac{\sigma_{x2}}{d_2} = \sigma \qquad \omega = \frac{c}{\sigma} \text{ mit } c, d_1, d_2 \in \mathbb{R} \text{ und } c, d_1, d_2 > 0 \tag{3.4}$$

Die Einschränkungen nach Gleichung (3.4) setzen die Parameter $\sigma_{x1}, \sigma_{x2}, \omega$ zueinander in Beziehung und infolgedessen sind die Frequenz der komplexen Welle und die Ausdehnung in den Ortskoordinaten, über die Konstanten c, d_1, d_2 miteinander verbunden, wodurch das Verhältnis zwischen Ortsfrequenz- und Ortsausdehnung konstant bleibt und ein skalierbarer Gaborfilter entsteht. Mittels der Konstanten d_1 und d_2 kann die Form der Gaußglocke festgelegt werden. Bei identischen Werten von d_1 und d_2, entsteht eine runde Impulsantwort. Sind die Parameter d_1 und d_2 definiert, kann über die verbleibende Konstante c das Verhältnis zwischen Ortsausdehnung und Ortsfrequenzausdehnung festgelegt werden.

3.3.1 Fouriertransformierte

Um eine Vorstellung der Filtereigenschaften des Gaborfilters zu erhalten und die zulässigen Parameterbereiche ermitteln zu können, ist eine Bestimmung der zweidimensionalen Fouriertransformierten zweckmäßig. Die Fouriertransformation ist eine Integraltransformation, die einer Funktion eine andere Funktion zuordnet. Bei der zweidimensionalen Fouriertransformation $\mathfrak{F}_{x\omega}(h(\mathbf{x}))$ wird eine Ortsfunktion $h(\mathbf{x})$ aus überabzählbar unendlich vielen komplexen harmonischen Schwingungen, die mit der Ortsfrequenzfunktion $H(\omega)$ gewichtet werden, additiv synthetisiert. Definiert ist die zweidimensionale Fouriertransformation nach Gleichung (3.5) und die Rücktransformation nach Gleichung (3.6) [13].

$$\mathfrak{F}_{x\omega}(h(\mathbf{x})) = H(\omega) = \frac{1}{2\pi} \int\limits_{-\infty}^{\infty} \int\limits_{-\infty}^{\infty} h(\mathbf{x}) \cdot e^{-j(x_1 \cdot \omega_1 + x_2 \cdot \omega_2)} dx_1 dx_2 \tag{3.5}$$

$$h(\mathbf{x}) = \mathfrak{F}_{x\omega}^{-1}\big(H(\omega)\big) = \frac{1}{2\pi} \int\limits_{-\infty}^{\infty} \int\limits_{-\infty}^{\infty} H(\omega) \cdot e^{j(x_1 \cdot \omega_1 + x_2 \cdot \omega_2)} d\omega_1 d\omega_2 \qquad (3.6)$$

Zur Beschreibung, dass eine Ortsfrequenzfunktion $H(\omega)$ der Fouriertransformierten der Ortsfunktion $h(\mathbf{x})$ entspricht, wird das Formelzeichen $\circ\!-\!\bullet$ verwendet. Man schreibt (3.7):

$$h(\mathbf{x}) \circ\!-\!\bullet\, H(\omega) \qquad (3.7)$$

Ein in der Systemtheorie bekannter Zusammenhang ist, dass eine gaußförmige Funktion im Ortsbereich und Ortsfrequenzbereich einen gaußförmigen Verlauf besitzt (Gleichung (3.8)).

$$e^{\left(-a\cdot\|\mathbf{x}\|^2\right)} \circ\!-\!\bullet\, \frac{\pi}{a^2} \cdot e^{\left(-\frac{\|\omega\|^2}{4a}\right)} \quad \text{mit } a \in \mathbb{R} \text{ und } a > 0 \qquad (3.8)$$

Zudem gilt die lineare Koordinatentransformation. Die Transformation der Ortskoordinaten mittels einer Transformationsmatrix $\mathbf{A}$ liefert den Zusammenhang nach Gleichung (3.9). Das Formelzeichen $|x|$ ist definiert als Betrag von x.

$$h(\mathbf{A} \cdot \mathbf{x}) \circ\!-\!\bullet\, \left|\det(\mathbf{A})\right|^{-1} H\left(\left(\mathbf{A}^{-1}\right)^T \cdot \omega\right) \qquad (3.9)$$

Aus der linearen Koordinatentransformation lassen sich zwei Zusammenhänge herleiten. So gilt für die Rotation mit einer Rotationsmatrix $\mathbf{A}_R$ um einen Winkel α.

$$\mathbf{A}_R = \begin{bmatrix} \cos(\alpha) & \sin(\alpha) \\ -\sin(\alpha) & \cos(\alpha) \end{bmatrix} \Rightarrow \det(\mathbf{A}_R) = 1, \ \left(\mathbf{A}_R^{-1}\right)^T = \mathbf{A}_R \Rightarrow h(\mathbf{A}_R \cdot \mathbf{x}) \circ\!-\!\bullet\, H(\mathbf{A}_R \cdot \omega)$$

$$\qquad (3.10)$$

Für die Dehnung des Ortsbereichs mittels einer Skalierungsmatrix $\mathbf{A}_S$ ergibt sich eine Stauchung und Skalierung im Ortsfrequenzbereich. Die Festlegung der Skalierung entlang der Dimensionen x_1 und x_2 erfolgt dabei mit d_1 und d_2. Folglich ergibt sich der Zusammenhang nach Gleichung (3.11).

$$d_1, d_2 \in \mathbb{R}, d_1, d_2 > 0, \mathbf{A}_S = \begin{bmatrix} d_1 & 0 \\ 0 & d_2 \end{bmatrix} \Rightarrow \det(\mathbf{A}_S) = d_1 \cdot d_2, \ \left(\mathbf{A}_S^{-1}\right)^T = \begin{bmatrix} \dfrac{1}{d_1} & 0 \\ 0 & \dfrac{1}{d_2} \end{bmatrix}$$

$$\Rightarrow h(\mathbf{A}_S \cdot \mathbf{x}) = h\left(\begin{bmatrix} d_1 \cdot x_1 \\ d_2 \cdot x_2 \end{bmatrix}\right) \circ\!-\!\bullet\, \frac{1}{d_1 \cdot d_2} H\left(\begin{bmatrix} \omega_1/d_1 \\ \omega_2/d_2 \end{bmatrix}\right) \qquad (3.11)$$

Des Weiteren gilt, dass eine Phasenverschiebung im Ortsbereich in eine Verschiebung im Ortsfrequenzbereich übergeht.

$$h(\mathbf{x}) \cdot e^{\left(j \cdot \omega_0^T \cdot \mathbf{x}\right)} \circ\!-\!\bullet\, H(\omega - \omega_0) \qquad (3.12)$$

Aus den Gleichungen (3.8) bis (3.12) ergibt sich für das modifizierte Gaborfilter die Fouriertransformierte $H_g(\omega,\mathbf{p})$ nach Gleichung (3.13).

$$h_g(\mathbf{x},\mathbf{p}) \circ\!\!-\!\!\bullet\; H_g(\omega,\mathbf{p})$$

$$h_g(\mathbf{x},\mathbf{p}) = \frac{\omega^2 \cdot d_1 \cdot d_2}{c^2} e^{\left(-\frac{\omega^2}{2c^2}\left(d_1^2 \cdot x_{R1}^2 + d_2^2 \cdot x_{R2}^2\right)\right)} e^{\left(j\cdot\omega\left(x_{R1}+x_{R2}\right)\right)} \quad \text{mit } \omega = \omega_m \cdot a^{p_2}, a \in \mathbb{R},\ 0 < a < 1,$$

$$\mathbf{x}_R = \begin{bmatrix} x_{R1} \\ x_{R2} \end{bmatrix} = \mathbf{A}\cdot\mathbf{x} = \begin{bmatrix} \cos(p_1) & \sin(p_1) \\ -\sin(p_1) & \cos(p_1) \end{bmatrix}\cdot\begin{bmatrix} x_1 \\ x_2 \end{bmatrix}$$

$$H_g(\omega,\mathbf{p}) = 2\pi\cdot e^{\left(-\frac{c^2}{2\omega^2}\left(\left(\frac{\omega_{R1}-\omega}{d_1}\right)^2 + \left(\frac{\omega_{R2}-\omega}{d_2}\right)^2\right)\right)} \quad \text{mit } \omega = \omega_m \cdot a^{p_2}, a \in \mathbb{R},\ 0 < a < 1,$$

$$\omega_R = \begin{bmatrix} x_{R1} \\ x_{R2} \end{bmatrix} = \mathbf{A}\cdot\omega = \begin{bmatrix} \cos(p_1) & \sin(p_1) \\ -\sin(p_1) & \cos(p_1) \end{bmatrix}\cdot\begin{bmatrix} \omega_1 \\ \omega_2 \end{bmatrix} \tag{3.13}$$

Zur Veranschaulichung des Zusammenhangs zwischen Impulsantwort der Ortsfunktion und Ortsfrequenzfunktion sind in Abbildung 3.6 verschiedene Gaborfilter und deren Fouriertransformierten dargestellt.

Anhand der Abbildung 3.6 lassen sich die Auswirkung der Parameter c, ω und p_1 im Ortsbereich und im Ortsfrequenzbereich erkennen. Die erste Zeile zeigt Abbildungen der Realteile, die zweite Zeile der Imaginärteile der Impulsantwort und im unteren Bild sind die Fouriertransformierten in einem Bild zusammengefasst.

Die abgebildeten Filterkerne 1) - 3) zeigen die Auswirkung des Parameters ω. Mittels ω ist eine Skalierung des Gaborfilters möglich. Die abgebildete Impulsantwort 4) wurde durch Änderung des Parameters p_1 aus dem Filterkern 3) erzeugt. Die Ausdehnung des Gaborfilters im Ortsbereich bleibt zwischen den abgebildeten Filterkernen 3), 4), 5) und 6) identisch, dies führt dazu, dass auch die Fouriertransformierte eine identische Ausdehnung besitzen. Die abgebildete Impulsantwort 7) besitzt den gleichen Parameterwert von ω wie die abgebildeten Impulsantworten 3) und 4). Daher ist der Abstand zum Ursprung identisch. Mittels der Parameter c, ω und p_1 ist also eine beliebige Dehnung und Positionierung der Gaußglocke im Ortsfrequenzbereich möglich.

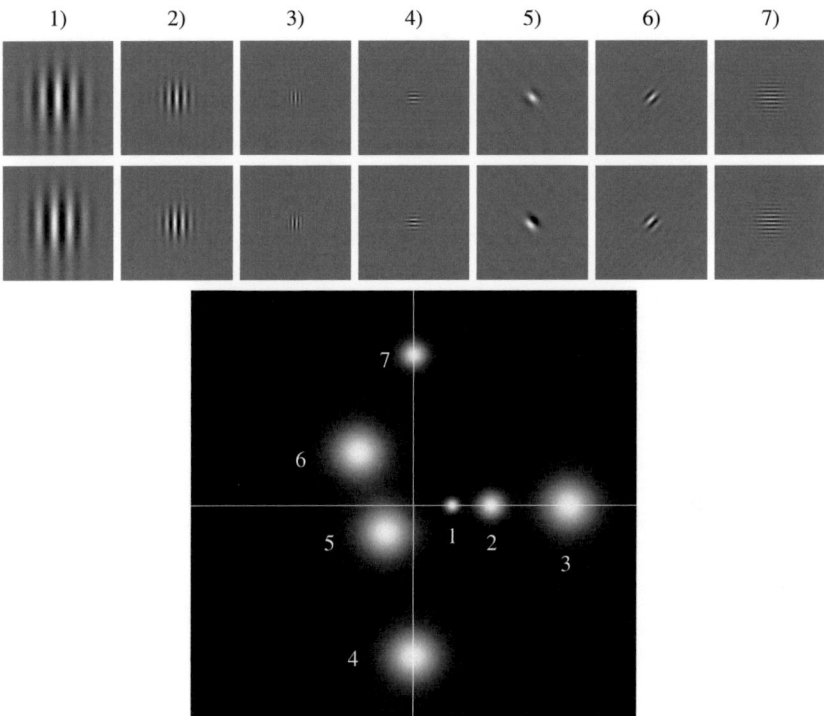

Abbildung 3.6: Darstellung der Impulsantwort verschiedener Gaborfilter und deren Übertragungsfunktionen

3.3.2 Separierbarkeit

Die Separierbarkeit eines Filters, ist eine Eigenschaft, welche den rechentechnischen Aufwand einer zweidimensionalen Faltung im Ortsbereich reduziert. Die Reduzierung des Rechenaufwandes wird erreicht, indem eine Zerlegung der zweidimensionalen Faltung in zwei eindimensionale Faltungen vorgenommen wird. Dazu wird das doppelte Faltungsintegral für separierbare Filterkerne zunächst für das innere und im Anschluss für das äußere Integral berechnet. Für einen zweidimensionalen separierbaren Filterkern gilt Gleichung (3.14).

$$h_g(\mathbf{x}) = h_{g1}(x_1) \cdot h_{g2}(x_2) \tag{3.14}$$

Wie in (3.15) gezeigt, erfüllt das Gaborfilter die Gleichung (3.14) und ist somit separierbar.

$$h_g(\mathbf{x},\mathbf{p}) = \frac{\omega^2 \cdot d_1 \cdot d_2}{c^2} e^{\left(-\frac{\omega^2}{2c^2}\left(d_1^2 \cdot x_{R1}^2 + d_2^2 \cdot x_{R2}^2\right)\right)} e^{\left(j \cdot \omega \cdot (x_{R1}+x_{R2})\right)} \quad \text{mit } \omega = \omega_m \cdot a^{p_2}, a \in \mathbb{R}, 0 < a < 1,$$

$$\mathbf{x}_R = \begin{bmatrix} x_{R1} \\ x_{R2} \end{bmatrix} = \mathbf{A} \cdot \mathbf{x} = \begin{bmatrix} \cos(p_1) & \sin(p_1) \\ -\sin(p_1) & \cos(p_1) \end{bmatrix} \cdot \begin{bmatrix} x_1 \\ x_2 \end{bmatrix}$$

$$h_g(\mathbf{x},\mathbf{p}) = \frac{\omega^2 \cdot d_1 \cdot d_2}{c^2} e^{\left(-\frac{\omega^2}{2c^2}\left((d_1 \cdot x_1 \cdot (\cos(p_1)-\sin(p_1)))^2 + (d_2 \cdot x_2 \cdot (\cos(p_1)+\sin(p_1)))^2\right)\right)} e^{\left(j \cdot \omega \cdot (x_1 \cdot (\cos(p_1)-\sin(p_1))+x_2 \cdot (\cos(p_1)+\sin(p_1)))\right)}$$

$$h_g(\mathbf{x},\mathbf{p}) = \frac{\omega^2}{c^2} e^{\left(-\frac{\omega^2 d_1^2}{2c^2}(x_1(\cos(p_1)-\sin(p_1)))^2\right)} e^{\left(-\frac{\omega^2 d_2^2}{2c^2}(x_2(\cos(p_1)+\sin(p_1)))^2\right)} e^{\left(j\omega x_1 \cdot (\cos(p_1)-\sin(p_1))\right)} e^{\left(j\omega x_2 \cdot (\cos(p_1)+\sin(p_1))\right)}$$

$$h_g(\mathbf{x},\mathbf{p}) = \underbrace{\frac{\omega}{c} e^{\left(-\frac{\omega^2 d_1^2}{2c^2}(x_1(\cos(p_1)-\sin(p_1)))^2\right)} e^{\left(j\omega x_1 \cdot (\cos(p_1)-\sin(p_1))\right)}}_{h_{g1}(x_1,\vec{p})} \cdot \underbrace{\frac{\omega}{c} e^{\left(-\frac{\omega^2 d_2^2}{2c^2}(x_2(\cos(p_1)+\sin(p_1)))^2\right)} e^{\left(j\omega x_2 \cdot (\cos(p_1)+\sin(p_1))\right)}}_{h_{g2}(x_1,\vec{p})}$$

$$h_g(\mathbf{x},\mathbf{p}) = h_{g1}(x_1,\mathbf{p}) \cdot h_{g2}(x_2,\mathbf{p}) \tag{3.15}$$

3.3.3 Symmetrieeigenschaften

Wie in Abbildung 3.5 zu erkennen, bleibt der Realteil der Impulsantwort des Gaborfilters identisch und der Imaginärteil wird invertiert nach einer Drehung um 180°. Somit ist die Impulsantwort des Gaborfilters komplex konjugiert nach einer Rotation um 180° (Gleichung (3.16)). Als Darstellungsform des Gaborfilters wurde für den Nachweis der Symmetrie auf die Umformung aus Gleichung (3.15) zurückgegriffen.

$$h_g(\mathbf{x},\mathbf{p}) = \frac{\omega^2 \cdot d_1 \cdot d_2}{c^2} e^{\left(-\frac{\omega^2}{2c^2}\left((d_1 \cdot x_1 \cdot (\cos(p_1)-\sin(p_1)))^2 + (d_2 \cdot x_2 \cdot (\cos(p_1)+\sin(p_1)))^2\right)\right)} e^{\left(j \cdot \omega \cdot (x_1 \cdot (\cos(p_1)-\sin(p_1))+x_2 \cdot (\cos(p_1)+\sin(p_1)))\right)}$$

mit $\omega = \omega_m \cdot a^{p_2}$, $a \in \mathbb{R}, 0 < a < 1$

$$h_g\left(\mathbf{x}, \begin{bmatrix} p_1+\pi \\ p_2 \end{bmatrix}\right) = e^{\left(-\frac{\omega^2}{2c^2}\left((d_1 \cdot x_1 \cdot (-\cos(p_1)+\sin(p_1)))^2 + (d_2 \cdot x_2 \cdot (-\cos(p_1)-\sin(p_1)))^2\right)\right)} e^{\left(j \cdot \omega \cdot (x_1 \cdot (-\cos(p_1)+\sin(p_1))+x_2 \cdot (-\cos(p_1)-\sin(p_1)))\right)}$$

$$h_g\left(\mathbf{x}, \begin{bmatrix} p_1+\pi \\ p_2 \end{bmatrix}\right) = e^{\left(-\frac{\omega^2}{2c^2}\left((d_1 \cdot x_1 \cdot (\cos(p_1)-\sin(p_1)))^2 + (d_2 \cdot x_2 \cdot (\cos(p_1)+\sin(p_1)))^2\right)\right)} e^{\left(-j \cdot \omega \cdot (x_1 \cdot (\cos(p_1)-\sin(p_1))+x_2 \cdot (\cos(p_1)+\sin(p_1)))\right)}$$

$$h_g\left(\mathbf{x}, \begin{bmatrix} p_1+\pi \\ p_2 \end{bmatrix}\right) = h_g^*\left(\mathbf{x}, \begin{bmatrix} p_1 \\ p_2 \end{bmatrix}\right) \tag{3.16}$$

3.4 Diskreter Merkmalsbereich

Nachdem als Filterkern zur Merkmalsextraktion das modifizierte Gaborfilter nach Anschnitt 3.3 festgelegt wurde, erfolgt eine Untersuchung der Erzeugung, Parameter und Eigenschaften des Merkmalsbereichs.

Die Bildinformationen sind ortsdiskret und wertdiskret, somit lassen sich nur Abtastpunkte im Merkmalsbereich bestimmen. Die Abtastpunkte werden dabei durch Faltungen mit Gaborfilterkernen gewonnen. Bei jeder diskreten Faltung eines vollständigen Bildes ergibt sich für jeden Bildpunkt ein Merkmal, welches einem Abtastpunkt im Merkmalsbereich entspricht.

Dieser Abschnitt beschäftigt sich zunächst mit den theoretischen Grundlagen der Parameterfestlegung der Merkmalsextraktion zur Erzeugung des Merkmalsbereichs. Mittels der Parameter der Merkmalsextraktion lässt sich die Verteilung der Abtastpunkte im Merkmalsbereich beeinflussen. Die Festlegung der Parameter der Merkmalsextraktion stellt einen essenziellen Bestandteil dieses Verfahrens zur Objekterkennung und -lokalisierung dar, da die Auswertung auf den Ergebnissen der Merkmalsextraktion basiert.

Im Anschluss wird kurz auf die diskrete Faltung eingegangen, da diese die Grundlage für die darauf folgende Erzeugung des diskreten Merkmalsbereichs darstellt. Im letzten Abschnitt erfolgt eine Betrachtung der Eigenschaften des Merkmalsbereichs.

3.4.1 Parameterbestimmung

Seit langem wird nach einem Verfahren zur Bestimmung der optimalen Parameter für die Gaborfilterung gesucht. Die Ansätze dazu basieren auf physiologischen und theoretischen Untersuchungen [55] [56] [57]. Da Gaborfilter in unterschiedlichsten Aufgabenstellungen des Maschinellen Sehens Anwendung finden, kann keine einheitliche Festlegung der Parameter gegeben werden. Jedoch lassen sich die Freiheitsgrade des Gaborfilters einschränken.

Das Gaborfilter besitzt mehrere Freiheitsgrade. Die Parameter c, a, d_1 d_2 und ω_m sind zu definieren und zusätzlich sind die Abtastpunkte entlang der Komponenten des Adaptionsvektors $\mathbf{p}$ festzulegen. Zunächst kann die Abtastung entlang p_1 untersucht werden.

Wie in Gleichung (3.16) gezeigt, ist das Gaborfilter konjugiert komplex nach einer Umdrehung von π. In Gleichungen (3.18) und (3.19) wurde untersucht, wie sich diese Eigenschaft auf das Filterergebnis auswirkt.

Die zweidimensionale Faltung eines Eingangsbildes $E(\mathbf{x})$ mit einer Filterfunktion $h(\mathbf{x})$ ist definiert nach Gleichung (3.17) [58] und lässt sich mit $(h**E)(\mathbf{x})$ abkürzen.

$$(h**E)(\mathbf{x}) = \int\limits_{-\infty}^{\infty}\int\limits_{-\infty}^{\infty} h(\mathbf{x}-\tau) \cdot E(\tau)d\tau \tag{3.17}$$

Die Faltung von Real- und Imaginärteil lassen sich, wie in Gleichung (3.18) gezeigt, getrennt durchführen.

$$h(\mathbf{x}) = h_R(\mathbf{x}) + j \cdot h_I(\mathbf{x}) \Rightarrow$$

$$(h**E)(\mathbf{x}) = \int\limits_{-\infty}^{\infty}\int\limits_{-\infty}^{\infty} (h_R(\mathbf{x}-\tau) + j \cdot h_I(\mathbf{x}-\tau)) \cdot E(\tau)d\tau$$

$$(h**E)(\mathbf{x}) = \int\limits_{-\infty}^{\infty}\int\limits_{-\infty}^{\infty} h_R(\mathbf{x}-\tau) \cdot E(\tau)d\tau + j \cdot \int\limits_{-\infty}^{\infty}\int\limits_{-\infty}^{\infty} h_I(\mathbf{x}-\tau) \cdot E(\tau)d\tau(\mathbf{x})$$

$$(h**E)(\mathbf{x}) = (h_R **E)(\mathbf{x}) + j \cdot (h_I **E)(\mathbf{x}) \tag{3.18}$$

Für eine Faltung des reellen Eingangsbildes $E(\mathbf{x})$ mit der zu $h(\mathbf{x})$ konjugiert komplexen Filterfunktion $g(\mathbf{x})$ ergibt sich der Zusammenhang nach Gleichung (3.19).

$$g(\mathbf{x}) = h_R(\mathbf{x}) - j \cdot h_I(\mathbf{x}) \Rightarrow (g^{**}E)(\mathbf{x}) = (h^* {}^{**}E)(\mathbf{x}) = (h_R {}^{**}E)(\mathbf{x}) - j \cdot (h_I {}^{**}E)(\mathbf{x}) = (h^{**}E)^*(\mathbf{x})$$

$$(h^* {}^{**}E)(\mathbf{x}) = (h^{**}E)^*(\mathbf{x}) \Rightarrow (h^{**}E)(\mathbf{x}) = (h^* {}^{**}E)^*(\mathbf{x}) \tag{3.19}$$

Aus Gleichung (3.19) geht hervor, dass sich für eine konjugiert komplexe Filterfunktion ein konjugiert komplexes Filterergebnis ergibt. Folglich genügt für den Parameter p_1 eine Betrachtung im Intervall $[0, \pi)$. Wie im Anhang B gezeigt, ist eine äquidistante Verteilung notwendig. Daraus ergibt sich für die Abtastungen der Zusammenhang (3.20).

$$p_{1n} = \frac{(n-1)}{N}\pi \qquad n = 1, \ldots, N \tag{3.20}$$

Der Parameter N gibt die Anzahl der Abtastpunkte in Richtung von p_1 an und wird später festgelegt. Die Werte p_{11} bis p_{1N} entsprechen den Drehwinkeln, mit welchen das Eingangsbild abgetastet wird.

Um die Merkmale an einem Ort zum Objektvergleich nutzen zu können, muss die lokale Umgebung, aus welcher die Merkmale berechnet werden, nahezu vollständig im Objekt liegen. Zudem ist möglichst viel der lokalen Umgebung zu erfassen. Das größere der Verhältnisse d_1/c bzw. d_2/c beschreibt die maximale Ausdehnung. Um nun die maximale Umgebung zu erfassen, sind die Parameter gleich zu wählen. Die Ausdehnung lässt sich dann mit dem Parameter c regulieren.

$$d_1 = d_1 = 1 \tag{3.21}$$

Der Merkmalsbereich für den Parameter p_2 ist nach oben und nach unten begrenzt. Der Wert von p_2 darf nicht beliebig groß werden, da dadurch die Ausdehnung der Impulsantwort ansteigt. Liegt für eine lokale Umgebung der Filterkern teilweise außerhalb des Objektes, wird das Filterergebnis vom Hintergrund beeinflusst. Auch darf der Wert von p_2 nicht beliebig klein werden, da ansonsten durch die Ortsabtastung Fehler entstehen.

Wie bereits beschrieben, wird $p_2 \geq 0$ festgelegt, wodurch die Maximalfrequenz dem Wert ω_m entspricht. In Gleichung (10.28) aus Anhang C wird gezeigt, dass sich mittels des Abtasttheorems nach Nyquist [13] eine Oberschranke für ω_m abschätzen lässt.

$$\omega_m < \sqrt{2}\pi \cdot \frac{c}{c+3} \tag{3.22}$$

Ein weit verbreiteter Ansatz zur Einschränkung der Filterparameter stellt die bandbreitenbasierte Frequenzraumabdeckung dar. Das Gaborfilter gehört zur Gruppe der Bandpassfilter, daher wird eine gleichmäßige Verteilung der einzelnen Bandpässe angestrebt. Eine gleichmäßige Verteilung wird dadurch realisiert, dass sich die Bandbreitengrenzen der Filter berühren. Hierbei wird zwischen radialer Bandbreite B_r und azimutaler Bandbreite B_a unterschieden.

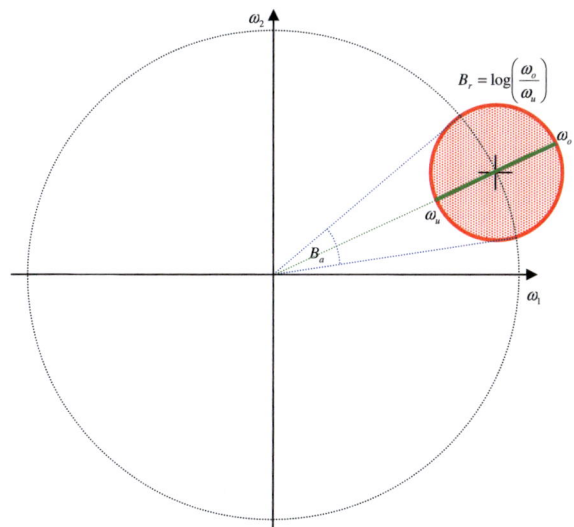

Abbildung 3.7:   Darstellung der radialen und azimutalen Bandbreite

Die Bandbreite wird zumeist mittels der Halbwertsfrequenzen festgelegt. Die Halbwertfrequenzen sind diejenigen Frequenzen, bei denen der Bandpass auf 50% des Maximalwertes absinkt. Abbildung 3.7 zeigt die Bandbreiten eines Gaborfilters in der Ortsfrequenzebene. Der Ring stellt die Höhenlinie bei der gewählten Bandbreite, z.B. bei den Halbwertsfrequenzen, dar.

Die Fouriertransformierte aus Gleichung (3.13) lässt sich umformen zu

$$H_g(\boldsymbol{\omega},\mathbf{p}) = 2\pi \cdot e^{\left(-\frac{c^2}{2\omega^2}\left((\omega_1\cos(p_1)+\omega_2\sin(p_1)-\omega)^2+(\omega_2\cos(p_1)-\omega_1\sin(p_1)-\omega)^2\right)\right)} \tag{3.23}$$

Anhand der Abbildung 3.7 ist erkennbar, dass die obere und untere Frequenz der radialen Bandbreite sich bestimmen lassen. Die obere und untere Frequenz der radialen Bandbreite sind unabhängig vom Drehwinkel p_1, daher wird zur Vereinfachung der Drehwinkel Null gesetzt. Für einen Drehwinkel Null besitzt die Gerade durch den Mittelpunkt der Gaußglocke und den Nullpunkt des Koordinatensystems einen Winkel von 45° und es ergibt sich daraus $H_0(\omega_R,\mathbf{p})$ als Funktion entlang der Geraden nach Gleichung (3.24).

$$H_g(\boldsymbol{\omega},\mathbf{p}) = 2\pi \cdot e^{\left(-\frac{c^2}{2\omega^2}\left((\omega_1-\omega)^2+(\omega_2-\omega)^2\right)\right)} \qquad \omega_1 = \omega_2 = \frac{\omega_R}{\sqrt{2}}$$

$$H_0(\omega_R,\mathbf{p}) = 2\pi \cdot e^{\left(-\frac{c^2}{2\omega^2}\left(2\left(\frac{\omega_R}{\sqrt{2}}-\omega\right)^2\right)\right)} = 2\pi \cdot e^{\left(-\frac{c^2}{2\omega^2}\left(2\cdot(\omega_R-\sqrt{2}\omega)^2\right)\right)} \tag{3.24}$$

Das Maximum von $H_0(\omega_R,\mathbf{p})$ tritt im Mittelpunkt der Gaußglocke auf und besitzt einen Wert von 2π. Daraus ergibt sich ein Funktionswert bei den Halbwertfrequenzen von π. Um eine

flexible Einstellung der Abtastung des Merkmalsbereichs zu ermöglichen, wurde die
Absenkung nicht fest als Halbwertsbandbreite festgelegt, sondern ist flexibel über den neuen
Parameter g einzustellen.

$$2\pi \cdot e^{\left(-\frac{c^2}{2\omega^2}\left(\omega_R - \sqrt{2}\cdot\omega\right)^2\right)} = g2\pi \quad \text{mit } 0 \leq g \leq 1 \tag{3.25}$$

Anhand der Nullstellen der Gleichung (3.25) ist eine Bestimmung der in Abbildung 3.7
eingezeichneten unteren Frequenz ω_u und oberen Frequenz ω_o möglich.

$$\omega_{o/u} = \omega\sqrt{2} \pm \frac{\omega}{c}\sqrt{-2\ln(g)} \tag{3.26}$$

Daraus ergibt sich die logarithmische radiale Bandbreite, angegeben in Oktaven nach
Gleichung (3.27).

$$B_r = \log_2\left(\frac{\omega\sqrt{2} + \frac{\omega}{c}\sqrt{-2\ln(g)}}{\omega\sqrt{2} - \frac{\omega}{c}\sqrt{-2\ln(g)}}\right) = \log_2\left(\frac{\sqrt{2}\cdot c + \sqrt{-2\ln(g)}}{\sqrt{2}\cdot c - \sqrt{-2\ln(g)}}\right) = \log_2\left(\frac{c + \sqrt{-\ln(g)}}{c - \sqrt{-\ln(g)}}\right)$$

$$\Rightarrow c = \sqrt{-\ln(g)}\left(\frac{2^{B_r}+1}{2^{B_r}-1}\right) \tag{3.27}$$

In Abbildung 3.7 ist die Bedingung für die azimutale Bandbreite erkennbar. Zwischen
Nullpunkt, Mittelpunkt des Bandbreiterings und Rand des Bandbreiterings lässt sich ein
gleichschenkliges Dreieck aufspannen, woraus die azimutale Bandbreite bestimmt werden
kann.

$$B_a = 2 \cdot \tan^{-1}\left(\frac{\omega_o - \omega\sqrt{2}}{\omega\sqrt{2}}\right) = 2 \cdot \tan^{-1}\left(\frac{\sqrt{-\ln(g)}}{c}\right) \tag{3.28}$$

Die Ergebnisse der bandbreitenbasierten Abdeckung des Ortsfrequenzraums sind nun auf die
Abtastung des Merkmalsbereichs anzuwenden. Dazu werden die Bandbreiten mit den freien
Parametern des diskreten Merkmalsbereichs ins Verhältnis gesetzt.

In Gleichung (3.20) wurde der Parameter N für die Anzahl der Abtastpunkte in Richtung von
p_1 eingeführt. Da die azimutale Bandbreite dem Winkelbereich des Filters entspricht, stehen
N und B_a zueinander im Verhältnis.

$$B_a = \frac{\pi}{N} \tag{3.29}$$

Die Schrittweite der Abtastpunkte entlang der Frequenz wurde in Gleichung (3.3) mittels des
Parameters a definiert und steht im Verhältnis zur radialen Bandbreite B_r.

$$2^{B_r} = \frac{1}{a} \Rightarrow a = 2^{-B_r} = \frac{c - \sqrt{-\ln(g)}}{c + \sqrt{-\ln(g)}} \tag{3.30}$$

Anhand dieser Zusammenhänge kann die Merkmalsextraktion auf vier Parameter reduziert werden [59].

- N: Dieser Parameter legt die Anzahl der Abtastpunkte entlang p_1 (Rotation) fest. Der Parameter kann nur natürliche Zahlen größer Null annehmen. Der Rechenaufwand steigt mit N an, daher kann man es sich nicht leisten den Wert beliebig groß zu wählen.

- M: Dieser Parameter legt die Anzahl der Abtastpunkte entlang p_2 (Skalierung) fest. Der Parameter kann nur natürliche Zahlen größer Null annehmen. Der Rechenaufwand steigt mit M an, daher kann man es sich nicht leisten den Wert beliebig groß zu wählen.

- g: Wert für die Definition der Bandbreite. Der Parameter kann nur reelle Werte zwischen 0 und 1 annehmen.

- ω_m: Maximale verwendete Frequenz des Gaborfilters. ω_m ist durch das Abtasttheorem nach oben begrenzt. Mit steigendem ω_m reduziert sich die Ausdehnung der Impulsantworten.

Die Abbildung 3.8 zeigt ein Beispiel für die durch die Anpassung erreichte Verteilung der Höhenlinien.

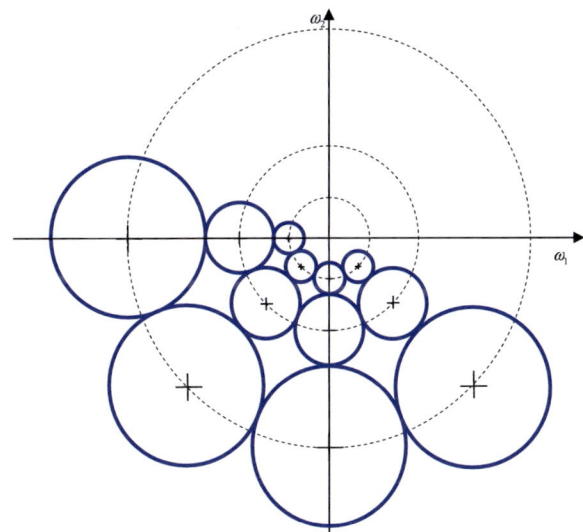

Abbildung 3.8:   Höhenlinien bei angepasster Abdeckung der Ortsfrequenzebene mittels Gaborfiltern.

Die Festlegung der Bandbreite des Gaborfilters mittels der Halbwertsbandbreite ist ein in der Bildverarbeitung weit verbreiteter Ansatz [60], [61], [62]. Wird statt der Höhenlinie, die Überdeckung durch Überlagerung der Bandpassfilter in der Ortsfrequenzebene betrachtet, ist erkennbar, dass bei Verwendung der Halbwertsbandbreite keine gleichmäßige Abdeckung der Ortsfrequenzebene entsteht. Eine ungleichmäßige Abdeckung kann zu einer reduzierten Erkennungsfähigkeit der darauf aufbauenden Objekterkennung führen. Daher kann der Parameter g noch nicht festgelegt werden.

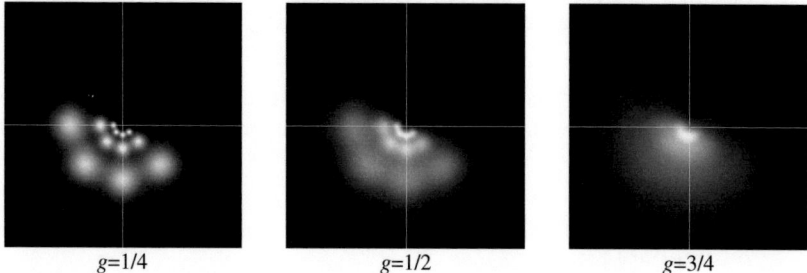

$g=1/4$ $g=1/2$ $g=3/4$

Abbildung 3.9:   Überlagerung der Bandpassfilter in der Ortsfrequenzebene

Die Anzahl der Parameter zur Erzeugung des Merkmalsbereichs wurden auf vier reduziert. Die Festlegung der verbleibenden Parameter hängt von den Randbedingungen der Aufgabenstellungen, für welche die Objekterkennung und -lokalisierung verwendet werden soll, ab. Faktoren dabei sind die Rechenzeit und die Güte der Objekterkennung. Um die Auswirkungen der Parameter auf diese Faktoren zu untersuchen wurde ein Testdatensatz entwickelt, mittels welchem die Güte der Objekterkennung und -lokalisierung anhand der korrekt gefundenen Umgebungen bestimmbar ist. Zusätzlich lässt sich die Rechenzeit der Objekterkennung und -lokalisierung angeben. Im nächsten Abschnitt wird zunächst auf die Auswertung des diskreten Merkmalsbereichs eingegangen, da ohne diese Auswertung keine Objekterkennung und -lokalisierung möglich ist.

3.4.2 Zweidimensionale diskrete Faltung

Zur Berechnung der Werte an den Abtastpunkten im Merkmalsbereich für einen Adaptionsvektors $\mathbf{p}$ ist eine komplette Filterung des Bildes notwendig. Die Anzahl der Filterungen ist niedrig zu halten, da die Rechenzeit mit deren Anzahl ansteigt. Die zweidimensionale diskrete Faltung für den Merkmalsraum berechnet sich nach der diskreten Faltungsgleichung (3.31) [58].

$$M\left(\mathbf{x},\mathbf{p}\right)=\sum_{\tau_2=-\infty}^{\infty}\sum_{\tau_1=-\infty}^{\infty}h\left(\mathbf{x}-\tau,\mathbf{p}\right)\cdot E\left(\tau\right) \qquad (3.31)$$

Das Eingangsbild $E(\mathbf{x})$ wird mit der Filterfunktion $h(\mathbf{x},\mathbf{p})$ gefaltet und es ergeben sich die Werte an den Abtastpunkte $\mathbf{x}$ im Merkmalsbereich für einen Adaptionsvektors $\mathbf{p}$. In Abschnitt 3.5 erfolgt eine genauere Analyse der diskreten Faltung, um eine auf die Rechenzeit optimierte Implementierung der Merkmalsextraktion zu erreichen.

Nach Untersuchung der Parameter der Merkmalsextraktion werden nun die Erzeugung, der Aufbau und die Eigenschaften des diskreten Merkmalsbereichs genauer betrachtet.

3.4.3 Erzeugung des diskreten Merkmalsbereichs

Der Übergang vom Ortsbereich in den Merkmalsbereich in Gleichung (2.6) aus Unterabschnitt 2.3 lässt sich für Rotation, Skalierung und Verschiebung nach Gleichung (3.32) angeben.

$$E(\mathbf{x}) \overset{\mathcal{M}}{\longmapsto} M(\mathbf{x},\mathbf{p}) \quad \text{mit } \mathbf{p} = \begin{bmatrix} p_1 \\ p_2 \end{bmatrix} \tag{3.32}$$

Jedem Bildpunkt des Eingangsbildes $E(\mathbf{x})$ sind mehrere Abtastpunkte des diskreten Merkmalsbereichs zugeordnet. Die Abtastpunkte werden durch Variation der Adaptionsparameter p_1 und p_2 festgelegt. An den diskreten Ortspositionen $\mathbf{x}$ lässt sich der diskrete Merkmalsbereich als Matrix darstellen.

$$\mathbf{J}(\mathbf{x}) = \begin{bmatrix} M\left(\mathbf{x}, \begin{bmatrix} p_{11} \\ p_{21} \end{bmatrix}\right) & M\left(\mathbf{x}, \begin{bmatrix} p_{12} \\ p_{21} \end{bmatrix}\right) & \cdots & M\left(\mathbf{x}, \begin{bmatrix} p_{1N} \\ p_{21} \end{bmatrix}\right) \\ M\left(\mathbf{x}, \begin{bmatrix} p_{11} \\ p_{22} \end{bmatrix}\right) & M\left(\mathbf{x}, \begin{bmatrix} p_{12} \\ p_{22} \end{bmatrix}\right) & \cdots & M\left(\mathbf{x}, \begin{bmatrix} p_{1N} \\ p_{22} \end{bmatrix}\right) \\ \vdots & \vdots & \ddots & \vdots \\ M\left(\mathbf{x}, \begin{bmatrix} p_{11} \\ p_{2M} \end{bmatrix}\right) & M\left(\mathbf{x}, \begin{bmatrix} p_{12} \\ p_{2M} \end{bmatrix}\right) & \cdots & M\left(\mathbf{x}, \begin{bmatrix} p_{1N} \\ p_{2M} \end{bmatrix}\right) \end{bmatrix} \tag{3.33}$$

Die Abtastpunkte des diskreten Merkmalsbereichs sind als Merkmalsvektor mit $M \cdot N$ Dimensionen darstellbar. Für die in dieser Arbeit verwendete Anwendung ist eine Matrizendarstellung zweckmäßig, da sich die Auswirkungen der Transformationen in der Matrix Schreibweise als Verschiebungen zeigen.

Die Matrix nach Gleichung (3.33) wird in Anlehnung an Wiskott [63] als Jetmatrix bezeichnet. Wiskott fasste die Filterergebnisse von Gaborfiltern zu einem Vektor zusammen, welchen er Jet nannte und zur Gesichtserkennung verwendete. Seine Aufgabenstellung sah keine Rotation oder Skalierung vor, somit wird keine Invarianz gegenüber Rotation oder Skalierung benötigt und es genügt die Betrachtung der Merkmale als Vektor.

Die Entstehung der Jetmatrizen ist in Abbildung 3.10 und Abbildung 3.11 verdeutlicht.

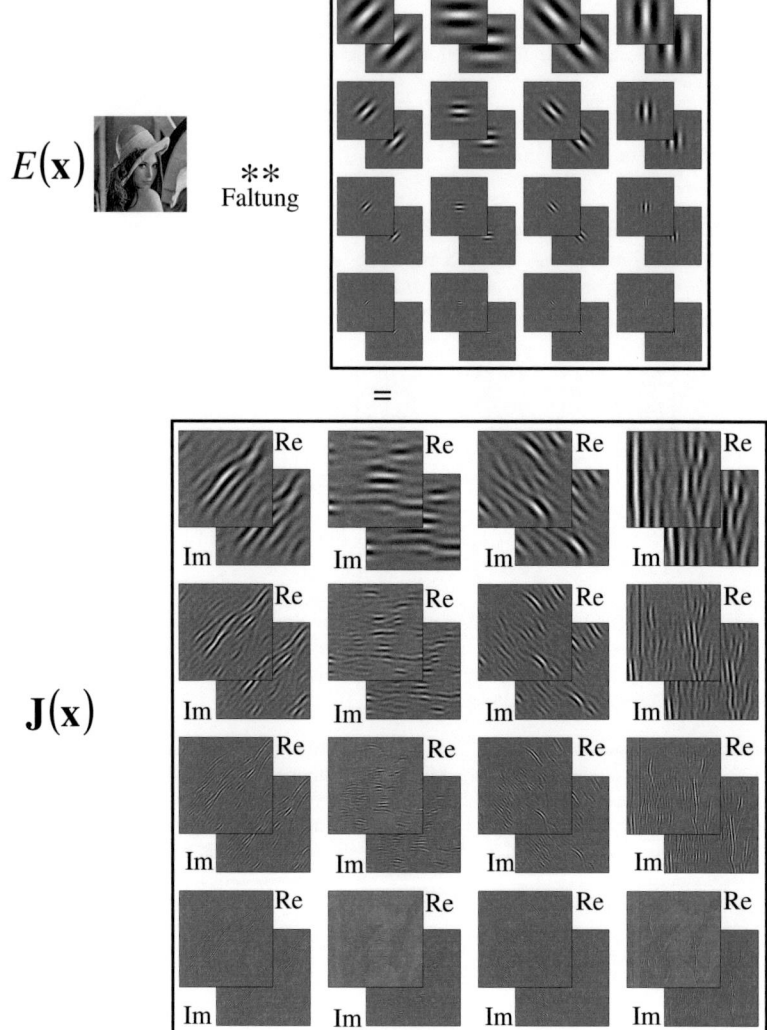

Abbildung 3.10: Merkmalsextraktion zur Erzeugung der Jetmatrizen

In Abbildung 3.10 ist die Merkmalsextraktion dargestellt. Das Eingangsbild $E(\mathbf{x})$ wird mit 16 komplexen Filterkernen gefaltet, es ergeben sich somit 16 komplexe Ergebnisbilder mit zum Eingangsbild identischer Größe.

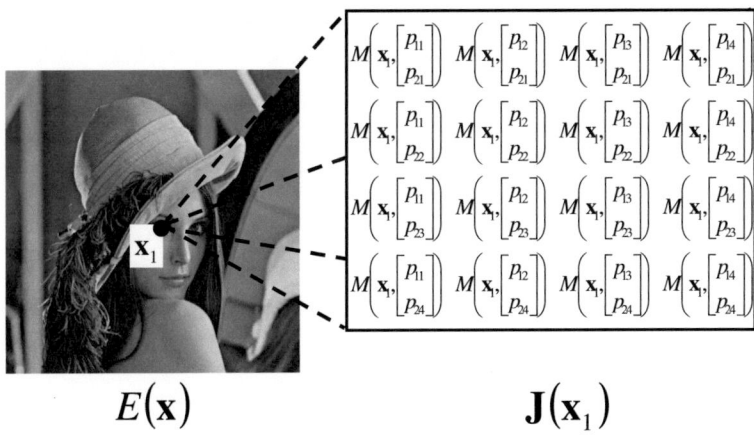

$$E(\mathbf{x}) \qquad\qquad \mathbf{J}(\mathbf{x}_1)$$

Abbildung 3.11: Auswahl einer Jetmatrix

Bei Betrachtung der komplexen Ergebnisse aus Abbildung 3.10 an einer Position $\mathbf{x}_1$, lassen sich die Ergebniswerte wie in Abbildung 3.11 gezeigt zur Jetmatrix zusammenfassen. Für jeden Bildpunkt des Eingangsbildes lässt sich eine Jetmatrix erzeugen. Jede Matrixkomponente in Abbildung 3.11 entspricht dem komplexen Wert eines Abtastpunktes im Merkmalsbereich.

Die Auswirkung von Rotation und Skalierung auf den Merkmalsbereich wurde in Unterabschnitt 3.4.1 erläutert. Die Auswirkung auf einzelne Jetmatrizen, welche aus der Auswirkung auf den Merkmalsbereich hervorgeht, verdeutlicht Abbildung 3.12.

3.4.4 Eigenschaften des diskreten Merkmalsbereichs

Die Eigenschaften des Merkmalsbereichs lassen sich anhand der Abbildung 3.12 erläutern.

In Abbildung 3.12 sind sechs Bildausschnitte dargestellt. In den Bildausschnitten ist jeweils eine Umgebung markiert. Unter jedem Bildausschnitt befindet sich jeweils eine Darstellung von Real- und Imaginärteil der Jetmatrix, welche der markierten Umgebung im Bildausschnitt zugeordnet ist. Die Werte der Jetmatrizen werden mittels 256 Grauwerten abgebildet, wobei negative Werte dunkleren und positive Werte helleren Grauwerten entsprechen. Der Wert 0 wird durch einen Grauwert von 128 repräsentiert.

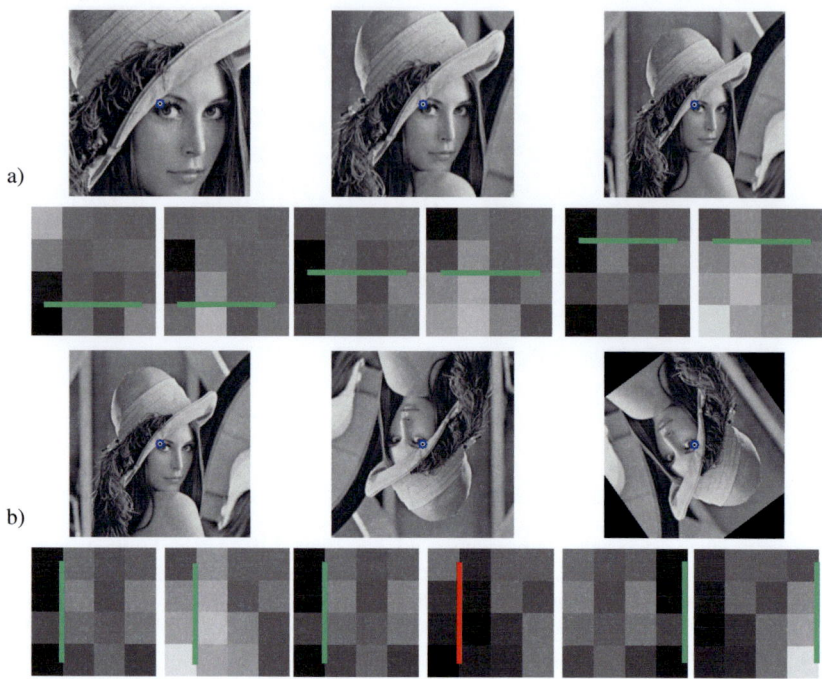

Abbildung 3.12: Auswirkung von Rotation und Skalierung auf die Jetmatrix

Die Zeile a) verdeutlicht die Auswirkung der Skalierung des Bildausschnittes auf die
Jetmatrix. Es findet eine Verschiebung der Jetmatrix statt, was durch die Verschiebung der
grünen Linien verdeutlicht wird. Durch diese Verschiebung wird Information aus der
Jetmatrix geschoben und neue Information kommt hinzu. Die Zeile b) verdeutlicht die
Auswirkung der Rotation des Bildausschnittes auf die Jetmatrix. Eine Rotation um 180°
bewirkt keine Änderungen des Realteiles, was anhand der unveränderten Position der grünen
Linie in den ersten beiden abgebildeten Realteilen der Zeile b) erkennbar ist. Durch die
zirkulär invertierte Verschiebung der Jetmatrix bei einer Drehung des Bildausschnittes,
kommt es bei einer Drehung um 180° zu einer Invertierung des Imaginärteils, gekennzeichnet
durch den Übergang der grünen in eine rote Linie zwischen den ersten beiden Abbildungen
der Zeile b). Die zirkulär invertierende Verschiebung ist beim Vergleich der zweiten und
dritten Abbildung gut erkennbar. Die Werte der Jetmatrix springen vom Anfang zum Ende
der Jetmatrix. Im Fall des Imaginärteils kommt es zur gleichzeitigen Invertierung dieser
Werte, was durch den Übergang von der roten in eine grüne Linie verdeutlicht wird.

Um eine Umgebung des Referenzobjektes im Suchbild zu lokalisieren, sind deren Jetmatrizen
zu vergleichen. Dabei ist zu beachten, dass der Vergleich an die beschriebenen
Verschiebungseigenschaften anzupassen ist.

3.5 Realisierung der Merkmalsextraktion

Im Abschnitt 3.4 wurde auf den Aufbau und die Eigenschaften des diskreten Merkmalsbereichs eingegangen. Um eine schnelle Objekterkennung und -lokalisierung durchzuführen, ist eine schnelle Erzeugung des Merkmalsbereichs notwendig. In diesem Abschnitt werden daher verschiedene Algorithmen zur Realisierung der Merkmalsextraktion vorgestellt. Am Ende des Abschnitts erfolgt ein Vergleich der Verfahren und die verwendete Implementierung wird festgelegt.

3.5.1 Algorithmen zur Realisierung der zweidimensionalen diskreten Faltung

Bei dem Entwurf des Merkmalsbereichs wurde die Faltungsgleichung, mit der Gaborfunktion als Filterfunktion, verwendet. Da die Bilddaten als diskrete Werte vorliegen, ist eine diskrete Realisierung dieser Faltung notwendig. Es existieren drei Methoden zur Realisierung der zweidimensionalen diskreten Faltung [64]:

- Filter mit endlicher Impulsantwort (Finite Impulse Response, FIR)

- Filter mit unendlicher Impulsantwort (Infinite Impulse Response, IIR)

- Filterung realisiert mittels Fouriertransformation

Das Filter mit endlicher Impulsantwort verwendet die diskrete Faltung nach Gleichung (3.34) zur Berechnung der Ergebniswerte und ist daher intuitiv der erste Realisierungsansatz. Die diskrete Faltung kann nicht von $-\infty$ bis ∞ realisiert werden, da dazu unendlich viele Filterkoeffizienten und somit Rechenoperationen nötig sind. Aus diesem Grund muss die Anzahl der Filterkoeffizienten $N \cdot M$ begrenzt sein, weshalb nur Filter mit begrenzter funktionen mit begrenzter Ausdehnung verwendet werden können. Die Impulsantwort der Gaborfilters besitzt eine unendliche Ausdehnung, demzufolge ist ein einfaches Einsetzen der Impulsantwort als Filterfunktion nicht möglich. Jedoch besitzt die Fläche unter der Impulsantwort des Gaborfilters einen Grenzwert, daher lässt sich die Ausdehnung unter Berücksichtigung eines Restfehlers abschätzen. Durch den schnellen Abfall der Gaborfunktion sinkt der Restfehler bereits bei wenigen Filterkoeffizienten stark ab, wodurch eine effektive Realisierung möglich wird.

$$y(m,n) = \sum_{b=-M}^{M} \sum_{a=-N}^{N} f(b,a) \cdot x(m-b,n-a) \tag{3.34}$$

Die zweite Realisierungsmethode stellt das Filter mit unendlicher Impulsantwort dar. Die Impulsantwort besitzt eine unendliche Ausdehnung, weshalb die Realisierung als IIR-Filter einen geeigneten Ansatz darstellt. Das IIR-Filter verwendet die Gleichung (3.35) zur Bestimmung der Ergebniswerte [13]. Die diskrete Faltung wird um einen rekursiven Term erweitert. Durch das rekursive Verhalten wird Information bereits betrachteter Umgebungen im rekursiven Term gehalten, wodurch Information über entfernte Umgebungen in die Berechnung einfließen kann, ohne diese Umgebungen explizit zu betrachten. Die Rekursion erlaubt somit die Erzeugung von schnellen Filtern, da mit wenigen Filterkoeffizienten eine Impulsantwort mit großer Ausdehnung erzeugbar ist.

$$y(m,n) = \sum_{b=-M}^{M} \sum_{a=-N}^{N} f(b,a) \cdot x(m-b,n-a) - \sum_{b=1}^{M} \sum_{a=1}^{N} h(b,a) \cdot y(m-b,n-a) \tag{3.35}$$

Die IIR-Filter werden zumeist für spezielle Anwendungen konzipiert, da der Filterentwurf aufwändiger als beim FIR-Filter ist und durch die bei der Rekursion entstehende Fehlerfortpflanzung eine höhere Genauigkeit bei der Berechnung der Filterergebnisse notwendig wird.

Als dritte Realisierungsmethode steht die Realisierung der Filterung mittels Fouriertransformation zur Verfügung. Die Realisierung mittels Fouriertransformation ist eine spezielle Realisierungsmethode des FIR- oder IIR-Filters und bietet unter bestimmten Randbedingungen eine höhere Geschwindigkeit.

3.5.2 Faltung mittels Filter mit endlicher Impulsantwort

Die Faltung mittels Filter mit endlicher Impulsantwort entspricht der direkten Umsetzung der Faltungsgleichung nach (3.31) aus Unterabschnitt 3.4.2. Der Rechenaufwand steigt linear mit der betrachteten Fläche an. Um den Rechenaufwand gering zu halten, ist daher die betrachtete Fläche klein zu halten. Die Impulsantwort des Gaborfilters besitzt unendliche Ausdehnung, da die Impulsantwort aber sehr schnell abfällt, lässt sich, wie im Anhang C gezeigt, die Ausdehnung des Gaborfilters mit einem Radius von 3σ abschätzen. Die Faltungsgleichung wird approximiert nach (3.36).

$$M(\mathbf{x},\mathbf{p}) = \sum_{\tau_1=-\lceil 3\sigma \rceil}^{\lceil 3\sigma \rceil} \sum_{\tau_2=-\lceil 3\sigma \rceil}^{\lceil 3\sigma \rceil} E(\mathbf{x}-\boldsymbol{\tau}) \cdot h(\boldsymbol{\tau},\mathbf{p}) \qquad (3.36)$$

Das Formelzeichen $\lceil \ \rceil$ wird als Aufrundungsfunktion bezeichnet. Für eine reelle Zahl x ist $\lceil x \rceil$ die kleinste ganze Zahl, die größer oder gleich x ist. Mittels der Aufrundungsfunktion wird erreicht, dass mindestens 3σ der Ausdehnung des Gaborfilters betrachtet werden.

In Unterabschnitt 3.3.2 wurde gezeigt, dass der Gaborfilter separierbar ist und folglich Gleichung (3.37) gilt.

$$h(\mathbf{x},\mathbf{p}) = h_1(x_1,\mathbf{p}) \cdot h_2(x_2,\mathbf{p}) \qquad (3.37)$$

Somit lässt sich die Faltungsgleichung zu Gleichung (3.38) umformen. Die Separierbarkeit des Gaborfilters erlaubt eine Auftrennung der Doppelsumme der Faltungsgleichung, wodurch sich der Rechenaufwand von N·N auf N+N Multiplikationen reduziert. Wobei N der Anzahl der Abtastpunkte im Intervall $\left[-\lceil 3\sigma \rceil, \lceil 3\sigma \rceil\right]$ entspricht.

$$M(\mathbf{x},\mathbf{p}) = \sum_{\tau_1=-\lceil 3\sigma \rceil}^{\lceil 3\sigma \rceil} E_2\left(\begin{bmatrix} x_1-\tau_1 \\ x_2 \end{bmatrix}\right) \cdot h_1(\tau_1,\mathbf{p}) \text{ mit } E_2(\mathbf{x}) = \sum_{\tau_2=-\lceil 3\sigma \rceil}^{\lceil 3\sigma \rceil} E\left(\begin{bmatrix} x_1 \\ x_2-\tau_2 \end{bmatrix}\right) \cdot h_2(\tau_2,\mathbf{p}) \qquad (3.38)$$

3.5.3 Faltung mittels Filter mit unendlicher Impulsantwort

In [65] stellten Young u. a. einen IIR basierten Filterentwurf des Gaborfilters vor. Ihr Ansatz ermöglicht eine schnellere Berechnung der Filterergebnisse, als es mit Filterung im Frequenzbereich möglich ist. Das Verfahren nutzt die bereits in Unterabschnitt 3.3.2 beschriebene Separierbarkeit des Filterkernes, wodurch eine Betrachtung des 1D-Filterkernes ausreicht.

Der Filterentwurf erfolgt im Laplaceraum. Der Gaborfilter besteht aus einer harmonisch modulierten Gaußglocke. Eine Gaußglocke im Ortsbereich transformiert sich als Gaußglocke in den Laplaceraum. Zunächst wird ein IIR-Gaußfilter entworfen und danach mittels Modulation in einen IIR-Gaborfilter überführt.

Die Gaußglocke lässt sich mittels der rationalen Funktion (3.39) nach [66] im Laplaceraum approximieren.

$$G_A(s) = \frac{a_0}{a_0 - a_2 \cdot q^2 \cdot s^2 + a_4 \cdot q^4 \cdot s^4 - a_6 \cdot q^6 \cdot s^6} \qquad (3.39)$$

Der Parameter q geht aus dem Parameter σ hervor und beschreibt die Ausdehnung der Gaußglocke. Die Werte von $a_0 - a_6$ sind reell und können aus [65] entnommen werden. Da das Polynom im Nenner nur gerade Potenzen besitzt, ist eine Zerlegung der Pole nach Gleichung (3.40) möglich.

$$G_A(s) = \frac{a_0}{(q \cdot s + m_0) \cdot (q \cdot s + m_1 + j \cdot m_2) \cdot (q \cdot s + m_1 - j \cdot m_2)} \cdot$$

$$\frac{1}{(q \cdot s - m_0) \cdot (q \cdot s - m_1 - j \cdot m_2) \cdot (q \cdot s - m_1 + j \cdot m_2)} = G_L(s) \cdot G_R(s) \qquad (3.40)$$

Die Pole können dabei so verteilt werden, dass die Funktion $G_L(s)$ nur Pole in der linken s-Ebene und $G_R(s)$ nur Pole in der rechten s-Ebene besitzt. Mittels der in [67] beschriebenen Differenztechnik werden die Funktionen $G_L(s)$ und $G_R(s)$ zu $H_+(z)$ und $H_-(z)$ in die z-Ebene transformiert.

$$H_+(z) = \frac{1}{1 + b_1 \cdot z^{-1} + b_2 \cdot z^{-2} + b_3 \cdot z^{-3}}$$

$$H_-(z) = \frac{B}{1 + b_1 \cdot z^1 + b_2 \cdot z^2 + b_3 \cdot z^3} \quad \text{mit } B, b_1, b_2, b_3 \in \mathbb{R} \qquad (3.41)$$

Die Parameter B und $b_0 - b_3$ ergeben sich mittels Differenztechnik aus dem Parameter σ.

Die z-Transformation ist definiert mit:

$$H(z) = \mathcal{Z}(h[n]) = \sum_{z=0}^{\infty} h[n] \cdot z^{-n} \qquad (3.42)$$

Die Modulation im diskreten Ortsbereich führt, wie in Gleichung (3.43) gezeigt, zu einer Modulation in der z-Ebene.

$$H\left(e^{(-j \cdot \omega_0)} \cdot z\right) = \mathcal{Z}\left(e^{(j \cdot \omega_0 \cdot x)} \cdot h[n]\right) \qquad (3.43)$$

Durch Einführung der von σ und ω_0 abhängigen Variablen $a_0 - a_3$ ergibt sich ein schnell zu berechnender IIR-Gaborfilter nach Gleichung (3.44).

$$H_{G+}(z) = \frac{1}{1 + b_1 \cdot e^{j \cdot \omega_0} \cdot z^{-1} + b_2 \cdot e^{j \cdot 2 \cdot \omega_0} \cdot z^{-2} + b_3 \cdot e^{j \cdot 2 \cdot \omega_0} \cdot z^{-3}} = \frac{1}{1 + a_1 \cdot z^{-1} + a_2 \cdot z^{-2} + a_3 \cdot z^{-3}}$$

$$H_{G-}(z) = \frac{B}{1 + b_1 \cdot e^{-j \cdot \omega_0} \cdot z^{1} + b_2 \cdot e^{-j \cdot 2 \cdot \omega_0} \cdot z^{2} + b_3 \cdot e^{j \cdot 3 \cdot \omega_0} \cdot z^{3}} = \frac{B}{1 + a_1^* \cdot z^{1} + a_2^* \cdot z^{2} + a_3^* \cdot z^{3}} \qquad (3.44)$$

Aus der Filterbeschreibung nach Gleichung (3.44) ergibt sich die Filtervorschrift nach Gleichung (3.45) für eindimensionale Signale. Ein eindimensionales Eingangssignal $In[x]$ ist zu falten, um die eindimensionale Filterantwort $Out[x]$ zu erhalten. Dazu wird das Eingangssignal zunächst in Vorwärtsrichtung gefiltert, wodurch sich ein Zwischensignal $Res[x]$ ergibt. Durch Filterung des Zwischensignals in Rückwärtsrichtung lässt sich das Filterergebnis $Out[x]$ bestimmen.

Vorwärtsrichtung: $Res[x] = In[x] - a_1 \cdot Res[x-1] - a_2 \cdot Res[x-2] - a_3 \cdot Res[x-3]$

Rückwärtsrichtung: $Out[x] = B \cdot Res[x] - a_1^* \cdot Out[x+1] - a_2^* \cdot Out[x+2] - a_3^* \cdot Out[x+3]$ (3.45)

Zum Starten der rekursiven Filterung sind geeignete Startwerte für das Zwischensignal und das Filterergebnis festzulegen. Weitere Informationen hierzu sind in [65] und [68] zu finden.

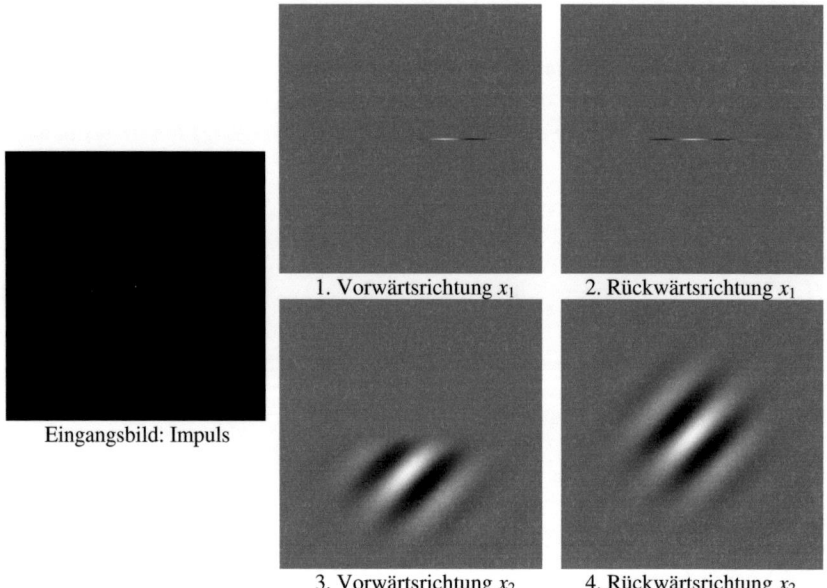

Eingangsbild: Impuls

1. Vorwärtsrichtung x_1 2. Rückwärtsrichtung x_1

3. Vorwärtsrichtung x_2 4. Rückwärtsrichtung x_2

Abbildung 3.13: Entstehung der Filterantwort am Beispiel der Impulsantwort (nur Realteil dargestellt).

Abbildung 3.13 gibt einen Überblick über den Ablauf der Filterung anhand der Impulsantwort der rekursiven Filterung. Die linke Abbildung zeigt einen Impuls, welcher als Eingangsbild verwendet wird. Durch die Separierungseigenschaft lässt sich die Filterung in zwei eindimensionale Filterungen zerlegen. Die beiden Abbildungen rechts oben zeigen die Zeilen-

filterung und die beiden Abbildungen rechts unten die Spaltenfilterung. Für die zweidimensionale Filterung eines Eingangsbildes ist die Filtervorschrift nach Gleichung (3.45)
zunächst auf alle Zeilen des Eingangsbildes anzuwenden (links oben). Um die Filterantwort
zu erhalten, ist danach die Filtervorschrift nach Gleichung (3.45) auf alle Spalten des bei der
Zeilenfilterung erhaltenen Zwischenergebnisses anzuwenden (links unten). Jede eindimensionale Filterung nach Gleichung (3.45) setzt sich aus einem Vorwärts- und Rückwärtslauf
zusammen.

Durch die Modulation werden die neuen Variablen $a_0 - a_3$ komplex, wodurch sich ein von
der Filtergröße unabhängiger Rechenaufwand von sieben komplexen Additionen und sechs
komplexen Multiplikationen pro Datenpunkt ergibt. Im zweidimensionalen Fall verdoppelt
sich der Rechenaufwand, liegt aber noch weit unter dem der Fouriertransformation.

Ebenfalls auf dem IIR-Gaußfilter entwickelten Bernardino und Santos–Victor [69] einen
weiteren Ansatz, basierend auf der Faktorisierung der Gaborfilterung. Die Faktorisierung
erlaubt eine direkte Verwendung der Gaußfilterung, wobei die Gaußfilterung gegenüber der
Gaborfilterung den Vorteil bietet, dass die Filterkoeffizienten reelle Werte besitzen und
infolgedessen weniger Rechenoperationen notwendig sind.

In Abschnitt 3.3 wurde die Gaborfunktion nach Gleichung (3.46) angegeben.

$$h_g(\mathbf{x},\mathbf{p}) = \frac{\omega^2}{c^2} e^{\left(-\frac{\omega^2}{2c^2}\left(d_1^2 \cdot x_{R1}^2 + d_2^2 \cdot x_{R2}^2\right)\right)} e^{\left(j\omega\left(x_1 \cdot (\cos(p_1) - \sin(p_1)) + x_2 \cdot (\cos(p_1) + \sin(p_1))\right)\right)} \quad \text{mit}$$

$$\omega = \omega_m \cdot a^{p_2}, a \in \mathbb{R} \text{ und } 0 < a < 1 \tag{3.46}$$

Die Gaborfunktion $h_g(\mathbf{x},\mathbf{p})$ lässt sich als Produkt der Gaußfunktion $h_{gg}(\mathbf{x},\mathbf{p})$ und einer
komplexen Welle $h_{gm}(\mathbf{x},\mathbf{p})$ beschreiben, folglich ergibt sich für die Faltung der Gaborfunktion $h_g(\mathbf{x},\mathbf{p})$ mit einem Eingangsbild $E(\mathbf{x})$ die Gleichung (3.47).

$$\int_{-\infty}^{\infty}\int_{-\infty}^{\infty} h_g(\mathbf{x}-\boldsymbol{\tau},\mathbf{p}) \cdot E(\boldsymbol{\tau})d\boldsymbol{\tau} = \int_{-\infty}^{\infty}\int_{-\infty}^{\infty} h_{gg}(\mathbf{x}-\boldsymbol{\tau},\mathbf{p}) \cdot h_{gm}(\mathbf{x}-\boldsymbol{\tau},\mathbf{p}) \cdot E(\boldsymbol{\tau})d\boldsymbol{\tau} \tag{3.47}$$

Die Funktion $h_{gm}(\mathbf{x}-\boldsymbol{\tau},\mathbf{p})$ lässt sich als Produkt nach Gleichung (3.48) ausdrücken.

$$h_{gm}(\mathbf{x}-\boldsymbol{\tau},\mathbf{p}) = e^{\left(j\omega\left((x_1-\tau_1)\cdot(\cos(p_1)-\sin(p_1)) + (x_2-\tau_2)\cdot(\cos(p_1)+\sin(p_1))\right)\right)}$$

$$h_{gm}(\mathbf{x}-\boldsymbol{\tau},\mathbf{p}) = e^{\left(j\omega\left(x_1 \cdot (\cos(p_1)-\sin(p_1)) + x_2 \cdot (\cos(p_1)+\sin(p_1))\right)\right)} \cdot e^{\left(j\omega\left(\tau_1 \cdot (\cos(p_1)-\sin(p_1)) + \tau_2 \cdot (\cos(p_1)+\sin(p_1))\right)\right)}$$

$$h_{gm}(\mathbf{x}-\boldsymbol{\tau},\mathbf{p}) = h_{gm}(\mathbf{x},\mathbf{p}) \cdot h_{gm}(-\boldsymbol{\tau},\mathbf{p}) = h_{gm}(\mathbf{x},\mathbf{p}) \cdot h_{gm}^*(\boldsymbol{\tau},\mathbf{p}) \tag{3.48}$$

Durch Einsetzen der Produktform von $h_{gm}(\mathbf{x}-\boldsymbol{\tau},\mathbf{p})$ nach Gleichung (3.48), lässt sich die
Gaborfaltung als eine Gaußfaltung mit dem Signal $h_{gm}^*(\boldsymbol{\tau},\mathbf{p}) \cdot E(\boldsymbol{\tau})$ beschreiben, wobei eine
anschließende Anpassung des Ergebnisses mittels $h_{gm}(\mathbf{x},\mathbf{p})$ nötig ist (Gleichung (3.49)).

$$\int_{-\infty}^{\infty}\int_{-\infty}^{\infty} h_g(\mathbf{x}-\boldsymbol{\tau},\mathbf{p}) \cdot E(\boldsymbol{\tau})d\boldsymbol{\tau} = h_{gm}(\mathbf{x},\mathbf{p}) \cdot \int_{-\infty}^{\infty}\int_{-\infty}^{\infty} h_{gg}(\mathbf{x}-\boldsymbol{\tau},\mathbf{p}) \cdot \left(h_{gm}^*(\boldsymbol{\tau},\mathbf{p}) \cdot E(\boldsymbol{\tau})\right)d\boldsymbol{\tau} \tag{3.49}$$

Die Implementierung des Verfahrens nach Bernardino und Santos–Victor brachte jedoch keine Beschleunigung gegenüber dem Verfahren von Young und anderen. Die Signale $h_{gm}^*(\tau,\mathbf{p})$ und $h_{gm}(\mathbf{x},\mathbf{p})$ sind zwar vom Eingangsbild unabhängig und können somit vorab berechnet werden. Jedoch entstand durch die zusätzlichen Speicherzugriffe auf die vorab berechneten Werte ein Aufwand, der die Beschleunigung durch die reduzierte Anzahl von Berechnungen wieder zunichte machte. Da das Verfahren von Young u.a. eine einfachere Struktur besitzt, wurde dieses Verfahren dem von Bernardino und Santos–Victor vorgezogen.

3.5.4 Filterung realisiert mittels Fouriertransformation

Eine weitere Möglichkeit den Rechenaufwand der Faltung zu reduzieren, basiert auf der Fouriertransformation. Die zweidimensionale Fouriertransformation und die zweidimensionale inverse Fouriertransformation sind definiert nach Gleichung (3.5) und Gleichung (3.6) aus Unterabschnitt 3.3.1.

Die Faltung zweier Ortssignale $f(\mathbf{x})$ und $g(\mathbf{x})$ lässt sich mittels einer Multiplikation der Fouriertransformierten $F(\omega)$ und $G(\omega)$ realisieren. Die Transformation einer Faltung im Ortsbereich in eine Multiplikation im Ortsfrequenzbereich wird als Faltungssatz bezeichnet und ist in Gleichung (3.50) nachgewiesen.

$$(h**E)(\mathbf{x}) = \int\limits_{-\infty}^{\infty}\int\limits_{-\infty}^{\infty} h(\mathbf{x}-\tau)\cdot E(\tau)d\tau$$

$$\mathfrak{F}_{x\omega}\big((f**g)(\chi)\big) = \int\limits_{-\infty}^{\infty}\int\limits_{-\infty}^{\infty}(f**g)(\chi)\cdot e^{-j(\chi_1\cdot\omega_1+\chi_2\cdot\omega_2)}d\chi_1 d\chi_2$$

$$\mathfrak{F}_{x\omega}\big((f**g)(\chi)\big) = \int\limits_{-\infty}^{\infty}\int\limits_{-\infty}^{\infty}f(\mathbf{x})\cdot e^{-j(x_1\cdot\omega_1+x_2\cdot\omega_2)}\int\limits_{-\infty}^{\infty}\int\limits_{-\infty}^{\infty}g(\chi-\mathbf{x})\cdot e^{-j((\chi_1-x_1)\cdot\omega_1+(\chi_2-x_2)\cdot\omega_2)}d\chi_1 d\chi_2 dx_1 dx_2$$

Substitution: $\mathbf{y}=\chi-\mathbf{x}$

$$\mathfrak{F}_{x\omega}\big((f**g)(\chi)\big) = \int\limits_{-\infty}^{\infty}\int\limits_{-\infty}^{\infty}f(\mathbf{x})\cdot e^{-j(x_1\cdot\omega_1+x_2\cdot\omega_2)}dx_1 dx_2\int\limits_{-\infty}^{\infty}\int\limits_{-\infty}^{\infty}g(\mathbf{y})\cdot e^{-j(y_1\cdot\omega_1+y_2\cdot\omega_2)}dy_1 dy_2$$

$$\mathfrak{F}_{x\omega}\big((f**g)(\chi)\big) = \mathfrak{F}_{x\omega}(f(\mathbf{x}))\cdot\mathfrak{F}_{x\omega}(g(\mathbf{x}))$$

$$(f**g)(\chi) = \mathfrak{F}_{x\omega}^{-1}\big(\mathfrak{F}_{x\omega}(f(\mathbf{x}))\cdot\mathfrak{F}_{x\omega}(g(\mathbf{x}))\big) \tag{3.50}$$

Die Fouriertransformierten $\mathfrak{F}_{x\omega}(g(\mathbf{x},\mathbf{p}))$ der Filterkerne können vorab berechnet werden. Die Fouriertransformation $\mathfrak{F}_{x\omega}(f(\chi,\upsilon))$ des Eingangsbildes ist nur einmal zu berechnen. Zur Berechnung der Filterantworten ist lediglich eine skalare Multiplikation von $\mathfrak{F}_{x\omega}(f(\chi,\upsilon))$ mit $\mathfrak{F}_{x\omega}(g(\chi,\upsilon))$ und die Berechnung der Rücktransformation notwendig.

Es existieren effiziente Verfahren zur Berechnung der diskreten Fouriertransformation bzw. diskreten inversen Fouriertransformation. Je nach Bildgröße und Ausdehnung der Impulsantwort kann eine Beschleunigung mittels Fouriertransformation erreicht werden.

3.5.5 Vergleich der Verfahren

Mit Abstand die geringste Rechenzeit für die Filterung benötigte die Faltung mittels Filter mit unendlicher Impulsantwort. Beim Vergleich der drei Verfahren im praktischen Einsatz bei unterschiedlichen Filterparametern und Bildgrößen lag die Rechenzeit um Faktor 2-20 unter der des jeweilig zweitbesten Verfahrens. Bei Vergleich der Erkennungsgüten wurden kaum Unterschiede festgestellt, daher wurde die Faltung mittels Filter mit unendlicher Impulsantwort im Weiteren verwendet.

3.6 Neue Methoden zur Auswertung des diskreten Merkmalsbereichs

Nachdem in den Abschnitten 3.4 und 3.5 auf den Aufbau, die Eigenschaften und die Realisierung des diskreten Merkmalsbereichs eingegangen wurde, bleibt nun die Frage, wie sich durch Vergleich zweier diskreter Merkmalsräume ein Objekt erkennen und lokalisieren lässt. Dazu wird zunächst auf die grundlegenden Prinzipien der Auswertung eingegangen. Darauf aufbauend werden anschließend verschiedene Auswerteverfahren entwickelt und optimiert.

3.6.1 Auswertung mittels angepasster normalisierter Kreuzkorrelationsfunktion

Die Kreuzkorrelationsfunktion ist ein dimensionsloses Maß für den Grad des linearen Zusammenhangs zweier Signale und wird in der Datenübertragung zur Verschiebungsbestimmung eingesetzt. Die eindimensionale Kreuzkorrelationsfunktion zweier Signale $f(t)$ und $g(t)$ wird mit $(f \otimes g)(\tau)$ abgekürzt und ist für komplexe Signale definiert nach Gleichung (3.51).

$$(f \otimes g)(\tau) = \int_{-\infty}^{\infty} f^*(t) \cdot g(\tau + t) dt \tag{3.51}$$

Die Eigenschaften der Kreuzkorrelationsfunktion lassen sich mithilfe der Cauchy-Schwarzschen Ungleichung (3.52), welche eine Festlegung der oberen Schranke des Maximalwertes der Kreuzkorrelationsfunktion erlaubt, untersuchen.

$$\left| \int_{-\infty}^{\infty} f^*(t) \cdot g(\tau + t) dt \right|^2 \leq \left(\int_{-\infty}^{\infty} |f(t)|^2 dt \right) \cdot \left(\int_{-\infty}^{\infty} |g(\tau + t)|^2 dt \right) \tag{3.52}$$

Wie in Gleichung (3.53) gezeigt, wird die obere Schranke bei der Kreuzkorrelationsfunktion identischer Signale erreicht. Eine zeitliche Verschiebung des Signals um x wirkt sich auf das Maximum der Kreuzkorrelationsfunktion nicht aus, nur die Position des Maximums ändert sich, woran die Verschiebung bestimmbar ist.

$$f_1(\tau) = g_1(\tau + x) \Rightarrow$$

$$(f_1 \otimes g_1)(\tau) = \left| \int_{-\infty}^{\infty} g_1^*(\tau + t) \cdot g_1(\tau + t) dt \right|^2$$

$$(f_1 \otimes g_1)(\tau) = \left(\int_{-\infty}^{\infty} |g_1(\tau + t)|^2 dt \right)^2 = \left(\int_{-\infty}^{\infty} |g_1(\tau + t)|^2 dt \right) \cdot \left(\int_{-\infty}^{\infty} |g_1(\tau + t)|^2 dt \right) \tag{3.53}$$

Durch Betrachtung der Kreuzkorrelationsfunktion eines Signals $f_2(t)$ mit einer zeitlich verschobenen und wertskalierten Variante des gleichen Signals $g_2(t + x)$, ist in Gleichung (3.54) erkennbar, dass die Wertskalierung als Faktor auf das Ergebnis der Korrelation wirkt.

$$f_2(t) = a \cdot g_2(t + x) \Rightarrow (f_2 \otimes g_2)(\tau) = \int_{-\infty}^{\infty} f_2^*(t) \cdot g_2(\tau + t) dt = a \int_{-\infty}^{\infty} g_2^*(t + x) \cdot g_2(\tau + t) dt \qquad (3.54)$$

Um eine Unabhängigkeit von der Wertskalierung zu erreichen, ist eine Normalisierung notwendig. Die Normalisierung kann durch Verhältnisbildung des Korrelationswertes mit der oberen Schranke des Maximalwertes der Kreuzkorrelationsfunktion erreicht werden. Aus der Cauchy-Schwarzschen Ungleichung ergibt sich für den Maximalwert der Kreuzkorrelation der Signale $f_2(t)$ und $g_2(t + x)$ die Gleichung (3.55).

$$(f_2 \otimes g_2)(\tau) = a \int_{-\infty}^{\infty} |g_2(\tau + t)|^2 dt \qquad (3.55)$$

Durch Vergleich der Gleichungen (3.54) und (3.55) ist erkennbar, dass durch die Verhältnisbildung der Skalierungsfaktor gekürzt wird und folglich die normalisierte Kreuzkorrelationsfunktion nach Gleichung (3.56) angegeben werden kann.

$$(f \otimes g)_{nor}(\tau) = \frac{\int_{-\infty}^{\infty} f^*(t) \cdot g(\tau + t) dt}{\sqrt{\left(\int_{-\infty}^{\infty} |f(t)|^2 dt\right) \cdot \left(\int_{-\infty}^{\infty} |g(\tau + t)|^2 dt\right)}} \qquad (3.56)$$

Das Ergebnis der Kreuzkorrelation kann komplexe Werte annehmen. Aus der Cauchy-Schwarzschen Ungleichung (3.52) geht hervor, dass der Betrag des Zählers immer kleiner gleich dem Nenner der normalisierten Kreuzkorrelationsfunktion ist und somit der Einheitskreis den Wertebereich der normalisierten Kreuzkorrelationsfunktion darstellt.

In der Bildverarbeitung wird die zweidimensionale diskrete normalisierte Kreuzkorrelationsfunktion zur Auswertung reeller Signale verwendet. Haupteinsatzgebiete stellen dabei der Blockvergleich (Block Matching) und der Schablonenvergleich (Template Matching) dar [70], [71]. Die Korrelation wird in diesen Verfahren verwendet, um Pixelblöcke oder Schablonen durch direkten Vergleich der Pixelwerte im Bild zu lokalisieren. Da die Jetmatrix ein zweidimensionales Signal darstellt, wird in Gleichung (3.57) die normalisierte zweidimensionale Kreuzkorrelationsfunktion eingeführt.

$$(f \otimes \otimes g)_{nor}(\chi) = \frac{\int_{-\infty}^{\infty}\int_{-\infty}^{\infty} f^*(\mathbf{x}) \cdot g(\chi + \mathbf{x}) dx_1 dx_0}{\sqrt{\left(\int_{-\infty}^{\infty}\int_{-\infty}^{\infty} |f(\mathbf{x})|^2 dx_1 dx_0\right) \cdot \left(\int_{-\infty}^{\infty}\int_{-\infty}^{\infty} |g(\chi + \mathbf{x})|^2 dx_1 dx_0\right)}}$$

$$\text{mit } \mathbf{x} = \begin{bmatrix} x_1 \\ x_2 \end{bmatrix} \text{ und } \chi = \begin{bmatrix} \chi_1 \\ \chi_2 \end{bmatrix} \qquad (3.57)$$

Zur Festlegung der Ähnlichkeit ist ein komplexer Korrelationswert, wie ihn die normalisierte zweidimensionale Kreuzkorrelationsfunktion für komplexe Eingangssignale liefert, ungeeignet. Deshalb wurde untersucht, was die komplexen Korrelationswerte beschreiben.

Eine Auswertung des komplexen Ergebnisses der Kreuzkorrelation ist anhand des Phasenwinkels α möglich. In Gleichung (3.58) wurde die Wirkung der Phasenverschiebung eines Eingangssignals auf das Korrelationsergebnis untersucht.

$$(f \otimes g_3)_{nor}(\chi) \cdot e^{j\alpha} = \frac{e^{j\alpha} \int\limits_{-\infty}^{\infty} \int\limits_{-\infty}^{\infty} f^*(\mathbf{x}) \cdot g_3(\mathbf{x}+\chi) dx_1 dx_0}{\sqrt{\left(\int\limits_{-\infty}^{\infty} \int\limits_{-\infty}^{\infty} |f(\mathbf{x})|^2 dx_1 dx_0 \right) \cdot \left(\int\limits_{-\infty}^{\infty} \int\limits_{-\infty}^{\infty} |g_3(\mathbf{x}+\chi)|^2 dx_1 dx_0 \right)}} = \left(f \otimes g_3 \cdot e^{j\alpha} \right)_{nor}(\chi)$$

(3.58)

Aus Gleichung (3.58) geht hervor, dass die Phase der Kreuzkorrelationsfunktion auf eine Phasenverschiebung der Jetmatrizen zurückzuführen ist.

Somit ist eine einfache Betrachtung des Phasenwinkels der Kreuzkorrelationsfunktion mittels Rücktransformation der Jetmatrix möglich. Die Jetmatrix stellt eine Bandpasszerlegung dar. Eine Rücktransformation ist durch aufaddieren der Werte der Jetmatrix möglich. Die Jetmatrix deckt nur 180° im Leistungsdichtespektrum ab, daher sind die konjugiert komplexen Werte der Jetmatrix, welche die restlichen 180° abdecken ebenfalls hinzuzuaddieren. Bei Phasendrehung der Jetmatrizen der „Lena" Bilder ergeben sich die Ergebnisse aus Abbildung 3.14.

Die Abbildung zeigt den Einheitskreis. Die Punkte auf dem Einheitskreis stellen die Korrelationswerte dar, welche sich bei der Kreuzkorrelation der Jetmatrizen der den Punkten zugeordneten Bilder mit den Jetmatrizen des „Lena" Bildes ergeben. Die meisten Phasendrehungen lassen sich nur mittels komplexer Eingangsbilder erzeugen, nur bei einer Phase von 0° entspricht das ermittelte Eingangbild dem verwendeten Eingangsbild. Um nun aus dem Kreuzkorrelationswert ein Ähnlichkeitsmaß zu erhalten, besteht die Möglichkeit, die Vektorlänge zwischen dem Punkt (1,0) und dem Kreuzkorrelationswert in der komplexen Ebene zu bestimmen. Da beim Vergleich der Jetmatrizen sehr viele Kreuzkorrelationen zu berechnen sind, entsteht ein nicht unerheblicher Aufwand. Ein weitaus schneller zu berechnender Wert ist der Realteil, welcher ebenfalls als Kreuzkorrelationswert verwendbar ist, da eine Phasendrehung eine Reduzierung des Realteiles bewirkt.

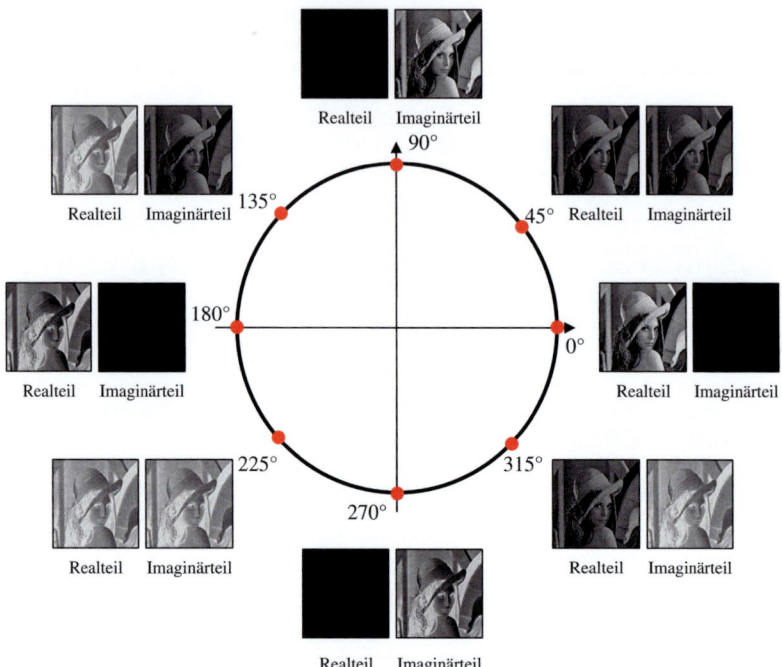

Abbildung 3.14: Auswirkung von Phasendrehung der Jetmatrix auf das Eingangsbild

Für die Kreuzkorrelation einer Referenzjetmatrix **JR** mit einer Suchjetmatrix **JS** ist eine Anpassung der normalisierten zweidimensionalen Kreuzkorrelationsfunktion an die im Unterabschnitt 3.4.3 beschriebenen Eigenschaften notwendig. Die zirkuläre Verschiebung der Jetmatrix erlaubt eine Festlegung der Werte außerhalb der berechneten Matrix durch zirkuläre Verschiebung dieser Matrix, was mittels der Funktion $f(j,n)$ realisiert wird. Die durch diese Verschiebung entstehende Invertierung des Imaginärteils, welche in Unterabschnitt 3.4.3 beschrieben wurde, wird mittels der Funktion $a(j,n)$ kompensiert. Da nur eine Kompensation des Imaginärteils erfolgt, wird eine getrennte Betrachtung der Real- und Imaginärteile verwendet. Für die Kreuzkorrelationfunktionen der Jetmatrizen ergibt sich die Gleichung (3.59).

$$(\mathbf{JS} \circledcirc \otimes \mathbf{JR})_{Jet}(m,n) = kJ_{m,n}$$

$$kJ_{m,n} = \frac{\sum_{i}^{M}\sum_{j}^{N}\mathrm{Re}\big(js_{i,j}\big)\cdot\mathrm{Re}\big(jr_{i+m,f(j,n)}\big) + \sum_{i}^{M}\sum_{j}^{N}\mathrm{Im}\big(js_{i,j}\big)\cdot a(j,n)\cdot\mathrm{Im}\big(jr_{i+m,f(j,n)}\big)}{\sqrt{\sum_{i}^{M}\sum_{j}^{N}\big|js_{i,j}\big|^{2}\cdot\sum_{i}^{M}\sum_{j}^{N}\big|jr_{i+m,f(j,n)}\big|^{2}}}$$

mit $f(j,n) = (j+n-1)\mathrm{mod}(N)+1$, $a(j,n) = (-1)^{\left|\frac{j+n}{N-1}\right|}$, $0 \le m \le Z$ und $0 \le n < N$ (3.59)

Um die durch die Skalierung des Bildes auftretende Verschiebung zu kompensieren, ist zur Abdeckung des benötigten Skalierungsbereichs eine Vergrößerung der Jetmatrix der Referenzumgebung entlang der Skalierungsdimension notwendig. Die Anzahl der zusätzlichen Zeilen wird mit dem Symbol Z bezeichnet und muss größer gleich Null sein.

Die in $f(j,n)$ enthaltene Funktion $(x)\bmod(N)$ wird als Modulo-Funktion bezeichnet und ist definiert nach Gleichung (3.60).

$$(x)\bmod(N) = x - \left\lfloor \frac{x}{N} \right\rfloor \cdot N \tag{3.60}$$

Das Formelzeichen $\lfloor \ \rfloor$ wird als Gaußklammer oder Abrundungsfunktion bezeichnet. Für eine reelle Zahl x ist $\lfloor x \rfloor$ die größte ganze Zahl, die kleiner oder gleich x ist.

Anhand der Position des Maximums kann die Drehung β und Skalierung s der Suchumgebung gegenüber der Referenzumgebung bestimmt werden. Dazu wird auf die Gleichungen (3.20) und (3.3) zurückgegriffen. Um eine direkte Entsprechung zu den Parametern der Transformation zu erhalten, wurde festgelegt, dass die Indizes der Kreuzkorrelationsmatrix **KJ** bei Null beginnen.

$$\beta = n \cdot \frac{2 \cdot \pi}{N} \qquad s = a^{m} \tag{3.61}$$

Die Kreuzkorrelationsfunktion nach Gleichung (3.59) ist jedoch unzureichend, da nur Drehungen von Bildumgebungen bis 180° erfasst werden. Die Drehung der zu suchenden Bildumgebung von 180° gegenüber der Referenzumgebung bewirkt eine Invertierung der Suchjetmatrix gegenüber der Referenzjetmatrix. Die Invertierung der Suchjetmatrix wirkt sich nur auf die zweite Summenformel des Zählers aus und lässt sich daher mittels Betragsbildung effektiv kompensieren. Daraus ergibt sich die angepasste Kreuzkorrelationsfunktion der Jetmatrizen nach Gleichung (3.62).

$$\left(\mathbf{JS} \otimes \otimes \mathbf{JR}\right)_{Jet}(m,n) = kj_{m,n}$$

$$\left(\mathbf{JS} \otimes \otimes \mathbf{JR}\right)_{Jet}(m,n) = \frac{\displaystyle\sum_{i}^{M}\sum_{j}^{N} jsr_{i,j} \cdot jrr_{i+m,f(j,n)} + \left| \displaystyle\sum_{i}^{M}\sum_{j}^{N} jsi_{i,j} \cdot a(j,n) \cdot jri_{i+m,f(j,n)} \right|}{\sqrt{\displaystyle\sum_{i}^{M}\sum_{j}^{N}\left| js_{i,j} \right|^{2} \cdot \displaystyle\sum_{i}^{M}\sum_{j}^{N}\left| jr_{i+m,f(j,n)} \right|^{2}}} \text{ mit}$$

$$jsr_{i,j} = \mathrm{Re}\left(js_{i,j}\right),\ jrr_{i,j} = \mathrm{Re}\left(jr_{i,j}\right),\ jsi_{i,j} = \mathrm{Im}\left(js_{i,j}\right)\ \text{und}\ jri_{i,j} = \mathrm{Im}\left(jr_{i,j}\right) \tag{3.62}$$

Zur Berechnung des Winkels β anhand des Maximums der angepassten Kreuzkorrelationsfunktion nach Gleichung (3.62) ist das Vorzeichen der zweiten Summenformel auszuwerten.

Es ergibt sich die Gleichung (3.63).

$$\beta = \left(sign\left(\sum_{i}^{M}\sum_{j}^{N} jsi_{i,j} \cdot a(j,n) \cdot jri_{i+m,f(j,n)} \right) + \frac{n}{N} \right)\pi \text{ mit } sign(x) = \begin{cases} 1 & f\ddot{u}r \ x > 0 \\ 0 & f\ddot{u}r \ x = 0 \\ -1 & f\ddot{u}r \ x < 0 \end{cases} \tag{3.63}$$

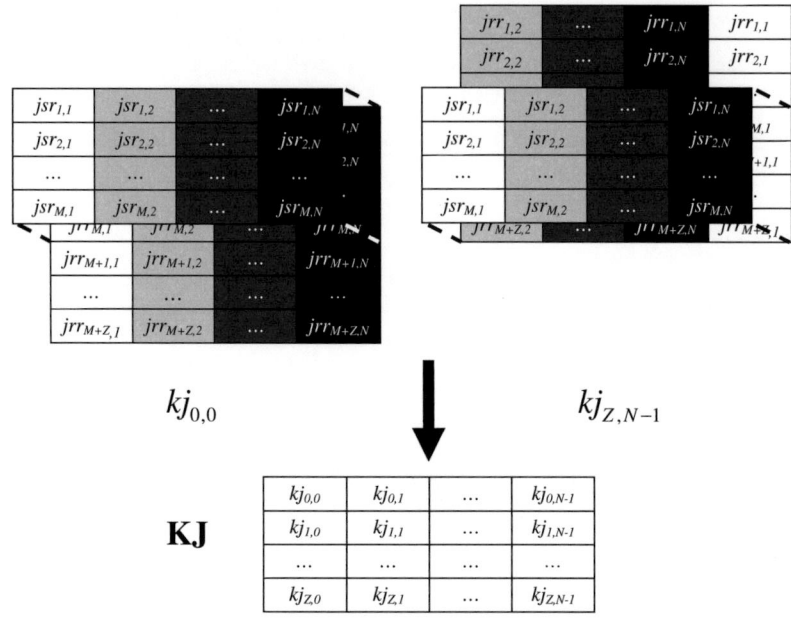

Abbildung 3.15: Berechnung der Kreuzkorrelationsmatrix **KJ** am Beispiel des Realteils

In Abbildung 3.15 ist die Berechnung der Kreuzkorrelationsmatrix verdeutlicht. Ausgehend von der Berechnung des Kreuzkorrelationswertes $kj_{0,0}$ (links) wird die Suchjetmatrix über die Referenzjetmatrix geschoben, bis der Kreuzkorrelationswert $kj_{Z,N-1}$ (rechts) erreicht ist. Für jede Überlagerung wird der zugehörige Kreuzkorrelationswert berechnet, woraus sich die Kreuzkorrelationsmatrix ergibt.

3.6.2 Beschleunigung der angepassten Kreuzkorrelation mittels Verschiebungsschätzung

Der Rechenaufwand der normalisierten Kreuzkorrelationsfunktion lässt sich durch Betrachtung der einzelnen Doppelsummen aus Gleichung (3.62) bestimmen. Zunächst werden die Doppelsummen im Nenner betrachtet. Die Summe über die Referenzjetmatrix kann vorab berechnet werden und spielt daher für die Rechenzeit keine Rolle. Dagegen muss die Summe über die Suchjetmatrix berechnet werden. Diese Summe ist unabhängig von n und m und somit für alle Werte der Kreuzkorrelationsmatrix identisch, weshalb eine einmalige Berechnung pro Suchjet ausreicht. Die Doppelsummen im Zähler sind von m und n abhängig und daher weitaus rechenintensiver. Zur Berechnung der Doppelsummen im Zähler sind $N·M·(Z+1)·N$ Operationen notwendig. Zusammenfassend lässt sich die Anzahl an Operationen nach Gleichung (3.64) abschätzen.

Operationen für Kreuzkorrelation: $2 \cdot \underbrace{\left(N \cdot M \cdot (Z+1) \cdot N \right)}_{Doppelsumme\ \ Zähler} + \underbrace{N \cdot M}_{Doppelsumme\ \ Nenner}$ (3.64)

Ein Aufbrechen der Doppelsummen im Zähler nach Gleichung (3.65) führt zu einer Reduzierung des Rechenaufwands. Es ergibt sich eine Kreuzkorrelationsmatrix **KJM**.

$$kjm_{m,n} = \frac{\sum_{j}^{N}\left(\sum_{i}^{M}\mathrm{Re}(js_{i,j})\cdot\sum_{i}^{M}\mathrm{Re}(jr_{i+m,f(j,n)})\right)+\left|\sum_{j}^{N}\left(\sum_{i}^{M}\mathrm{Im}(js_{i,j})\cdot\left(\sum_{i}^{M}a(j,n)\cdot\mathrm{Im}(jr_{i+m,f(j,n)})\right)\right)\right|}{\sqrt{\sum_{i}^{M}\sum_{j}^{N}|js_{i,j}|^{2}\cdot\sum_{i}^{M}\sum_{j}^{N}|jr_{i+m,f(j,n)}|^{2}}}$$

$$kjm_{m,n} = \frac{\sum_{j}^{N}(msr_{j}\cdot mrr_{m,f(j,n)})+\left|\sum_{j}^{N}(msi_{j}\cdot mri_{m,f(j,n)})\right|}{\sqrt{\sum_{i}^{M}\sum_{j}^{N}|js_{i,j}|^{2}\cdot\sum_{i}^{M}\sum_{j}^{N}|jr_{i+m,f(j,n)}|^{2}}} \qquad (3.65)$$

Die Matrizen mit den Summen über die Referenzwerte **MRR**, **MRI** können vorab berechnet werden und der Vektor mit den Summen über die Suchjetmatrizen **MSR** und **MSI** ist unabhängig von m und n und ist daher nur einmal zu berechnen. Die Gesamtzahl der Operationen lässt sich nach Gleichung (3.66) bestimmen.

Operationen für Kreuzkorrelation: $2\cdot\underbrace{(N\cdot M+(Z+1)\cdot N\cdot N)}_{Doppelsumme\ Z\ddot{a}hler}+\underbrace{N\cdot M}_{Doppelsumme\ Nenner}$ \qquad (3.66)

Der Unterschied gegenüber der vollständigen Kreuzkorrelationsfunktion ist bei Vergleich der Abbildung 3.15 mit der Abbildung 3.16 erkennbar. Trotz Reduzierung der Matrizen ergibt sich eine vollständige Korrelationsmatrix.

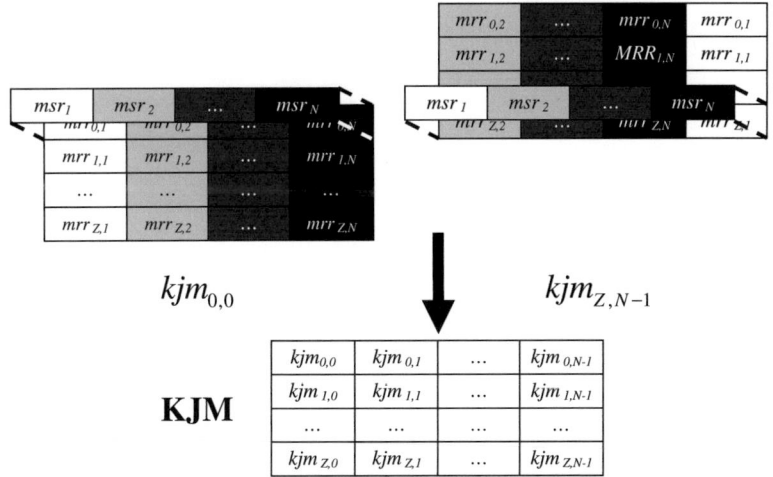

Abbildung 3.16: Berechnung der Kreuzkorrelationsmatrix **KJM** am Beispiel des Realteils

Bisher wurden nur die Geschwindigkeitsvorteile durch Mittelwertbildung untersucht. Es zeigte sich aber, dass die auf den Mittelwerten basierende Kreuzkorrelation eine weitaus schlechtere Erkennungsfähigkeit aufweist als die vollständige Kreuzkorrelation der Jetmatrizen. Die Trennschärfe sinkt gegenüber der vollständigen Kreuzkorrelation dermaßen, dass bereits geringe externe oder interne Einflüsse zum Versagen führen. Jedoch stimmte die geschätzte Verschiebung der Jetmatrix bei allen Versuchen und das Verfahren ermöglicht einen großen Teil der Jetmatrizen auszuschließen. Deshalb wurde die auf den Mittelwerten basierende Kreuzkorrelation als Vorstufe der eigentlichen Kreuzkorrelation verwendet, um die Anzahl der zu korrelierenden Suchjets zu reduzieren und durch Schätzung der Verschiebung der Jetmatrizen die Kreuzkorrelation zu beschleunigen. Die Anzahl der benötigten Operationen lässt sich durch die Verschiebungsschätzung nach Gleichung (3.67) ermitteln. Zur Verschiebungsschätzung nach Gleichung (3.66) kommt die vollständige Kreuzkorrelation für die geschätzte Verschiebungsposition hinzu.

Operationen für Kreuzkorrelation mit Vorfilterung:

$$2 \cdot \underbrace{\left(N \cdot M + (Z+1) \cdot N \cdot N \right)}_{Doppelsumme\ Z\ddot{a}hler} + \underbrace{N \cdot M}_{Doppelsumme\ Nenner} + \underbrace{N \cdot M}_{\substack{vollst\ddot{a}ndige\ Kreuzkorrelation \\ an\ einer\ Position}} \qquad (3.67)$$

Da die Beschleunigung durch die Reduzierung der zu korrelierenden Suchjets keinen konstanten Wert darstellt, wurde dieser Effekt bei der Operationsabschätzung nicht berücksichtigt.

Ein Beispiel mit Standardwerten $N=M=6$, $Z=3$ soll die Beschleunigung der Berechnung verdeutlichen.

- Normierte Kreuzkorrelationsfunktion ohne Vorfilterung nach Gleichung (3.64):
  $2 \cdot (6 \cdot 6 \cdot (3+1) \cdot 6) + 6 \cdot 6 = 1764\,\text{Operationen}$

- Normierte Kreuzkorrelationsfunktion mit Vorfilterung nach Gleichung (3.67):
  $2 \cdot (6 \cdot 6 + (3+1) \cdot 6 \cdot 6) + 6 \cdot 6 + 6 \cdot 6 = 432\,\text{Operationen}$

Der Vollständigkeit halber wird noch eine weit verbreitete Methode zur Beschleunigung der Kreuzkorrelation vorgestellt. Die Kreuzkorrelation zweier Signale lässt sich, ähnlich der Faltung nach Unterabschnitt 3.5.4, mittels einer Multiplikation im Ortsfrequenzbereich realisieren.

Durch Einsetzen der Kreuzkorrelationsfunktion in die Fouriertransformation lässt sich dieser Zusammenhang nachweisen (Gleichung (3.68)).

$$\mathfrak{F}_{x\omega}\big((f \otimes \otimes g)(\chi) \big) = \int\limits_{-\infty}^{\infty} \int\limits_{-\infty}^{\infty} (f \otimes \otimes g)(\chi) \cdot e^{-j(\chi_1 \cdot \omega_1 + \chi_2 \cdot \omega_2)} d\chi_1 d\chi_2$$

$$\mathfrak{F}_{x\omega}\big((f \otimes \otimes g)(\chi) \big) = \int\limits_{-\infty}^{\infty} \int\limits_{-\infty}^{\infty} \int\limits_{-\infty}^{\infty} \int\limits_{-\infty}^{\infty} f^{*}(\mathbf{x}) \cdot g(\chi+\mathbf{x}) dx_1 dx_2 \cdot e^{-j(\chi_1 \cdot \omega_1 + \chi_2 \cdot \omega_2)} d\chi_1 d\chi_2$$

$$\mathfrak{F}_{x\omega}\big((f \otimes \otimes g)(\chi) \big) = \int\limits_{-\infty}^{\infty} \int\limits_{-\infty}^{\infty} f^{*}(\mathbf{x}) \cdot e^{j(x_1 \cdot \omega_1 + x_2 \cdot \omega_2)} \int\limits_{-\infty}^{\infty} \int\limits_{-\infty}^{\infty} g(\chi+\mathbf{x}) \cdot e^{-j((\chi_1+x_1)\cdot\omega_1 + (\chi_2+x_2)\cdot\omega_2)} d\chi_1 d\chi_2 dx_1 dx_2$$

Substitution: $\mathbf{y} = \chi + \mathbf{x}$

$$\mathfrak{F}_{x\omega}\big((f\otimes\otimes g)(\chi)\big)=\int\limits_{-\infty}^{\infty}\int\limits_{-\infty}^{\infty}f^{*}(\mathbf{x})\cdot e^{j(x_{1}\cdot\omega_{1}+x_{2}\cdot\omega_{2})}dx_{1}dx_{2}\int\limits_{-\infty}^{\infty}\int\limits_{-\infty}^{\infty}g(\mathbf{y})\cdot e^{-j(y_{1}\cdot\omega_{1}+y_{2}\cdot\omega_{2})}dy_{1}dy_{2}$$

$$\mathfrak{F}_{x\omega}\big((f\otimes\otimes g)(\chi)\big)=\mathfrak{F}_{x\omega}^{\;*}\big(f(\mathbf{x})\big)\cdot\mathfrak{F}_{x\omega}\big(g(\mathbf{x})\big) \tag{3.68}$$

Die Kreuzkorrelationsfunktion ergibt sich somit nach Gleichung (3.69).

$$(f\otimes\otimes g)(\chi)=\mathfrak{F}_{x\omega}^{-1}\big(\mathfrak{F}_{x\omega}^{\;*}\big(f(\mathbf{x})\big)\cdot\mathfrak{F}_{x\omega}\big(g(\mathbf{x})\big)\big) \tag{3.69}$$

Die Kreuzkorrelationsfunktion kann, wie in Gleichung (3.69) dargestellt, in eine Multiplikation im Ortsfrequenzbereich umgesetzt werden. Die Bestimmung der Fourier-transformierten der Referenzjetmatrix kann vorab erfolgen, folglich ist für jede Suchjetmatrix deren Fouriertransformierte zu bestimmen, die Multiplikation im Ortsfrequenzbereich durchzuführen und die Korrelationswerte mittels Rücktransformation des Multiplikations-ergebnisses zu berechnen. Der Vorteil der Kreuzkorrelation basierend auf der Fourier-transformation liegt darin, dass Algorithmen existieren, welche eine schnelle Berechnung der Fouriertransformation erlauben. Die dadurch entstehende Beschleunigung der Kreuz-korrelation führt dazu, dass diese Methode beim Block- und Schablonenvergleich eingesetzt wird. Die Beschleunigung gegenüber der direkten Kreuzkorrelation steigt mit der Größe der zu korrelierenden Umgebungen stark an, da die Kreuzkorrelation einen Aufwand von O(N·N) besitzt und sich die Fouriertransformation dagegen mit O·(N·log(N)) berechnen lässt. Da Jetmatrizen nur eine geringe Größe besitzen, konnte mit der auf der Fouriertransformation basierenden Kreuzkorrelation der Jetmatrizen keine Beschleunigung erreicht werden. Daher wurde in Unterabschnitt 3.6.4 untersucht, ob eine Möglichkeit besteht, die Fourier-transformation effizienter einzusetzen.

3.6.3 Verbesserung der angepassten Kreuzkorrelation durch Erhöhung der Abtastrate

Da der Merkmalsbereich nur abgetastet werden kann, sinkt die Erkennungsfähigkeit, falls die Verschiebung der Referenzjetmatrix gegenüber der Suchjetmatrix keinem Vielfachen der Abtastweite des Merkmalsbereichs entspricht. Durch Erhöhung der Abtastrate im Merkmalsbereich lässt sich die Erkennungsfähigkeit verbessern. Die Erhöhung der Abtastrate der Suchjetmatrizen führt zu einem höheren Aufwand bei der Merkmalextraktion. Die Abtastrate des Merkmalsbereichs der Referenzumgebung spielt hingegen keine Rolle, da die Merkmalsextraktion der Referenzumgebung unabhängig von der Umgebungssuche vorab erfolgen kann. Ein höherer Aufwand entsteht jedoch bei Vergleich von Referenz- mit Suchjetmatrix, da durch die Erhöhung der Zahl der Abtastrate, die Größe der Referenzjetmatrix sich erhöht. Daher ist diese Methode nur bei Verwendung der in Unterabschnitt 3.6.2 beschriebenen Verschiebungsschätzung sinnvoll. Die Kreuzkorrelations-gleichung nach (3.62) wird um einen Expansionsfaktor ex erweitert, mittels welchem die Erhöhung der Abtastrate der Referenzumgebung einstellbar ist. So ergibt sich für einen Expansionsfaktor von 2, eine Verdoppelung der Abtastpunkte im Merkmalsbereich der Referenzumgebung entlang der Rotations- und Skalierungsrichtung, wodurch sich die Komponentenanzahl in den Referenzjetmatrizen vervierfacht.

Die angepasste Kreuzkorrelation nach Gleichung (3.62) ist um den Expansionsfaktor ex zu erweitern, woraus sich die angepasste Kreuzkorrelation nach Gleichung (3.70) ergibt. Die Verschiebungsschätzung lässt sich ebenso um einen Expansionsfaktor erweitern.

$$(\mathbf{JS} \otimes \otimes \mathbf{JR})_{Jet}(m,n) = \frac{\left|\sum_{i}^{M}\sum_{j}^{N}\mathrm{Re}\left(js_{i,j}\right)\cdot\mathrm{Re}\left(jr_{ex\cdot i+m,f(j,n)}\right)+\left|\sum_{i}^{M}\sum_{j}^{N}\mathrm{Im}\left(js_{i,j}\right)\cdot a(j,n)\cdot\mathrm{Im}\left(jr_{ex\cdot i+m,f(j,n)}\right)\right|\right|}{\sqrt{\sum_{i}^{M}\sum_{j}^{N}\left|js_{i,j}\right|^{2}\cdot\sum_{i}^{M}\sum_{j}^{N}\left|jr_{ex\cdot i+m,f(j,n)}\right|^{2}}}$$

mit $f(j,n) = (ex\cdot j + n - 1)\mathrm{mod}(ex\cdot N) + 1, a(j,n) = (-1)^{\left\lfloor\frac{j+n}{ex\cdot N-1}\right\rfloor}$, $ex \in \mathbb{N} \setminus 0$,

$0 \le m \le ex\cdot Z$ und $0 \le n < ex\cdot N$ (3.70)

3.6.4 Auswertung auf Basis der Fouriertransformation

Bei der Auswertung auf Basis der Fouriertransformation wird die Verschiebungsinvarianz des Betrags der Fouriertransformierten verwendet, um eine Auswertung der Jetmatrix durchzuführen. Gegenüber dem im Unterabschnitt 3.6.2 beschrieben Verfahren lässt sich die Rücktransformation einsparen.

Die zweidimensionale Fouriertransformation wurde bereits in Gleichung (3.5) aus Unterabschnitt 3.6.2 definiert. Der Betrag der Fouriertransformation ist, wie in (3.71) gezeigt, verschiebungsinvariant.

$g(\mathbf{x}) \circ\!\!-\!\bullet\, G(\omega)$

$g(\mathbf{x}-\mathbf{a}) \circ\!\!-\!\bullet \int_{-\infty}^{\infty}\int_{-\infty}^{\infty} g(\mathbf{x}-\mathbf{a})\cdot e^{-j\cdot(x_1\cdot\omega_1 + x_2\cdot\omega_2)}dx_1 dx_2$

Substitution $\mathbf{b} = \mathbf{x} - \mathbf{a}$

$g(\mathbf{b}) \circ\!\!-\!\bullet \int_{-\infty}^{\infty}\int_{-\infty}^{\infty} g(\mathbf{b})\cdot e^{-j\cdot((b_1+a_1)\cdot\omega_1 + (b_2+a_2)\cdot\omega_2)}db_1 db_2 = G(\omega)\cdot e^{-j\cdot(b_1\cdot\omega_1 + b_2\cdot\omega_2)}$

$\left|G(\omega)\cdot e^{-j\cdot(b_1\cdot\omega_1 + b_2\cdot\omega_2)}\right| = \left|G(\omega)\right|$ (3.71)

Die Jetmatrix stellt die Abtastung eines Ausschnittes des Merkmalsbereichs dar. Für abgetastete Signale wird aus der Fouriertransformation die diskrete Fouriertransformation, welche bereits im Unterabschnitt 3.3.1 behandelt und dort nach Gleichung (3.5) definiert ist.

Für die Anwendung auf die Jetmatrix entspricht das zu transformierende Signal $h(\mathbf{x})$ der Jetmatrix. Die Jetmatrix stellt die Abtastung eines Ausschnittes des Merkmalsbereichs dar, daher setzt sich das Signal im Allgemeinen nicht periodisch fort. In Richtung der Skalierung ist keine Periodizität erzeugbar, weshalb sich keine Verschiebungsinvarianz entlang der Skalierungsdimension erreichen lässt. Daher ist für jede Skalierungserweiterung eine Fouriertransformierte zu berechnen. Entlang der Rotierungsdimension ist es möglich, Periodizität zu erzeugen. Dazu gibt es zwei Möglichkeiten.

Zum einen können die Werte des Imaginärteils durch deren Beträge ersetzt werden, wodurch die konjugiert komplexe Verschiebung in eine zirkuläre Verschiebung und somit einer periodischen Fortsetzung übergeht. Von Nachteil dabei ist, dass die Informationen über die Vorzeichen der Werte des Imaginärteils entfernt werden und infolgedessen ein Informationsverlust entsteht.

Zum anderen besteht die Möglichkeit die Matrix entlang der Rotationsdimension zu erweitern, bis eine periodische Fortsetzung entsteht. Die Matrix besitzt die Eigenschaft einer konjugiert komplexen Verschiebung, da, wie in Abbildung 3.9 gezeigt, nur 180° der Umgebung abgedeckt werden. Eine Erweiterung der Matrix auf 360° Abdeckung führt zur gewünschten periodischen Fortsetzung und ist ohne weiteres möglich, da die verbleibenden Werte anhand der zirkulär invertierenden Verschiebungseigenschaft aus der vorhandenen Matrix bestimmbar sind. Durch die Erweiterung verdoppelt sich die Größe der Jetmatrix, wodurch der Rechenaufwand bei der Bestimmung und Auswertung der Fouriertransformierten stark ansteigt. Der Anstieg des Rechenaufwands führt dazu, dass die Erweiterung der Jetmatrix eine ungeeignete Methode darstellt.

$jr_{1,1}$	$jr_{1,2}$	...	$jr_{1,N}$
$jr_{2,1}$	$jr_{2,2}$	...	$jr_{2,N}$
...	...	...	...
$jr_{M,1}$	$jr_{M,2}$	...	$jr_{M,N}$
$jr_{M+1,1}$	$jr_{M+1,2}$	...	$jr_{M+1,N}$
...	...	...	...
$jr_{M+Z,1}$	$jr_{M+Z,2}$	...	$jr_{M+Z,N}$

$fr0_{1,1}$	$fr0_{1,2}$	...	$fr0_{1,N}$
$frl_{1,1}$	$frl_{1,2}$	...	$frl_{1,N}$
$frl_{2,1}$	$frl_{2,2}$	...	$frl_{2,N}$
...			
frl_M			

$frz_{1,1}$	$frz_{1,2}$	...	$frz_{1,N}$
$frz_{2,1}$	$frz_{2,2}$	...	$frz_{2,N}$
...	...	...	...
$frz_{M,1}$	$frz_{M,2}$	...	$frz_{M,N}$

$\bigcirc - \bullet$

$js_{1,1}$	$js_{1,2}$	...	$js_{1,N}$
$js_{2,1}$	$js_{2,2}$	...	$js_{2,N}$
...	...	...	...
$js_{M,1}$	$js_{M,2}$	...	$js_{M,N}$

$fs_{1,1}$	$fs_{1,2}$	...	$fs_{1,N}$
$fs_{2,1}$	$fs_{2,2}$	...	$fs_{2,N}$
...	...	...	...
$fs_{M,1}$	$fs_{M,2}$	...	$fs_{M,N}$

Abbildung 3.17: Berechnung der Fouriermatrizen

Die Ergebnisse **FS, FR0 - FRZ** der Fouriertransformation der Referenzjetmatrix **JR** und der Suchjetmatrix **JS** stellen wiederum Matrizen dar und werden im Weiteren als Fourierjetmatrizen bezeichnet. In Abbildung 3.17 sind auf der linken Seite die Referenzjetmatrix und eine Suchjetmatrix dargestellt. Die sich daraus ergebenen Fourierjetmatrizen sind rechts dargestellt. Die Erzeugung der Fourierjetmatrizen dient nur zur Gewinnung invarianter Merkmale. Um ein Ähnlichkeitsmaß zu erhalten, sind die Fourierjetmatrizen der Referenzumgebung mit der Fourierjetmatrix der Suchumgebung zu vergleichen. Dazu wurden die Summen der quadratischen Fehler zwischen der Fourierjetmatrix der Suchumgebung und den Fourierjetmatrizen der Referenzumgebung verwendet. Die kleinste Summe der Summen der quadratischen Fehler stellt dabei ein Maß für die Ähnlichkeit dar. Die Fourierjetmatrix der Referenzumgebung, bei welcher der kleinste Fehler entsteht, ist einem Bereich der Referenzjetmatrix zugeordnet, wodurch die Skalierung bestimmt werden kann. Eine Bestimmung der Rotation ist durch die Verschiebungsinvarianz nicht möglich und muss daher mit einem anderen Verfahren bestimmt werden.

Da die Jetmatrix nur einen Ausschnitt des Merkmalsraums beschreibt, kann die Invarianz nur bedingt erzeugt werden. Nach Implementierung des Verfahrens stellte sich schnell heraus, dass die Erkennungsgüte dieses Ansatzes weit unter dem der Kreuzkorrelation lag. Daher wurde dieser Ansatz nicht weiter verfolgt.

3.7   Optimierung der Parameter anhand von Testdaten

Zur Bestimmung geeigneter Parameter wurde die Erkennungsgüte für unterschiedliche Parametereinstellungen ermittelt. Zum Nachweis der Invarianz des Verfahrens wurden nicht nur die Parameter des Verfahrens sondern auch die Rotation und Skalierung der Suchbilder variiert. Als zu erkennende Umgebungen innerhalb der Testbilder wurden Bereiche festgelegt, welche beim Menschen eine hohe Aufmerksamkeit hervorrufen. Zur Bestimmung der visuellen Aufmerksamkeit wurde dazu für die verwendeten Testbilder die Blickdauer über der Blickposition mehrerer Probanden überlagert. Zur Bestimmung der Blickdauer und Blickposition wurde ein Eye-Tracking-System verwendet. Die Mittelpunkte der ausgewählten Umgebungen sind in den nachfolgenden Testbildern als rote, durchnummerierte Kreise gekennzeichnet.

3.7.1   Auswahl des Bildmaterials

Um eine Vielzahl möglicher Aufgabenstellungen abzudecken, wurde Bildmaterial aus unterschiedlichsten Quellen getestet. Die Vielzahl der Parameter erlaubte jedoch nur eine stichprobenartige Auswahl der Bilder, da die vollständige Untersuchung eines Bildes auf einem handelsüblichen PC ca. zwei Monate in Anspruch nimmt. Im Einzelnen wurde Bildmaterial aus folgenden Quellen verwendet

- Material aus der SIPI-Bilddatenbank [72] der University of Southern California

- Satellitenbilder der Fakultät für Geoinformationswesen der Hochschule Karlsruhe

- Eigene Bilddaten

- Material aus der SOIL-47 Bilddatenbank [73] der University of Surrey

- Bilder der Universität Washington zum Thema Dokumentverfolgung

Für den ersten Test wurde das „Lena" Bild der SIPI Datenbank ausgewählt. Das „Lena" Bild stellt eine relativ einfache Aufgabe dar, da dasselbe Bild für Referenz- und Suchobjekt gewählt wurde.

Abbildung 3.18: Test1: „Lena" Bild der SIPI Bilddatenbank. Die für den Test ausgewählten Umgebungen sind mit rot durchnummerierten Kreisen gekennzeichnet.

Die Fakultät für Geoinformationswesen stellt Bilder mehrerer Satelliten zur Verfügung. Um Satellitenbilder vergleichen zu können, ist oftmals eine Entzerrung notwendig. Zur Durchführung einer Entzerrung, wird die Transformation zwischen entzerrtem und unentzerrtem Bild anhand von Punktzuordnungen abgeschätzt. Es wurde untersucht, ob mittels der Jetmatrix Analyse solche Punktzuordnungen bestimmbar sind. Dazu wurden zwei Tests definiert. Der erste Test basiert auf einer Aufnahme der Stadt Karlsruhe des französischen SPOT Satelliten. Anhand dieses Bildes soll die grundsätzliche Eignung des Verfahrens für die Aufgabenstellung nachgewiesen werden.

Abbildung 3.19: Test2: Aufnahme des SPOT Satelliten.

Der zweite Test stellt ein ungleich schwierigeres Problem dar. Es soll untersucht werden, ob auch Punktzuordnungen gefunden werden, falls die Bilder aus unterschiedlichen Jahreszeiten und von unterschiedlichen Satelliten stammen. Dazu wurde eine Aufnahme des indischen IRS Satelliten aus dem Oktober 1999 mit einer Aufnahme des amerikanischen LANDSAT Satelliten aus dem Juli 1991 verglichen.

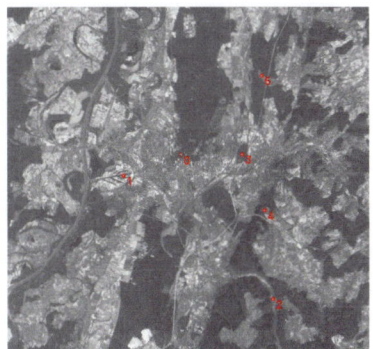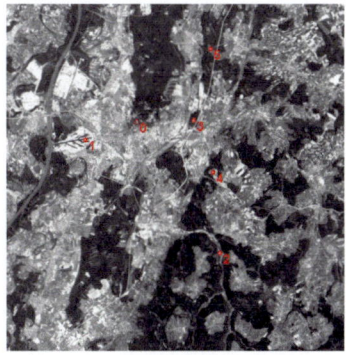

Abbildung 3.20: Test3: Aufnahme des IRS (links) und des LANDSAT Satelliten der Umgebung um Karlsruhe.

Um die Robustheit bei Kippungen zu testen, wurde ein Test mit Bildern aus der SOIL-47 Datenbank ausgewählt.

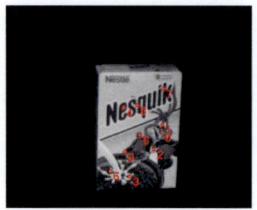 

Abbildung 3.21: Test4: Aufnahmen aus der SOIL-47 Bilddatenbank.

Die bisherigen Tests zeigten einfache Szenen. Um die Einsatzfähigkeit in komplexen Szenen nachzuweisen, wurde ein Test mit Bildern einer komplexen Szene aus der eigenen Bilddatenbank zusammengestellt.

Abbildung 3.22: Test5: Aufnahmen einer komplexen Szene bei unterschiedlichen Rotationen aus der eigenen Datenbank.

Die Bildverarbeitungsgruppe der Universität Washington entwickelt ein Verfahren zur Verfolgung von Bildern und Dokumenten [74], [75]. Das Verfahren ermöglicht eine software-gestützte Suche nach sich auf dem Arbeitsplatz befindenden Bildern und Dokumenten. Auf Anfrage erlaubte Herr Prof. Seitz die Verwendung ihres Bildmaterials, um die Eignung des vorgestellten Verfahrens zu testen.

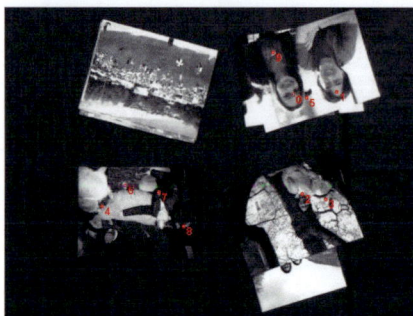 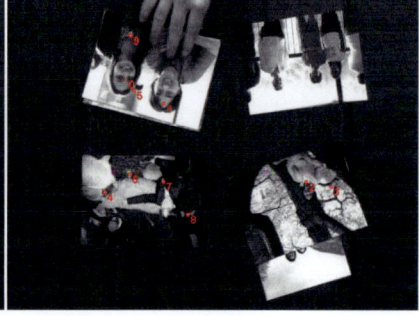

Abbildung 3.23: Test6: Aufnahme zur Bild- und Dokumentenverfolgung der Universität Washington.

3.7.2 Untersuchung zur Bestimmung geeigneter Parameter

Die Bestimmung der geeigneten Parameter erfolgte unter Betrachtung dreier zu optimierender Eigenschaften. Es sind:

- die Rechenzeit zu minimieren,

- die Ausdehnung der Impulsantworten zu minimieren und

- die Erkennungsgüte zu maximieren.

In diesem Unterabschnitt werden zunächst die einzelnen Eigenschaften untersucht und im Anschluss mittels einer Testreihe die optimalen Parametersätze und Einstellungen für verschiedene Optimierungskriterien bestimmt. Im Anschluss erfolgt eine Zusammenfassung der Ergebnisse.

Rechenzeit

Da oftmals eine möglichst schnelle Auswertung gefordert wird, ist die Rechenzeit möglichst niedrig zu halten. Als einfaches Maß zum Vergleich der Rechenzeiten bei unterschiedlichen Parametersätzen kann die Anzahl der verwendeten Filter, also das Produkt aus N und M (siehe Unterabschnitt 3.4.1) verwendet werden. Die Betrachtung der Filteranzahl genügt, da die Anzahl der Rechenoperationen für Merkmalsextraktion und Auswertung nur von N und M abhängt und mit der Anzahl der verwendeten Filter linear ansteigt.

Ausdehnung

Die Ausdehnung der Merkmalsextraktion spielt für die meisten Anwendungen ebenfalls eine bedeutende Rolle. Übersteigt die Ausdehnung der Bereiches, aus welchem die Merkmale bestimmt werden, die Objektgrenzen, fließt Information über den Hintergrund in die Merkmale ein. Ändert sich nun der Hintergrund, ändern sich die Merkmale und die Erkennungsfähigkeit sinkt. Die Ausdehnung der Merkmalsextraktion lässt sich anhand des größten verwendeten Filterkerns abschätzen. Der Gaborfilter kann als komplexe Schwingung mit einer gaußförmigen Einhüllenden angesehen werden. Folglich ist die Ausdehnung des Gaborfilters abhängig von der Ausdehnung der Einhüllenden, welche ihrerseits vom größtem Wert von σ abhängt.

In Gleichung (3.4) wurde ein Zusammenhang zwischen σ und Ortsfrequenz ω nach Gleichung (3.72) angegeben.

$$\omega = \frac{c}{\sigma} \qquad (3.72)$$

Der maximale Wert von σ, welcher im weiteren als σ_{MAX} bezeichnet wird, ergibt sich bei minimaler Ortsfrequenz ω. Die minimale Ortsfrequenz geht aus Gleichung (3.3) hervor, woraus sich σ_{MAX} nach Gleichung (3.73) ergibt.

$$\sigma_{MAX} = \frac{c}{\omega_{MIN}} = \frac{c}{\omega_m \cdot a^{(M-1)}} \qquad (3.73)$$

Unter Verwendung der Gleichungen (3.28) und (3.30) lassen sich die Parameter a und c in Gleichung (3.73) durch die vier Parameter der Merkmalsextraktion (N, M, ω_m, g) ersetzen.

Daraus ergibt sich σ_{MAX} nach Gleichung (3.74) in Abhängigkeit der vier Parameter der Merkmalsextraktion.

$$\sigma_{MAX} = \frac{c}{\omega_m \cdot \left(\dfrac{c - \sqrt{-\ln(g)}}{c + \sqrt{-\ln(g)}}\right)^{(M-1)}} = \frac{\dfrac{\sqrt{-\ln(g)}}{\tan\left(\dfrac{B_a}{2}\right)}}{\omega_m \cdot \left(\dfrac{1 - \tan\left(\dfrac{B_a}{2}\right)}{1 + \tan\left(\dfrac{B_a}{2}\right)}\right)^{(M-1)}} = \frac{\sqrt{-\ln(g)}}{\tan\left(\dfrac{\pi}{2N}\right) \cdot \omega_m \cdot \left(\dfrac{1 - \tan\left(\dfrac{\pi}{2N}\right)}{1 + \tan\left(\dfrac{\pi}{2N}\right)}\right)^{(M-1)}}$$

(3.74)

Die Ausdehnung der Gaußglocke bezogen auf den Radius wird im Anhang C untersucht. Bereits innerhalb eines Radius von 2σ befinden sich 95,45% des Volumens der Gaußglocke. Bei einem Radius von 3σ sind bereits 99,73% des Volumens beinhaltet. Daher ist darauf zu achten, dass sich in diesem Radius um eine für die Umgebungslokalisierung verwendete Umgebung kein Hintergrund befindet.

Um zu prüfen, ob die theoretischen mit den praktischen Ergebnissen übereinstimmen, wurde die Auswirkung der Änderung des Hintergrundes auf den Korrelationswert mittels mehrerer Ausdehnungstests untersucht. Für jeden Test waren mehrere Schritte notwendig:

- Jetmatrix der Referenzumgebung bestimmen

- Mehrere Radien vom Mittelpunkt der Referenzumgebung aus definieren

- Für jeden Radius

  o die Bildpunkte außerhalb des Radius auf Null setzen, um eine neue Suchumgebung zu erzeugen,

  o die Jetmatrix der neuen Suchumgebung bestimmen und

  o den Korrelationswert zwischen Jetmatrix von Such- und Referenzumgebung bestimmen.

Die Ausbildungstests wurden für alle Punkte der Testbilder aus Unterabschnitt 3.7.1 für unterschiedliche Parametereinstellungen durchgeführt. Die Ergebnisse sind in Abbildung 3.24 dargestellt.

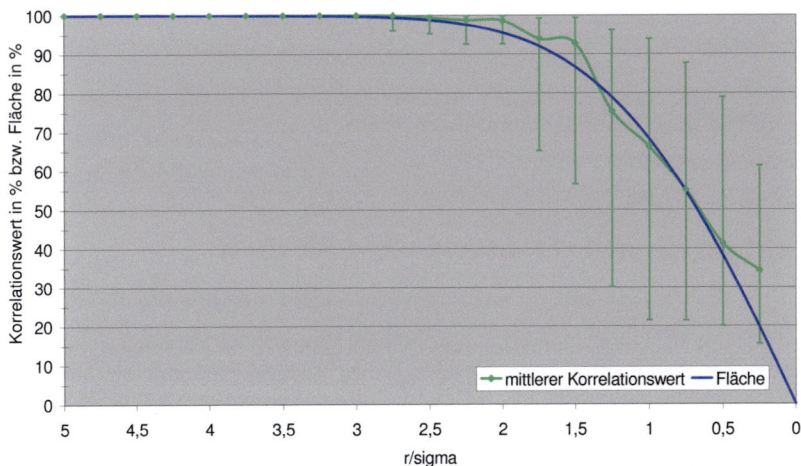

Abbildung 3.24: Auswirkung von Hintergrundsänderungen auf den Korrelationswert

Bei Verringerung des Verhältnisses von Radius zu σ sinkt die übereinstimmende Fläche von Referenz- und Suchumgebung und dadurch der Korrelationswert. In Abbildung 3.24 stellt der grüne Graph den Verlauf des mittleren Korrelationswerts dar und die grünen Fehlerindikatoren zeigen den Bereich, in welchem die Korrelationswerte sich verteilten. Der Verlauf des mittleren Korrelationswertes ähnelt dabei dem Flächenabfall. Bei einem Verhältnis Radius zu σ von 2 liegt der Korrelationswert auch beim schlechtesten Fall noch über 90%, daher wird die Ausdehnung mit einem Durchmesser von 4σ abgeschätzt.

Erkennungsgüte

Die Erkennungsgüte ist von essenzieller Bedeutung. Ohne eine ausreichende Erkennungsgüte, kann keine robuste Objekterkennung betrieben werden. Die Erkennungsgüte ist abhängig von den Parametern der Merkmalsextraktion und den Einstellungen der Auswertung des Merkmalsbereichs. Die Erkennungsgüte wurde anhand der in Unterabschnitt 3.7.1 vorgestellten Tests für verschiedene Parametersätze und Einstellungen bestimmt.

Testauswertung

Wie in Unterabschnitt 3.4.1 erläutert, ergeben sich vier Parameter zur Festlegung des Merkmalsbereichs. Die Parameter wurden wie folgt variiert.

- N legt die Anzahl der Abtastpunkte entlang p_1 (Rotation) fest.
  Dieser Parameter wurde von 4 bis 8 in 4 Schritten variiert

- M legt die Anzahl der Abtastpunkte entlang p_2 (Skalierung) fest.
  Dieser Parameter wurde von 4 bis 8 in 4 Schritten variiert

- g legt die Definition der Bandbreite fest und bestimmt folglich den Überdeckungsbereich der einzelnen Gaborfilter.
  Dieser Parameter wurde von 0.4 bis 0.8 in 4 Schritten variiert

- ω_m entspricht der maximalen Frequenz des Gaborfilters.
  Dieser Parameter wurde von 0.7 bis 1.164 in 4 Schritten variiert

Somit waren insgesamt 5×5×5×5=625 Parametersätze zu testen. Es wurde mit einem festen Skalierungsoffset O von 3 zusätzlichen Zeilen bei den Matrizen der Referenzjets gearbeitet.

Um die Robustheit gegen Rotation und Skalierung zu garantieren, wurden die Rotation und Skalierung des jeweiligen Suchbildes variiert.

- Rotation: Es wurden 19 Rotationen zwischen 0-360° getestet

- Skalierung: Die Skalierung wurde zwischen 0.25 bis 1.0 in 6 Schritten variiert

In allen Test zusammen waren insgesamt 60 Umgebungen zu lokalisieren. Durch die Variation von Rotation und Skalierung ergab sich für jeden Parametersatz eine Anzahl von 7980 Punkten, die zu lokalisieren waren. Die Anzahl der Parametersätze multipliziert mit der Anzahl der lokalisierten Umgebungen pro Parametersatz, ergeben die Anzahl der durchzuführenden Lokalisierungen. Es ergeben sich 625·7980=4.987.500 Lokalisierungen.

Zur Merkmalsauswertung wurde zunächst die normalisierte Kreuzkorrelationsfunktion nach Unterabschnitt 3.6.1 verwendet. Die 20 Parametersätze mit der höchsten Erkennungsgüte sind in Tabelle 3.1 dargestellt. Die Erkennungsgüte ergibt sich aus dem Verhältnis der Anzahl der gefundenen Punkte zu der Anzahl der gesuchten Punkte und wird als Prozentzahl angegeben und definiert sich nach Gleichung (3.75).

$$Erkennungsgüte = \frac{Anzahl \quad gefundener \quad Umgebungen}{Anzahl \quad gesuchter \quad Umgebungen} \cdot 100\% \qquad (3.75)$$

Damit die Tests, trotz unterschiedlicher Anzahlen von zu bestimmenden Lokalisierungen, alle gleich in die Erkennungsgüte eingehen, wurde die gesamte Erkennungsgüte als Mittelwert über die einzelnen Erkennungsgüten definiert.

Wie in Tabelle 3.1 zu erkennen, lassen sich mit großen Jetmatrizen sehr gute Ergebnisse erzielen. Mittels der in Abschnitt 3.8 beschriebenen Objekterkennung, welche mehrere Punktzuordnungen als Basis einer Objekterkennung verwendet, kann damit eine robuste Objekterkennung realisiert werden. Ziel ist aber eine hohe Erkennungsgüte bei gleichzeitig geringer Rechenzeit und Ausdehnung. Die Rechenzeit steigt nahezu linear mit der Anzahl der Filterungen an, wobei die Anzahl der Filterungen aus dem Produkt von N und M hervorgeht. Innerhalb der besten 20 Parametersätze sinkt die Gesamt-Erkennungsgüte nur um 1,7%. Der beste Parametersatz erreichte mit 64 Filterungen und einer Ausdehnung von 174 Bildpunkten eine Erkennungsgüte von 96,4% (rot markiert). Der auf dem 19-ten Platz liegende Parametersatz ist mit 94,8% ebenfalls zur Objekterkennung geeignet (hellblau hinterlegt). Mit 48 Filterungen und einer Ausdehnung von 97 Bildpunkten besitzt es gegenüber den anderen Parametersätzen die kleinste Ausdehnung und gehört zu den Parametersätzen mit den wenigsten Filterungen. Durch die geringe Ausdehnung ist der 19-te Parametersatz für kleinere Objekte geeignet.

Parameter				Erkennungsgüte in Prozent							Zeit	Ausdehn.
N	M	ω_m	g	Test1	Test2	Test3	Test4	Test5	Test6	Gesamt	$N{\cdot}M$	(d in Pixel)
8	8	1,16	0,7	99,9	97,1	95,2	92,7	99,2	94,4	96,4	64	174
8	8	1,16	0,6	99,5	96,6	95,5	94,2	98,5	93,9	96,4	64	208
8	7	1,05	0,7	99,9	98,2	93,1	92,6	98,8	95,3	96,3	56	129
8	7	1,16	0,6	99,5	98,0	92,5	94,3	98,0	95,6	96,3	56	139
8	8	1,05	0,7	99,8	96,9	95,6	92,3	98,7	93,7	96,2	64	193
8	7	0,93	0,7	99,7	97,8	93,9	91,1	98,8	94,9	96,0	56	145
8	8	1,05	0,6	99,5	96,4	95,4	92,8	98,2	93,0	95,9	64	231
8	7	1,05	0,6	99,0	97,7	93,6	92,8	97,0	94,0	95,7	56	154
8	8	0,93	0,7	99,6	96,0	95,1	89,8	98,9	93,2	95,4	64	217
8	7	0,93	0,6	99,0	96,9	94,0	90,5	97,3	93,8	95,3	56	173
8	8	0,93	0,6	99,1	95,5	94,7	90,9	98,3	92,5	95,2	64	259
8	8	1,16	0,5	98,4	95,7	92,7	93,5	97,2	92,7	95,0	64	242
8	7	1,16	0,5	98,7	96,5	90,7	93,9	95,9	94,5	95,0	56	162
8	7	0,82	0,7	99,9	96,2	93,2	87,4	98,6	94,4	95,0	56	165
8	6	0,93	0,6	99,5	97,9	88,6	90,6	97,6	94,8	94,8	48	116
8	7	0,82	0,6	99,5	95,7	94,0	88,0	98,0	93,8	94,8	56	198
8	6	0,82	0,7	99,7	97,7	87,5	90,7	98,4	94,8	94,8	48	111
8	6	0,70	0,7	99,6	97,5	91,1	87,9	97,9	94,8	94,8	48	129
8	6	0,93	0,7	99,7	98,1	87,1	91,3	97,9	94,4	94,8	48	97
8	6	0,82	0,6	99,1	97,2	89,8	89,5	97,4	95,0	94,7	48	132

Tabelle 3.1:   Die auf die Erkennungsgüte bezogenen 20 besten Parametersätze für eine
Auswertung nach Unterabschnitt 3.6.1

Bei Betrachtung der Erkennungsgüten der einzelnen Tests, ist erkennbar, dass Test3 und
Test4 die schwierigsten Tests sind. Bei Test3 fällt die Erkennungsgüte bis auf 87,1% und bei
Test4 auf 87,4% ab (grün umrandet). Im Fall von Test3 ist dies auf die starke
Grauwertabweichung zwischen Referenzbild und Suchbild zurückzuführen. Wie anhand der
Erkennungsgüte erkennbar, lässt sich bei Test3 mit großen Ausdehnungen eine hohe
Erkennungsgüte erreichen. Die Parametersätze, die bei Test3 eine Erkennungsgüte über 94%
erreichen, besitzen eine Ausdehnung größer als 174 Bildpunkte (violett umrandet). Im Fall
von Test4 sind die geringen Erkennungsgüten auf die affine Transformation und den sich
ändernden Hintergrund zurückzuführen. Alle Parametersätze, mit denen eine Erkennungsgüte
über 93,0% erreicht wird, besitzen eine hohe Maximalfrequenz (grau hinterlegt). Eine
Betrachtung kleiner Strukturen ist also bei Test4 erforderlich, um hohe Erkennungsgüten zu
erreichen.

Der 19-te Parametersatz, welches wegen seiner geringen Rechenzeit und seiner kleinen
Ausdehnung als Alternative vorgeschlagen wurde, ist mit einer Erkennungsgüte von 87,1%
bzw. 93,1% für Störeinflüsse wie Helligkeitsänderungen und affine Transformationen eher
ungeeignet.

Bei den 20 besten Parametersätze sind zwischen 48 und 64 Filterungen durchzuführen, was
einem immensen Aufwand entspricht. Aus diesem Grund wurde der Test nochmals
durchgeführt, diesmal jedoch unter Verwendung der in Unterabschnitt 3.6.3 beschriebenen
erhöhten Abtastrate und der Beschleunigung mittels Verschiebungsschätzung, welche in
Unterabschnitt 3.6.2 erläutert wurde. Für die Erhöhung der Abtastung wurde ein Faktor von 2

verwendet. Wie sich zeigte, wurden die besten Ergebnisse bei einem Wert des Parameters N von 8 erreicht. Da der Parameter nur bis zu diesem Wert variiert wurde, wurde untersucht, ob sich durch eine weitere Erhöhung des Parameters N die Ergebnisse verbessern lassen. Im Einzelnen wurden die Parameter zusätzlich wie folgt variiert:

- N: Parameter wurde von 9 bis 12 in 3 Schritten variiert

- M: Parameter wurde von 2 bis 4 in 2 Schritten variiert

- g: Parameter wurde von 0.4 bis 0.8 in 4 Schritten variiert

- ω_m : Parameter wurde von 0.7 bis 1.164 in 4 Schritten variiert

Die 20 Parametersätze mit der größten Erkennungsgüte sind in Tabelle 3.2 aufgeführt.

Parameter				Erkennungsgüte in Prozent							Zeit	Ausdehn.
N	M	ω_m	g	Test1	Test2	Test3	Test4	Test5	Test6	Gesamt	$N{\cdot}M$	(d in Pixel)
8	5	0,82	0,6	100,0	99,5	85,6	93,5	99,2	96,2	95,7	40	88
8	6	0,82	0,6	100,0	99,1	91,0	89,7	98,6	95,3	95,6	48	132
8	6	0,93	0,6	99,9	98,8	88,2	90,8	99,0	96,2	95,5	48	116
8	5	0,93	0,6	100,0	98,9	83,6	94,3	99,5	96,5	95,5	40	77
8	5	0,70	0,6	99,9	99,8	87,1	90,7	99,6	95,4	95,4	40	103
8	5	0,70	0,7	100,0	99,9	85,2	91,6	99,2	95,7	95,3	40	86
8	5	0,82	0,7	100,0	99,6	81,3	94,4	99,5	96,8	95,3	40	74
8	6	1,05	0,6	99,9	98,2	87,2	89,4	99,5	96,2	95,1	48	103
9	4	0,70	0,6	97,2	100,0	84,2	96,5	99,9	92,6	95,1	36	67
9	4	0,70	0,7	99,9	99,9	78,8	97,7	99,9	93,6	95,0	36	56
8	5	0,93	0,5	99,9	98,9	82,4	92,6	99,4	96,0	94,9	40	90
10	4	0,70	0,6	100,0	100,0	81,2	95,6	99,8	92,6	94,9	40	67
8	6	0,82	0,7	100,0	99,2	84,0	90,2	99,1	95,8	94,7	48	111
10	4	0,70	0,7	100,0	100,0	77,4	97,1	99,9	93,4	94,6	40	56
9	4	0,70	0,5	99,9	99,9	81,0	95,4	99,7	91,9	94,6	36	79
9	4	0,82	0,5	100,0	99,7	78,1	97,1	99,5	93,2	94,6	36	67
8	4	0,70	0,6	99,7	99,7	78,2	95,0	99,6	94,8	94,5	32	69
7	5	0,82	0,6	100,0	99,2	82,2	90,4	99,6	95,3	94,5	35	98
9	4	0,82	0,6	97,6	99,8	77,9	97,7	99,8	93,8	94,4	36	58
8	6	0,93	0,7	100,0	98,7	81,2	91,1	99,2	96,1	94,4	48	97

Tabelle 3.2: Die auf die Erkennungsgüte bezogenen 20 besten Parametersätze bei verdoppelter Abtastung und mit Verschiebungsschätzung

Wie in Tabelle 3.2 erkennbar, liegt die Gesamt-Erkennungsgüte um 0,7% unter der besten Gesamt-Erkennungsgüte nach Tabelle 3.1. Bei genauer Betrachtung ist erkennbar, dass bei erhöhter Abtastrate mit Verschiebungsschätzung der Test3 schlechte Erkennungsgüten von Maximal 91% (grün umrandet) liefert. Wie bereits erkannt, ist durch die starken Helligkeitsabweichungen in Test3 eine große Ausdehnung erforderlich. Da bei den Parametersätzen aus Tabelle 3.2 nur kleine Ausdehnung verwendet wurden, ergeben sich die geringen Erkennungsgüten.

Wird der Test3 aus der Berechnung der Gesamt-Erkennungsgüte entfernt, ergibt sich als beste Gesamt-Erkennungsgüte ein Wert von 98,2% bei dem grau hinterlegten Parametersatz aus Tabelle 3.2. Bei den Werten aus Tabelle 3.1 steigt die beste Gesamt-Erkennungsgüte auf 97,08% (blau umrandet) und liegt somit über 1% unter dem Verfahren mit verdoppelter Abtastung und Verschiebungsschätzung. Zudem wird diese hohe Erkennungsgüte mit einer weitaus kleineren Ausdehnung und Matrizengröße erreicht.

Die starke Erhöhung der Gesamt-Erkennungsgüte bei Nichtbeachtung des Test3 gegenüber den Gesamt-Erkennungsgüten aus Tabelle 3.1 ist vor allem durch die Steigerung bei Test4 zu erklären. Die maximale Erkennungsgüte dieses Tests steigt um 3,4% von 94,3% auf 97,7% (rot umrandet). Da sich bei Test4 der Hintergrund ändert, ist eine geringe Ausdehnung vorteilhaft. So konnten in Tabelle 3.2 nur mit Ausdehnungen unter 80 Bildpunkten Erkennungsgüten über 94% erreicht werden.

Für die meisten Auswertungen ist eine erhöhte Abtastrate mit Verschiebungsschätzung geeignet. Nur im Fall, dass eine Auswertung mit großer Ausdehnung notwendig ist, ist das Verfahren nach Tabelle 3.1 einzusetzen.

Bei der Satellitenbildauswertung spielt die Ausdehnung nahezu keine Rolle, da hier das ganze Bild ein Objekt darstellt. Bei kleinen Objekten in sich ändernden Szenen darf die Merkmalsextraktion die Objektgrenzen nicht übersteigen, da ansonsten der Korrelationswert sinkt. Je kleiner die Ausdehnung, desto geringere Auflösungen sind für die Objekterkennung notwendig. Bei geringeren Auflösungen ist der Merkmalsbereich für weniger Bildpunkte zu berechnen, wodurch sich die Objekterkennung beschleunigt. Daher wurde in Abbildung 3.25 der Zusammenhang zwischen Ausdehnung und Erkennungsgüte anhand der Ergebnisse der Erkennungsgüte bei verdoppelter Abtastrate und mit Verschiebungsschätzung untersucht. Abbildung 3.25 wurde um die „unter den besten fünf" Auswertung erweitert. Bei der „unter den besten fünf" Auswertung gilt eine Umgebung als gefunden, wenn sie einen der fünf größten Korrelationswerte aufweist. Die „unter den besten fünf" Auswertung wird bei der in Abschnitt 3.8 beschriebenen Objekterkennung und -lokalisierung verwendet.

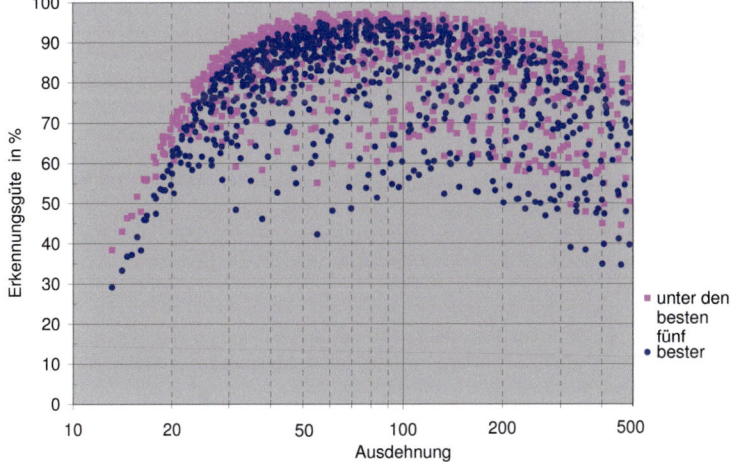

Abbildung 3.25: Erkennungsgüte in Abhängigkeit der Ausdehnung

Ab einer Ausdehnung von ca. 30 Bildpunkten sind Erkennungsgüten von über 85% erreichbar. Zum Beispiel ergibt sich mit $N=9$, $M=3$, $g=0.8$, $\omega_m=0.7$ eine Ausdehnung von 32 Bildpunkten und eine Erkennungsgüte von 86.23%. Bei der „unter den besten fünf" Auswertung werden bei gleichen Parametern 90,2% erreicht.

Werden, wie in Abschnitt 3.8 beschrieben, mehrere lokale Umgebungen verwendet, lässt sich damit bereits eine robuste Objekterkennung aufbauen, da sich mit jeder zusätzlichen Umgebung die Erkennungsgüte der Objekterkennung erhöht.

Wie zu erwarten, gibt es keinen optimalen Parametersatz. Bei reiner Optimierung der Erkennungsgüte ergeben sich Parametersätze mit großer Ausdehnung und vielen Filterungen. Durch die bei den Anwendungen vorliegenden Randbedingungen an Ausdehnung oder Filteranzahl ergeben sich an die Aufgabenstellung angepasste Parametersätze.

3.8 Verwendung der Umgebungserkennung zur Objekterkennung und Objektlokalisierung

Bisher wurde ein Verfahren entwickelt, um lokale Umgebungen zu finden. Durch Betrachtung mehrerer lokaler Umgebungen lässt sich ein neues Verfahren für die robuste Objekterkennung und -lokalisierung entwickeln.

Der Hauptaufwand der Objektsuche besteht in der Suche der ersten Referenzumgebung. Wurde eine Umgebung lokalisiert, kann eine erste Schätzung der Transformationsparameter anhand der Verschiebung zwischen Referenz- und gefundener Matrix erfolgen. Folglich lässt sich für die zweite Umgebung ein Suchbereich definieren und der Vergleich der Jetmatrizen muss nur für die zuvor bestimmte Verschiebung erfolgen. Wurde eine zweite Umgebung lokalisiert, lässt sich der Suchbereich weiter verkleinern, da zusätzliche geometrische Informationen zur Bestimmung des Suchbereichs Verwendung finden. Um eine robuste Objekterkennung und -lokalisierung zu erreichen, ist es wichtig, mit fehlerhaften Lokalisierungen umzugehen. Dies wurde mittels eines Suchbaums realisiert. Je mehr Umgebungen betrachtet werden und somit der Suchbaum tiefer wird, desto sicherer wird die Objekterkennung und umso genauer die -lokalisierung.

Als Gütekriterium der Objekterkennung wird die Gesamtkorrelation verwendet. Sie berechnet sich aus der Multiplikation der Einzelkorrelationen der gefunden Umgebungszuordnungen. Liegt die Gesamtkorrelation über einem vorgegebenen Wert, gilt das Objekt als gefunden. Um mit Überdeckungen umzugehen, lässt sich die Anzahl der Einzelkorrelationen, welche in die Bestimmung der Gesamtkorrelation eingehen, festlegen. In Abbildung 3.26 wurden vier Umgebungen zur Objektsuche verwendet, jedoch gingen nur die drei besten Einzel-korrelationswerte in die Bestimmung der Gesamtkorrelation ein. Die Bestimmung der fehlenden Position kann nach der Objekterkennung anhand der bestimmten Transformations-parameter erfolgen.

Da die Bestimmung der ersten Umgebung den größten Aufwand benötigt, wird nicht nur die wahrscheinlichste Position als Startposition eines Suchbaums verwendet, sondern die wahrscheinlichsten Positionen. Das erfordert kaum mehr Aufwand, erlaubt aber eine schnelle Erkennung, falls die zu suchende Umgebung durch externe oder interne Störungen nicht mehr den höchsten Korrelationswert besitzt. Sinkt der Korrelationswert durch Abdeckung der Umgebung oder externe oder interne Störungen stark ab, wird mit der nächsten Referenz-umgebung als Startumgebung ein Suchbaum aufgebaut.

Die Funktionsweise wird anhand des Beispiels aus Abbildung 3.26 erläutert. Das Gesicht im Referenzbild ist anhand der vier Umgebungen um die rot markierten Punkte im Suchbild zu lokalisieren. Die vier Umgebungen um die rot markierten Punkte werden im Weiteren als Referenzumgebung bezeichnet.

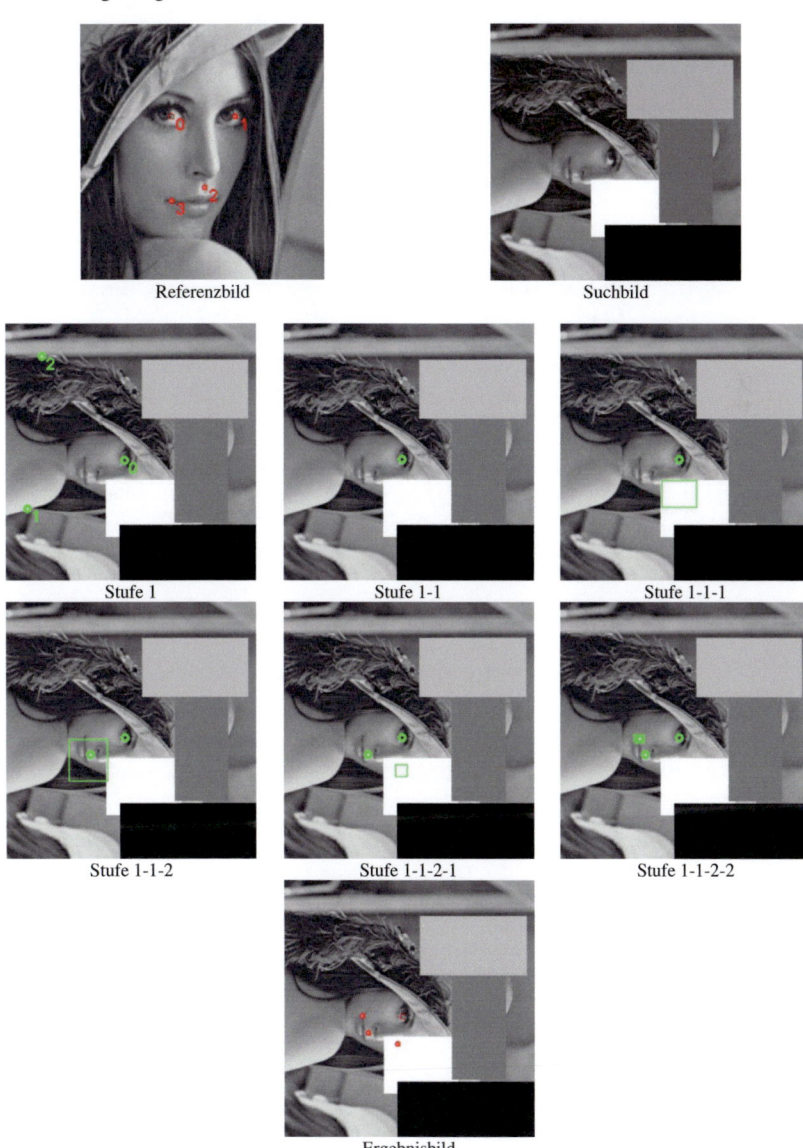

Abbildung 3.26: Ablauf der Objekterkennung

Die Auswertung läuft in mehreren Stufen ab:

- Stufe 1: Zunächst werden die wahrscheinlichsten Positionen der Referenzumgebung 0 bestimmt.

  o Stufe 1-1: Annahme, dass die wahrscheinlichste Position der korrekten Position entspricht und Suche einer zweiten Referenzumgebung. Mittels Transformationsschätzung, basierend auf den Jetmatrizen, können Suchbereiche definiert werden.

    ▪ Stufe 1-1-1: Suchen der zweiten Referenzumgebung. Im Suchbereich wird keine Umgebung gefunden, folglich kommt es zum Abbruch.

    ▪ Stufe 1-1-2: Suchen der dritten Referenzumgebung. Es wurde eine mögliche Position gefunden, daher werden die verbleibenden Punkte gesucht. Der Suchbereich kann mittels Auswertung der gefundenen Umgebungszuordnungen nochmals verkleinert werden.

      - Stufe 1-1-2-1: Suchen der zweiten Referenzumgebung. Die zweite Referenzumgebung wurde im Suchbereich nicht gefunden.

      - Stufe 1-1-2-2: Suchen der vierten Referenzumgebung. Die vierte Referenzumgebung wurde gefunden. Objekterkennung wird als erfolgreich beendet, da die Gesamtkorrelation der drei gefundenen Umgebungszuordnungen über der geforderten Gesamtkorrelation liegt.

Das Gesicht im Referenzbild aus Abbildung 3.26 konnte trotz Überdeckung im Suchbild erkannt werden. Anhand der drei lokalisierten Umgebungen im Suchbild lässt sich die Position der überdeckten Umgebung bestimmen und es ergibt sich das Ergebnisbild aus Abbildung 3.26.

Die Abbildung 3.26 zeigt einen einfachen Ablauf der Objekterkennung. Ist für keine der wahrscheinlichsten Positionen der Referenzumgebung 0, die Gesamtkorrelation hoch genug, werden die wahrscheinlichsten Positionen der nächsten Referenzumgebung bestimmt und eine Objekterkennung mit diesen Positionen als Startwert durchgeführt.

Ein Beispiel für die Robustheit der Objekterkennung ist in Abbildung 3.27 dargestellt. Obwohl die Umgebungen durch Helligkeitsänderungen, Kippung und Überdeckung gestört sind, kann das Objekt erkannt werden.

Abbildung 3.27: Robuste Objekterkennung trotz Abdeckung (Bilder entnommen aus [31])

In diesem Kapitel wurde ein neues Verfahren zur rotations-, skalierungs- und verschiebungsinvarianten Objekterkennung und -lokalisierung vorgestellt. Eine geeignete Merkmalsextraktion und deren Realisierung wurde festgelegt, eine angepasste Auswertung entwickelt, eine Untersuchung zur Bestimmung geeigneter Parameter der Merkmalsextraktion durchgeführt und eine Verfahren vorgestellt, um die Ergebnisse der Umgebungserkennung zur robusten Objekterkennung zu verwenden. Auf Basis des Verfahrens zur Objekterkennung und –lokalisierung erfolgen, in den drei nachfolgenden Kapiteln, Untersuchungen zur Erweiterung und Optimierung des Verfahrens.

4 Neues Verfahren zur Beschleunigung von Filter-vorgängen mittels feldprogrammierbarer Gatter Anordnung

Ein wichtiges Kriterium an Verfahren zur Objekterkennung und -lokalisierung ist eine geringe Rechenzeit. In Abschnitt 3.5 und 3.6 wurden bereits geschwindigkeitsoptimierte Algorithmen für die Merkmalsextraktion und die Auswertung des Merkmalsbereichs entwickelt. Um eine weitere Beschleunigung zu erreichen, wird in diesem Kapitel ein Verfahren zur Beschleunigung mittels spezieller Hardware vorgestellt. Da die Merkmalsextraktion einen Großteil der Gesamtrechenzeit in Anspruch nimmt, wird deren Beschleunigung untersucht [76]. Es wurde eine Untersuchung geeigneter Hardwarestrukturen durchgeführt und ein auf Parallelisierung der Berechnungen basierendes, geschwindigkeitsoptimiertes Verfahren implementiert.

Als Hardwareplattform wurde eine feldprogrammierbare Gatter Anordnung (Field Programmable Gate Array, FPGA) verwendet. FPGAs sind, zu einem Integrierten Schaltkreis (IC) zusammengefasste, frei programmierbare Logikschaltkreise. Sie bestehen aus in Matrix-Struktur angeordneten Logikzellen, die über Verbindungsebenen verschaltet werden können. Über I/O-Blöcke, welche zur Impedanz- und Pegelanpassung dienen, können Ein- und Ausgabe Pins angesteuert werden. Des Weiteren befinden sich in modernen FPGAs Speicherblöcke mit wahlfreiem Zugriff (RAM), Phasenregelschleifen (PLL), Verzögerungs-schleifen (DLL) und Blöcke zur digitalen Signalverarbeitung (DSP).

Durch die freie Programmierbarkeit ist eine Optimierung der Hardware an einen Algorithmus möglich. Da sich mittels FPGAs parallele Strukturen realisieren lassen, sind diese am besten für parallelisierbare Algorithmen geeignet. Während Mikroprozessoren zur schnellen sequentiellen Verarbeitung hohe Taktfrequenzen benötigen, erreichen FPGAs mit niedrigerer Taktfrequenz durch die Parallelisierung ein Vielfaches an Rechenzyklen.

Die Integration komplexer Algorithmen mit dynamischer Struktur in einen FPGA ist nur schwer möglich und zumeist nicht sinnvoll, da sich solche Algorithmen kaum parallelisieren lassen. Die Merkmalsextraktion ist der rechenintensivste Teil der Objekterkennung. Bei Verwendung einer geeigneten Realisierung besitzt die Merkmalsextraktion eine feste Struktur und lässt sich ohne weiteres parallelisieren. Daher wurde entschieden, die Merkmalsextraktion mittels eines FPGAs zu realisieren. Zur Datenübertragung zwischen PC und FPGA Karte wurde der Bus-Standard zur Verbindung von Peripheriegeräten (Peripheral Component Interconnect; PCI) verwendet. Die Bilddaten werden dazu vom PC über die PCI Schnittstelle zum FPGA geschickt und der FPGA sendet die Ergebnisdaten zur Weiter-verarbeitung zurück an den PC.

In Abschnitt 4.1 wird die zur Verfügung stehende Hardware vorgestellt. Danach erfolgt in Abschnitt 4.2 die Beschreibung der Implementierung, um zum Abschluss in Abschnitt 4.3 die Ergebnisse und Erkenntnisse darzulegen.

4.1 Verwendete Hardwareplattform und Programmiersprache

Um den nötigen Austausch von großen Datenmengen zwischen dem Computer und FPGA effektiv realisieren zu können, wurde eine PCI basierte Anbindung des FPGA an den PC verwendet. Da Softwarelizenzen vom FPGA Hersteller ALTERA vorlagen, wurde entschieden, ein Produkt von ALTERA zu verwenden. Es existieren verschiedene PCI-Schnittstellen Standards. Der neueste und schnellste PCI-Standard ist der „Peripheral Component Interconnect Express" Standard (PCIe). Die Vorgängerversion davon ist der „Peripheral Component Interconnect Expand" (PCIx) Standard. Obwohl bereits PCIe Anbindungen möglich und der Stratix 2 FPGA verfügbar waren, konnte aus Kostengründen nur ein Stratix FPGA auf einer PCIx Karte angeschafft werden. Die angeschaffte Hardware genügt jedoch um eine Abschätzung über die Geschwindigkeit bei aktueller Hardware durchführen zu können. Im Einzelnen setzt sich die Hardwareplattform aus folgenden Komponenten zusammen.

- Stratix EP1S60F1020C6 mit ca. 57120 Logikelementen

- 32 oder 64 Bit PCI Bus Schnittstelle

- Unterstützung der 100-MHz PCIx Schnittstelle

- Speicher 256-MByte PC133 DDR SDRAM (SODIMM)

- gesockelter 33-MHz System-Takt-Oszillator

Zur Programmierung des FPGA Bausteins wurde die Hardwarebeschreibungssprache „Very High Speed Integrated Circuit Hardware Description Language" (VHDL) [77] verwendet. Die Hardwarebeschreibungssprache VHDL ermöglicht eine Schaltungsbeschreibung auf einer hohen Abstraktionsebene. VHDL ist das Ergebnis von Normierungsbestrebungen eines Komitees von großen CAD-Anbietern und Nutzern der 1980er Jahre. Das Amerikanische Verteidigungsministerium schrieb damals die Einhaltung des VHDL Standards für Forschung und Entwicklung vor. Mitte der 80er Jahre erschien die erste kommerzielle Veröffentlichung in Zusammenarbeit mit IBM und TI. Der heutige VHDL Standard, der auch in dieser Arbeit eingesetzt wurde, ist durch den IEEE 1076 von 1993 definiert.

Aus der VHDL Beschreibung kann mittels eines VHDL Compilers eine Netzliste erzeugt werden, welche die Information zur Programmierung eines FPGA enthält. Die Netzliste kann zur Simulation verwendet oder nach einem Syntheseschritt zur Konfiguration des FPGA verwendet werden.

4.2 Angepasste Implementierung der Merkmalsextraktion

In diesem Abschnitt wird der Algorithmus zur Merkmalsextraktion festgelegt und dessen Realisierung erläutert.

4.2.1 Auswahl des Algorithmus

Zur Realisierung der Merkmalextraktion standen die in Abschnitt 3.5 beschriebenen Verfahren zur Auswahl. Zur Erzeugung des Merkmalsbereichs werden Filterfunktionen mit unterschiedlichen Ausdehnungen verwendet. Die Verwendung der Filterung mit endlicher Impulsantwort führt bei unterschiedlichen Ausdehnungen zu einer Variation der Anzahl an Filterkoeffizienten und somit zu einer Variation der Filterstruktur. Durch Festlegung der Anzahl der Filterkoeffizienten anhand der größten Ausdehnung kann eine Vereinheitlichung der Struktur erreicht werden. Jedoch sind nicht genügend Logikelemente vorhanden, um eine parallele Berechnung eines Filterergebnisses für eine große Anzahl von Koeffizienten zu realisieren. Daher ist bei Verwendung der Filterung mit endlicher Impulsantwort kein signifikanter Geschwindigkeitszuwachs zu erwarten.

Bei der Faltung basierend auf der Fouriertransformation kann die Auswirkung der Filterausdehnung vernachlässigt werden. Jedoch ist dabei die Filterstruktur von der Bildgröße abhängig. Um mit unterschiedlichen Bildgrößen arbeiten zu können, ist beim Entwurf der Filterstruktur vom größten zu verarbeitenden Bild auszugehen. Die Rechenzeit bleibt bei Verkleinerung der Bildgröße konstant. Zudem lässt sich die diskrete Fouriertransformation zwar effizient realisieren, besitzt aber trotz allem eine aufwändigere Struktur als der IIR Ansatz.

Der IIR Ansatz weist die größte Flexibilität der Algorithmen auf, da der IIR Ansatz derart realisierbar ist, dass die Filtergröße und Bildgröße unabhängig von der Filterstruktur sind, eine Parallelisierung möglich wird und eine effektive Filterstruktur entsteht. Daher wurde eine Realisierung mittels IIR Ansatz entwickelt.

4.2.2 Realisierung der diskreten Faltung

Dieser Unterabschnitt soll einen Einblick über die Realisierung der diskreten Faltung geben. Auf eine vollständige Dokumentation des Datenflusses, der rechnerseitigen Treiberanbindung, des Datenzugriffes auf den DDR-Speicher, die internen Register, der Datenübertragung usw. wird verzichtet. Stattdessen wird ausführlich auf die speziell für die Realisierung der diskreten Faltung entwickelten Komponenten eingegangen.

Die verwendete Filterfunktion wurde bereits in Unterabschnitt 3.5.3 vorgestellt. Zur Berechnung ist eine Filterung jeder Zeile in Vorwärtsrichtung notwendig. Um das eindimensionale Filterergebnis jeder Zeile zu erhalten, ist eine Rückwärtsfilterung der bei der Vorwärtsfilterung entstehenden Zwischenergebnisse notwendig. Die zweidimensionale Filterantwort entsteht im Anschluss durch Vorwärts- und Rückwärtsfilterung über die Spalten der eindimensionalen Filterergebnisse.

Da die Filterungen rekursiv sind und folglich auf den zuvor berechneten Werten aufbauen, ist die Bestimmung eines Filterwertes nur möglich, wenn alle vorgehenden Filterwerte bereits berechnet wurden. Daraus folgt, dass erst nach einer vollständigen Vorwärtsfilterung die zugehörige Rückwärtsfilterung erfolgen kann.

Ein Filterblock zur Vorwärts- und Rückwärtsfilterung ist in Abbildung 4.1 dargestellt.

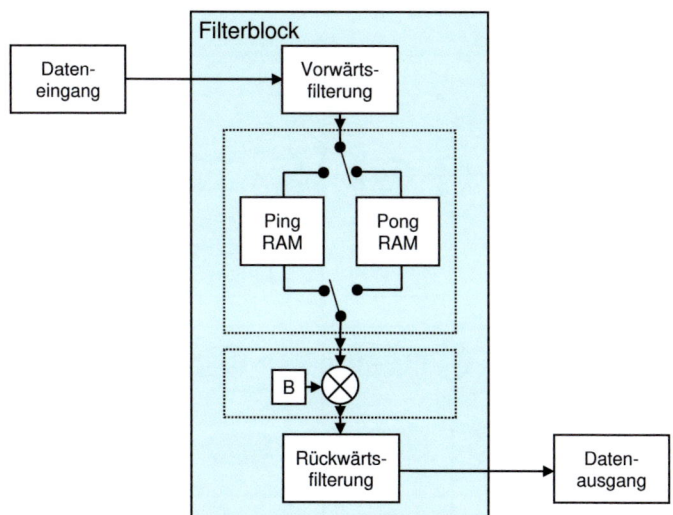

Abbildung 4.1:   Filterblock für Zeilen- oder Spaltenfilterung

Mittels eines Doppelspeichers im „Ping-Pong" Betrieb werden die Blöcke zur Vorwärts- und Rückwärtsfilterung entkoppelt. Durch die Entkoppelung lassen sich Zeitverzögerungen vermeiden, da nach Vorwärtsfilterung der ersten Zeile die Vorwärts- und Rückwärtsfilterung gleichzeitig arbeiten können. Bei Verwendung eines Speichers kann nur die Vorwärts- oder Rückwärtsfilterung arbeiten, da der erste Wert, welcher bei der Vorwärtsfilterung berechnet wird, der letzte Wert ist, welchen die Rückwärtsfilterung benötigt. Wegen der Vielzahl der Zugriffe auf den Doppelspeicher wurde dieser aus den internen Speicherzellen des FPGA erzeugt, da der Zugriff auf den internen Speicher weitaus schneller ist als auf den externen Speicher.

Aus Gleichung (3.45) gehen die Filterfunktionen der zweidimensionalen Filterung nach Gleichung (4.1) hervor.

Richtung der Filterung:
Vorwärtsfilterung über die Zeilen:
$$Res[x_1] = In[x_2][x_1] - a_1 \cdot Res[x_1 - 1] - a_2 \cdot Res[x_1 - 2] - a_3 \cdot Res[x_1 - 3]$$
Rückwärtsfilterung über die Zeilen:
$$Out_{x1}[x_2][x_1] = B \cdot Res[x] - a_1^* \cdot Out_{x1}[x_2][x_1 + 1] - a_2^* \cdot Out_{x1}[x_2][x_1 + 2] - a_3^* \cdot Out_{x1}[x_2][x_1 + 3]$$
Vorwärtsfilterung über die Spalten:
$$Res[x_2] = Out_{x1}[x_2][x_1] - b_1 \cdot Res[x_2 - 1] - b_2 \cdot Res[x_2 - 2] - b_3 \cdot Res[x_2 - 3]$$
Rückwärtsfilterung über die Spalten:
$$Out[x_2][x_1] = B \cdot Res[x_2] - b_1^* \cdot Out[x_2 + 1][x_1] - b_2^* \cdot Out[x_2 + 2][x_1] - b_3^* \cdot Out[x_2 + 3][x_1]$$

$$(4.1)$$

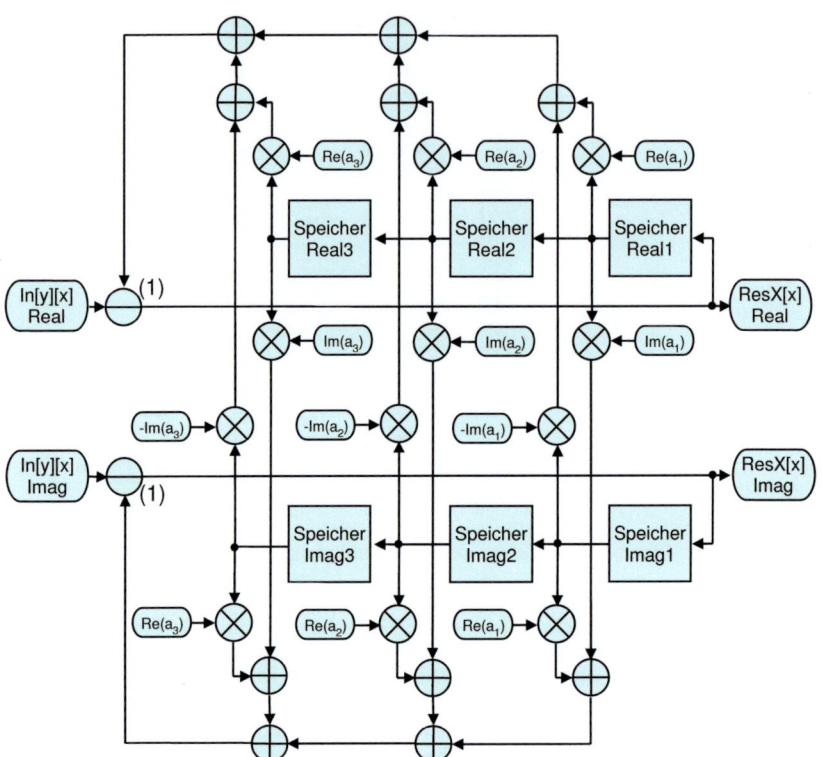

Abbildung 4.2:   Filterstruktur zur Vorwärtsfilterung in Zeilenrichtung

In Abbildung 4.2 ist die Filterstruktur dargestellt. Es sind mehrere Stufen von algorithmischen Blöcken zur Bestimmung des Filterergebnisses notwendig. Im Einzelnen werden Speicher-, Multiplizierer-, Addierer- und Subtrahiererblöcke verwendet.

Um die nötige Genauigkeit zu erreichen, wurden die Berechnungen mit Fließkommazahlen realisiert. Als Format für die Fließkommazahlen wurde das vom Institute of Electrical and Electronics Engineers (IEEE) nach Norm IEEE 754 standardisierte 32 Bit Format gewählt. Die Prozessorarchitekturen von PC Systemen verwenden ebenfalls den IEEE 754 Standard, weshalb sich zum PC System identische Filterergebnisse ergeben. Das Format der Fließkommazahlen setzt sich wie in Abbildung 4.3 gezeigt aus Vorzeichen, Exponent und Mantisse zusammen [78].

Bit	31	30-23	22-0
Bezeichnung	Vorzeichen	Exponent	Mantisse

Abbildung 4.3:   IEEE Fließkomma Format

Das Vorzeichen ist mit einem Bit kodiert, wobei „0" einem negativen und „1" eines positiven Vorzeichens entspricht. Der Exponent kann negativ werden, der Wert ist jedoch nicht im Zweierkomplement kodiert, sondern die Biased-Darstellung wird verwendet. Bei dieser Kodierung wird vom Zahlwert eine Konstante abgezogen. Die Norm IEEE 754 legt als Konstante den Wert 127 fest, wodurch der Wertebereich des Exponenten zwischen -127 und 128 liegt. Die Biased-Darstellung wird verwendet, da sich dadurch eine Größer/Kleiner Abfrage vereinfacht. Die Mantisse besitzt ebenfalls eine spezielle Kodierung. Es wird eine nicht dargestellte 1 vorangestellt und die dargestellten Bits entsprechen den Nachkommazahlen beginnend von links mit dem größten Wert 2^{-1}, 2^{-2}...,2^{-21}. Aus diesen Kodierungen ergibt sich für die Umrechnung einer Gleitkommazahl in eine Dezimalzahl die Gleichung (4.2) [79].

$$Dezimalzahl = (-1)^{Vorzeichen} \cdot \left(1 + \frac{Mantisse}{2^{23}}\right) \cdot 2^{Exponent-127} \qquad (4.2)$$

Für die Realisierung der Fließkommaoperatoren zur Multiplikation, Addition und Subtraktion wurde die freie VHDL Beschreibung der amerikanischen Howard Universität [80] verwendet. Zur Durchführung einer arithmetischen Operation benötigt der Multiplikationsblock 5 Takte und die Additions- bzw. Subtraktionsblöcke 8 Takte. Ähnlich einer Leitung besitzen beide Operatoren die Eigenschaft, dass zwischen Ein- und Ausgang eine Verzögerung entsteht, aber Werte fließend verarbeitet werden können. Operatoren, die eine fließende Verarbeitung ermöglichen, werden als pipelinefähig bezeichnet. Für die Implementierung eines Multiplikationsblocks werden ca. 1000 Logikelemente und für einen Additions- bzw. Subtraktionsblock ca. 650 Logikelemente benötigt. Auf der verwendeten Hardwareplattform konnte eine maximale Taktfrequenz von 150 MHz erreicht werden.

Durch die Verzögerungen der getakteten Fließkommaoperatoren liegt das Ergebnis eines Zustands nach insgesamt 29 Takten an den Eingängen der beiden Subtrahiererblöcke, gekennzeichnet mit (1) in Abbildung 4.2, an. Nach der Subtraktion des Ergebnisses mit dem neuen Wert und weiteren Verzögerungen durch Zwischenspeichern der Werte entsteht eine Gesamtverzögerung in der Filterschleife von 40 Takten. Während dieser Verzögerung kann die Faltung einer Zeile/Spalte nicht fortgesetzt werden, da das Ergebnis der Rückkopplung für die Fortführung benötigt wird.

Die Abbildung 4.4 zeigt ein vereinfachtes Beispiel für die durch die Rückkopplung auftretende Wartezeit. In der Abbildung rechts ist eine Struktur mit Rückkopplung dargestellt. Die Verzögerung beträgt hierbei 4 Takte. Das Ausgangssignal Out ergibt sich durch Subtraktion des Eingangssignals In vom Rückkopplungssignals V. In Abbildung 4.4 links ist der zeitliche Ablauf der Berechung dargestellt. Der Wert Out1 wird aus den Werten In1 und V0 berechnet und kann daher erst berechnet werden, wenn der Wert V0 anliegt. Der Wert V0 ist seinerseits um 4 Takte von In0 verzögert, wodurch zwischen den In0 und In1 eine Wartezeit von 4 Takten liegen muss.

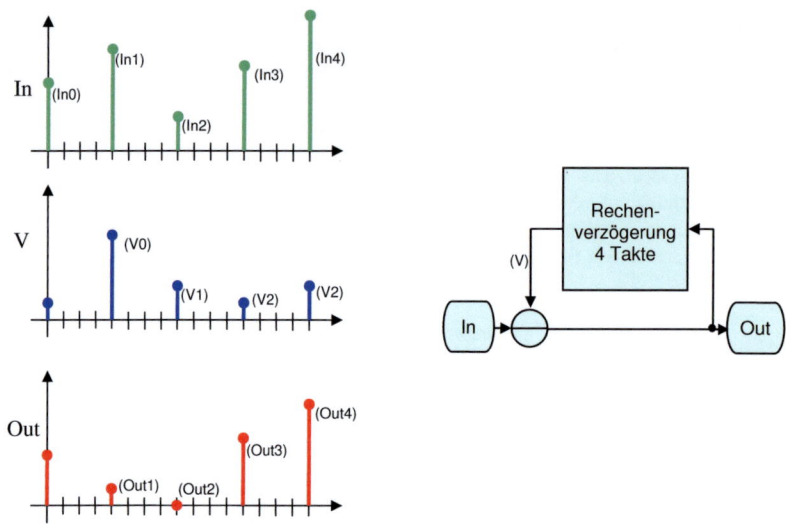

Abbildung 4.4:   Verzögerung durch die Filterschleife

Eine Wartezeit von 40 Takten führt dazu, dass keine mit PC Systemen vergleichbare Leistung erreichbar ist. Da die Rückkopplung nicht auflösbar ist, wurde eine Lösung gesucht, die Wartezeit effizient zu nutzen. Um trotzdem mit jedem Takt einen Wert verarbeiten zu können, wurde das Filtermodul derart modifiziert, dass es im Zeilen- bzw. Spaltenmultiplex arbeitet. In 40 Takten wird von 40 Zeilen bzw. Spalten ein Wert bearbeitet. Nach 40 Takten ist das jeweilige Rückkoppelergebnis berechnet und der nächste Wert der 40 Zeilen bzw. Spalten kann abgearbeitet werden.

In Abbildung 4.5 ist der Lösungsansatz am Beispiel einer Verzögerung um 4 Takte dargestellt. Die Eingangssignale In Zeile 1 bis In Zeile 4 werden zu einem In Signal zusammengefasst. Die Anzahl der zusammengefassten Eingangssignale ist an die Verschiebung der Zwischenergebnisse V angepasst, daher ergibt sich für das Ausgangssignal Out nur zu Beginn eine Verschiebung. Das Out Signal kann zerlegt werden und es ergeben sich das Ausgangssignal Out Zeile 1 bis Out Zeile 4. Somit ist erkennbar, dass bei Anpassung der Verzögerungsdauer des Multiplex Zyklus auf die Verzögerungszeit der Berechnung, die Wartezeit auf das Rückkoppelsignal entfällt und mit jedem Takt ein Wert verarbeitbar ist.

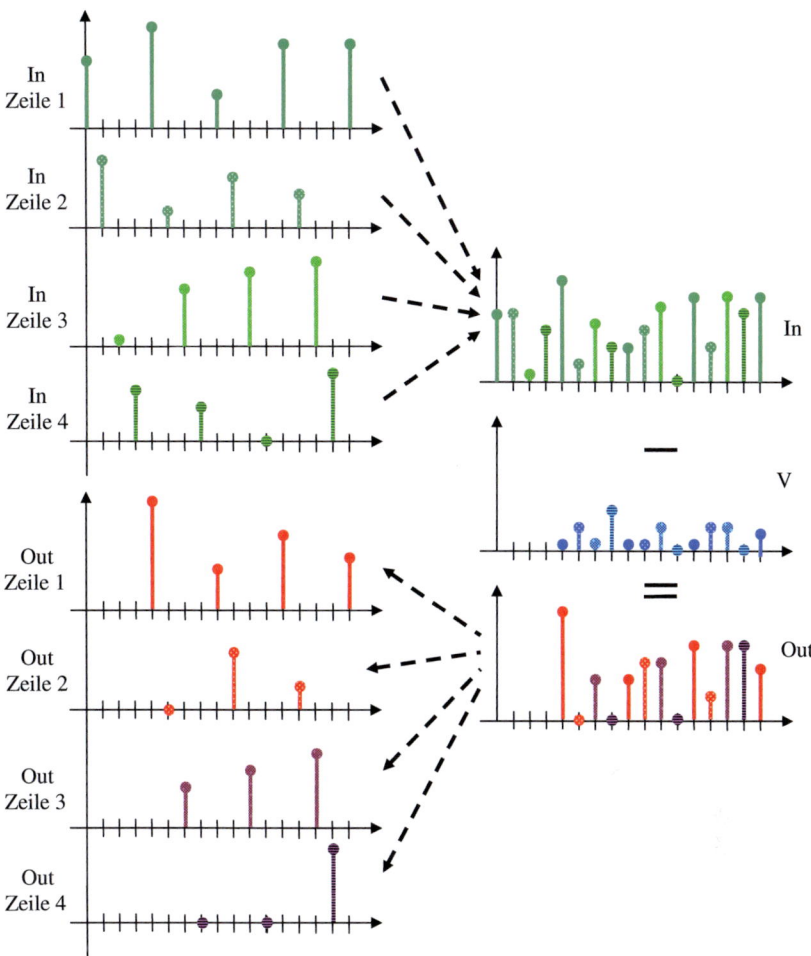

Abbildung 4.5:   Effiziente Nutzung der Wartezeit durch Zeilenmultiplex

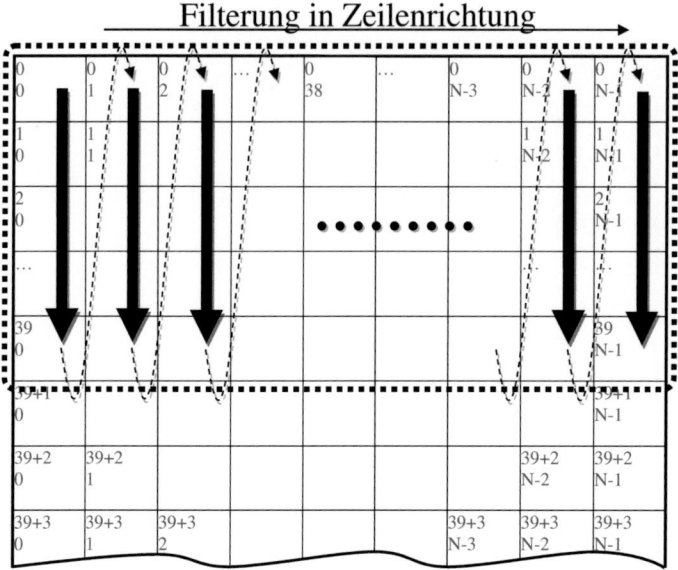

Abbildung 4.6:   Reihenfolge der Werteübertragung

In Abbildung 4.6 wird die geänderte Reihenfolge der Bildpunkte am Beispiel der
Zeilenfilterung verdeutlicht. Die Rechtecke stellen die Bildpunkte dar. 40 Zeilen bilden einen
Verarbeitungsblock und werden im Zeilenmultiplex gefiltert. Ein solcher Verarbeitungsblock
ist durch das gestrichelte Rechteck in Abbildung 4.6 gekennzeichnet. Die Pfeile im
Verarbeitungsblock verdeutlichen den Ablauf der Filterung. Zunächst werden 40 Bildpunkte
einer Spalte verarbeitet, bevor mit der nächsten Spalte begonnen wird. Wurde die letzte Spalte
bearbeitet, beginnt die Auswertung des nächsten Verarbeitungsblocks, welcher sich aus den
nächsten 40 Zeilen zusammensetzt.

Das Zeilen- bzw. Spaltenmultiplex setzt somit voraus, dass die Speicherblöcke auf die
Speicherung von 40 Werten erweitert sind, wobei die Auswahl des ausgewählten Wertes an
den Zeilenmultiplexer gekoppelt sein muss. Der Doppelspeicher zum Zwischenspeichern der
Ergebnisse der Vorwärtsfilterungen ist ebenfalls auf 40 Zeilen bzw. 40 Spalten auszulegen.

Des Weiteren ist durch die rekursive Filterung eine Initialisierung vor jeden Filterdurchlauf
notwendig. Dazu muss der Anfangszustand der Speicherblöcke vor der eigentlichen Filterung
initialisiert werden.

Durch die Begrenzungen des verwendeten FPGAs war es nur möglich, einen Filterblock für
Zeilen- und Spaltenfilterung zu implementieren. Daher mussten die Ergebnisse der Zeilen-
filterung im DDR-RAM abgelegt werden und von dort für die Spaltenfilterung wieder gelesen
werden. Da auf der verwendeten Hardware nur ein DDR-RAM zur Verfügung stand, ist ein
Lesen des Eingangsbildes vom DDR-RAM sehr zeitintensiv, da auch ein gleichzeitiges
Schreiben der Filterergebnisse nötig ist. Ein weiteres Problem entsteht dadurch, dass der
Datenzugriff auf dem DDR-RAM nur dann schnell erfolgt, wenn die Daten einen
Adressbereich ausfüllen. Da für Zeilenfilterung bzw. Spaltenfilterung der Datenzugriff in

unterschiedlicher Reihenfolge erfolgt, ist entweder das Lesen oder Schreiben langsamer. Daher wurde entschieden, das Eingangsbild für jede Filterung über den PCI Bus zu schicken und dort direkt in die Zeilenfilterung zu leiten. Der Zugriff auf den PCI Bus ist zwar langsamer als der Zugriff auf den DDR-RAM, jedoch lassen sich die Daten durch die langsamere Verarbeitung im DDR-RAM bereits so anordnen, dass das Lesen aus dem DDR-RAM mit maximaler Frequenz erfolgen kann, wodurch eine geringere Gesamtlaufzeit entsteht. Nachdem alle Zeilenfilterungen abgeschlossen sind, wird der Filterblock zur Spaltenfilterung verwendet. Dazu werden die Ergebnisse der Zeilenfilterung aus dem DDR-RAM gelesen und mittels des Filterblocks gefiltert und über den PCI Bus geschickt.

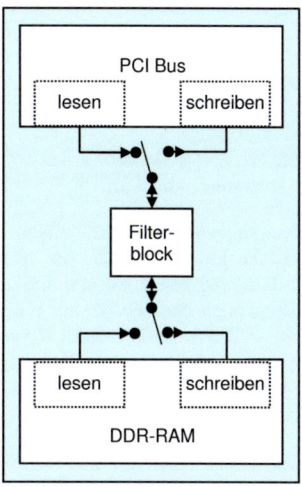

Abbildung 4.7:   Übersichtsdarstellung der realisierten Filterstruktur

Die realisierte Filterstruktur ist als Blockschaltbild in Abbildung 4.7 dargestellt.

4.3 Ergebnisse

4.3.1 Auslastung der verwendeten Hardware

Bei der Ermittlung der höchstmöglichen Geschwindigkeit spielt die Anzahl der realisierbaren parallelen Strukturen eine zentrale Rolle. Die Anzahl der realisierbaren parallelen Strukturen wird zumeist durch den internen Speicher oder die Anzahl der Logikelemente begrenzt. Die Anzahl der benötigten Logikelemente ergibt sich überwiegend aus den implementierten Addierer-, Subtrahierer- und Multiplizierblöcken. Die dafür benötigten Logikelemente lassen sich verringern, indem die im FPGA vorhandenen DSP Blöcke zu Multiplizierblöcken zusammengefasst werden. Auf Basis der DSP Blöcke lassen sich 18 Multiplizierblöcke erzeugen. Für einen Filterblock, bestehend aus Vorwärts- und Rückwärtsfilterung, ergab sich dadurch ein Bedarf von ca. 35.000 Logikelementen. Weitere 8000 Logikelemente werden für die Steuerung der PCI Schnittstellen und der DDR-RAM Ansteuerung benötigt. Die internen Register zum Ablegen der Filterparameter und die zugehörigen Steuerblöcke benötigen 2000 Logikelemente und die Steuerung des Filterablaufs 2000 Logikelemente. Die Auslastung der Logikelemente beträgt folglich ca. 90% des eingesetzten FPGAs.

Eine weitere wichtige Ressource des FPGAs stellt der interne Speicher dar. Durch Implementierung des Doppelbuffer des Filterblocks in den internen Speicher des FPGAs ergab sich ein großer Verbrauch von 4.1 MBit Speicherzellen, was einer Auslastung des internen Speichers von 80% entspricht.

4.3.2 Ergebnisse

Durch die aus Kostengründen vorgegebene Hardware mussten einige für die Performance ungünstige Kompromisse eingegangen werden. Dadurch konnte der implementierte IIR-Filter seine eigentliche Leistungsfähigkeit nicht komplett entfalten bzw. weitere Parallelisierungen aus Platzgründen nicht vorgenommen werden. Dennoch ist es nun anhand der ermittelten Informationen über Platzbedarf und Leistungsfähigkeit einzelner Filterkomponenten möglich, Bedingungen für eine angepasste Hardware zu definieren und Vorhersagen über die mögliche Performance zu treffen.

Die Filterstruktur wurde mit der ALTERA Quartus II 3.0 Software bis 150MHz verifiziert. Somit steht ein Datendurchsatz in 64Bit-Architektur von 9,6 GBit/s zur Verfügung.

Die Inbetriebnahme des Development-Boards auf einem Standard-PC mit 32Bit-PCI Schnittstelle und 33MHz Bustakt konnte jedoch nur einen Bruchteil der möglichen Beschleunigung umsetzen. Die Filterungszeiten werden direkt durch den PCI-Bus begrenzt. Ein 640x480-Bild mit 8-Bit Grauwerten benötigt für die Filterung mit einem Filterkern ca. 3.7ms für Übertragung über die PCI Schnittstelle zum FPGA und Zeilenfilterung. Jedoch weitere 29ms werden für die Spaltenfilterung mit anschließender Übertragung vom FPGA zur Windowsapplikation benötigt. Diese lange Übertragungszeit ist dadurch begründet, dass die Ergebnisse komplexwertig sind und daher aus zwei Werten mit jeweils 32Bit bestehen.

Die verwendete Hardware unterstützt die, gegenüber PCI weitaus schnellere, PCIx Schnittstelle. Über die PCIx Schnittstelle erlaubt die FPGA Karte eine Datenübertragung von 64Bit bei 66MHz. Da kein Rechner mit PCIx Schnittstelle zur Verfügung stand, wurden Simulationen durchgeführt. Es zeigte sich, dass bei PCIx durch den doppelten Takt und die doppelte Busbreite die Geschwindigkeit erheblich gesteigert werden kann. Dabei wurden Filterungszeiten von ca. 3ms+6.6ms pro Filterung realisiert.

Die unterschiedlichen Rechenzeiten mit und ohne FPGA für 32 Filterungen eines Grauwertbildes mit 640x480 Bildpunkten, sind in Tabelle 4.1 gegenübergestellt.

Verwendete Hardware	Rechenzeit
Rechner ohne FPGA Unterstützung (Pentium 4; 2,6GHz)	ca. 1050ms
Implementiertes Design mit Standard PCI	ca. 1000ms
Implementiertes Design mit PCIx (Simulation)	ca. 310ms

Tabelle 4.1:   Gegenüberstellung der Rechenzeit

Das vorgestellte VHDL-Design zeigt beim Einsatz mit einem Standard-PCI-Bus kaum eine Beschleunigung. Der PCI Bus ist die begrenzende Größe des Designs. Dies ist erkennbar an der Simulation mit PCIx, bei welcher eine Beschleunigung um einen Faktor von ca. 3 erreicht werden konnte. Die in Tabelle 4.1 dargestellten Rechenzeiten steigen annähernd linear mit der

Anzahl der Bildpunkte an, daher lässt sich die Beschleunigung mit einem Faktor von ca. 3 für beliebige Bildgrößen abschätzen.

Bei der Realisierung ohne FPGA und mit FPGA wurde eine identische Filterstruktur und ein identisches Fließkomma Format verwendet. Daher ergeben sich identische Filterantworten bei beiden Realisierungen. Die Auswertung der Filterantworten erfolgt auch mit FPGA auf dem Rechner, weshalb sich identische Auswerteergebnisse und somit identische Erkennungsgüten ergeben.

4.3.3 Schlussfolgerungen

Wie in Unterabschnitt 4.3.2 gezeigt, konnte nur eine geschätzte Beschleunigung um einen Faktor von 3 erreicht werden, was die zusätzlichen Kosten der FPGA Karte kaum rechtfertigen. Jedoch lässt sich die geringe Beschleunigung auf die eingeschränkte Hardware zurückführen. Die gewonnenen Erkenntnisse über die begrenzenden Parameter erlauben die Definition einer angepassten Hardware und der damit erzielbaren Beschleunigung.

Eine Beschleunigung der Merkmalsextraktion kann durch die Parallelisierung der Zeilen- und Spaltenfilterung erfolgen. Dazu ist jedoch eine neue Hardwarekonfiguration, bestehend aus einem größeren FPGA und einem schnelleren DDR-RAM oder mehreren DDR-RAMs, notwendig. Bei einer Implementierung von zwei kompletten Filterblöcken werden ca. 100.000 Logikelemente benötigt, was moderne High-End FPGAs bereits besitzen. Da die Spaltenfilterung ein komplettes Ergebnisbild aus der Zeilenfilterung erwartet, ist ein großer Doppelpufferbetrieb notwendig. Mittlerweile stehen DDR-RAM Module mit höherer Taktrate zur Verfügung, wodurch der Doppelpufferbetrieb mit ausreichender Geschwindigkeit in einem DDR-RAM Modul denkbar ist. Mit Sicherheit ist ein Betrieb mit zwei DDR-RAM Modulen möglich. Um die Lesezugriffe auf den PCI Bus zu minimieren, kann das Eingangsbild ebenfalls in einem DDR-RAM abgelegt werden. Ob hierzu ein weiterer DDR-RAM benötigt wird, hängt vom verwendeten DDR-RAM ab.

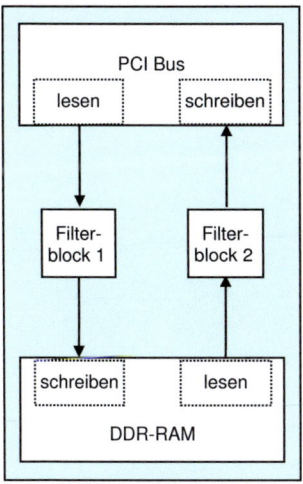

Abbildung 4.8:   Filterung auf angepasster Hardware

Abbildung 4.8 zeigt das Konzept einer Realisierung auf angepasster Hardware. Die Verzögerung durch abwechselnde Zeilen- und Spaltenfilterung bei mehreren Filterkernen wird dadurch vermieden.

Mittels PCIe kann ein maximaler Datendurchsatz beim Senden von 8 GBit/s erzielt werden, welcher unter Vernachlässigung anderer begrenzender Parameter zu einer Verdopplung gegenüber PCIx mit einem Datendurchsatz von 4 GBit/s führen kann. Insgesamt ist folglich eine Beschleunigung um den Faktor 6 möglich. Die Geschwindigkeit wird dabei durch das Schreiben auf den PCI Bus gebremst. Bei Übertragung von Real- und Imaginärteil benötigt ein komplexer Ergebniswert 64 Bit, somit kann der FPGA bei einem Datendurchsatz von 8 GBit/s mit maximal 125MHz getaktet werden. Der Filterblock kann auf der verwendeten Hardware mit 150MHz getaktet werden. Auf einem aktuellen FPGA sind noch höhere Taktraten zu erwarten.

Sollen die höheren Taktraten verwendet werden, ist eine Verlagerung der reinen Merkmalsextraktion durch die dabei entstehende große Datenmenge ein ungenügender Ansatz. Zwei Möglichkeiten bestehen, um die Datenmenge zu reduzieren. Zum einen kann die Auswertung des diskreten Merkmalsbereichs ebenfalls in einen FPGA verlagert werden. Somit sind nur die Ergebnisse und nicht alle Daten der Merkmalsextraktion zu übertragen und die Geschwindigkeit der PCI Schnittstelle spielt kaum noch eine Rolle. Die Implementierung der Auswertung des diskreten Merkmalsbereichs scheint sehr aufwändig, da die in Abschnitt 3.6 als am besten geeignete Auswertung sich aus mehreren komplexen Algorithmen und somit aufwändigen Strukturen zusammensetzt. Eine weitere Möglichkeit die Datenmenge zu reduzieren, besteht darin, die Merkmale ungeeigneter Umgebungen auszufiltern. So sind zum Beispiel die Merkmale von Umgebungen, die einen nahezu konstanten Grauwert aufweisen ungeeignet, da hier keine genaue Lokalisierung möglich ist. Eine Untersuchung zur Bestimmung geeigneter Punkte auf Basis des diskreten Merkmalsbereichs wird in Kapitel 6 untersucht. Die Auswertung ist ohne weiteres zu realisieren und stellt daher einen gangbaren Weg dar.

5 Neue Methoden zur effektiven Farbbildauswertung mittels Gaborfiltern

Die Auswertung von Farbbildern ermöglicht eine Verbesserung der Objekterkennung und Objektlokalisierung, da Farbbilder mehr Information einer Bildszene erfassen als Grauwertbilder. Die Informationen von Farbbildern werden in Farbkanälen bereitgestellt. So setzt sich zum Beispiel ein RGB Bild aus den drei Farbkanälen Rot, Grün und Blau zusammen.

Im Bereich der Texturanalyse existieren bereits Arbeiten, welche Gaborfilter zur Auswertung von Farbbildern verwenden [81]; [82]. In diesen Arbeiten werden die einzelnen Farbkanäle des Bildes mit den Gaborkernen gefiltert und die Ergebnisse weiterverarbeitet. Durch die Filterung der einzelnen Farbkanäle entsteht gegenüber der Auswertung von Grauwertbildern der Nachteil, dass ein mehrfacher Aufwand in die Merkmalsextraktion und Datenauswertung zu investierten ist.

In diesem Kapitel wird eine neue Methode zur effektiven Farbbildauswertung mittels Gaborfiltern vorgestellt. Um eine Farbauswertung mit nur gering erhöhtem Rechenaufwand zu realisieren, kann die Eigenschaft des Gaborfilters komplexe Signale zu verarbeiten, verwendet werden. Der verwendete Algorithmus zur Gaborfilterung ist auch für komplexe Eingangssignale ausgelegt, was zur Auswertung von Farbbildern verwendet werden kann. Dazu muss aus den Farbkanälen des Farbbildes ein komplexes Eingangssignal erzeugt werden. Zur Erzeugung komplexer Signale aus Farbbildern wurde nicht nur das Standardverfahren der Chromatizität [83] verwendet, sondern es wurde auch ein neues Verfahren basierend auf minimalem Informationsverlust mittels Hauptachsentransformation [84], [85] entwickelt und implementiert.

Im Folgenden wird eine Einführung in die existierenden Farbordnungssysteme gegeben und es werden Verfahren vorgestellt, welche die Erzeugung komplexer Werte aus den Farbkanälen erlauben. Im Anschluss erfolgt ein Vergleich über die Erkennungsfähigkeiten der einzelnen Verfahren.

5.1 Farbordnungssysteme

Farbordnungssysteme, auch Farbmodelle genannt, beschreiben Farben und die Zusammenhänge zwischen Farbtönen. Der Farbraum eines Farbmodells entspricht der Menge aller Farben, die mit diesem Farbmodell erzeugbar sind. Die optische Wahrnehmung des Menschen erfolgt durch Sinneszellen auf der Netzhaut. Es werden zwei Grundtypen von Sinneszellen unterschieden. Die Stäbchen dienen der Wahrnehmung des Schwarz/Weiß-Kontrastes und die Zapfen ermöglichen die Farbwahrnehmung. Die Zapfen sind in drei Ausprägungen vorhanden, welche sich anhand ihres Empfindlichkeitsmaximums im

Spektrum des Lichts unterscheiden. In ihrem jeweiligen Empfindlichkeitsmaximum nimmt der Mensch die Grundfarben Rot, Grün und Blau wahr. Die in Computersystemen verwendeten Farbmodelle decken nur einen Teil des möglichen Farbraums ab, erlauben hierfür aber einen effektiven Umgang.

5.1.1 Grundfarben basierte Farbräume

Farbräume auf der Basis von Grundfarben entstehen durch additive oder subtraktive Mischung festgelegter Grundfarben. Bei der additiven Mischung addieren sich die Spektren der Grundfarben, wogegen bei der subtraktiven Mischung die Spektren gefiltert werden. Die bekanntesten Farbräume auf der Basis von Grundfarben sind der RGB-Farbraum (Additiv) und der CMY-Farbraum (Subtraktiv). Als Grundfarben werden Rot, Grün, Blau (RGB) bzw. Cyan, Magenta, Gelb (CMY) verwendet.

Abbildung 5.1:   Farbmischung RGB und CMY

Die RGB/CMY Farbräume lassen sich als dreidimensionale orthogonale Farbräume darstellen, in welchen die Dimensionen durch die Grundfarben entstehen.

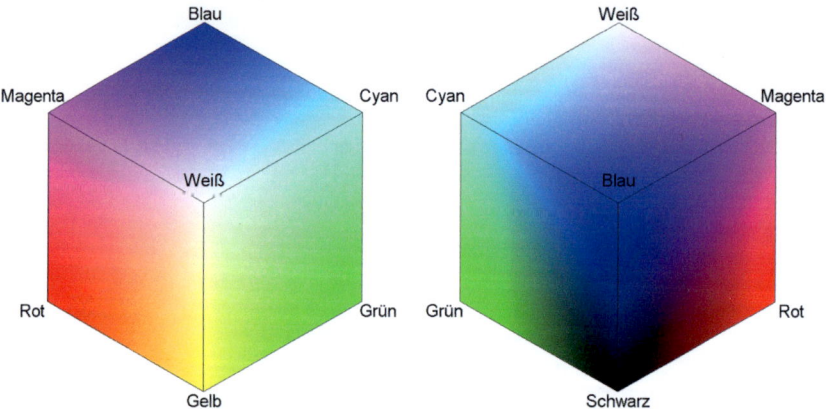

Abbildung 5.2:   Zwei Ansichten des RGB/CMY Farbwürfels

Es existieren weitere Farbräume (z.b.: YIQ, YUV) welche durch lineare Transformationen ineinander umgerechnet werden können. Als einfache Beispiele hierzu sind in Gleichung (5.1) eine Transformation von CMY nach RGB und von RGB nach YIQ angegeben.

$$\begin{bmatrix} R \\ G \\ B \end{bmatrix} = \begin{bmatrix} -1 & 0 & 0 \\ 0 & -1 & 0 \\ 0 & 0 & -1 \end{bmatrix} \cdot \begin{bmatrix} C \\ M \\ Y \end{bmatrix} + \begin{bmatrix} 1 \\ 1 \\ 1 \end{bmatrix} \qquad \begin{bmatrix} Y \\ I \\ Q \end{bmatrix} = \begin{bmatrix} 0.3 & 0.59 & 0.11 \\ 0.6 & -0.28 & -0.32 \\ 0.21 & -0.52 & 0.31 \end{bmatrix} \cdot \begin{bmatrix} R \\ G \\ B \end{bmatrix} \qquad (5.1)$$

Die Entstehung der unterschiedlichen Grundfarben basierte Farbräume geht auf die verschiedenen technischen Möglichkeiten bei der Darstellung von Farben zurück, z.b. basiert die Darstellung am Computerdisplay auf dem RGB-Farbraum und beim Offsetdruck auf dem CMY-Farbraum.

Die Farbräume auf der Basis von Grundfarben weisen den Nachteil auf, dass sie perzeptuell nichtlinear sind. Dies bedeutet, dass identische Abstände im Farbraum vom Betrachter als ungleich wahrgenommen werden.

5.1.2 Perzeptuelle Farbräume

Im Gegensatz zu den Grundfarben basierten Farbräumen sind die perzeptuellen Farbräume perzeptuell linear und folglich an die Wahrnehmung des Menschen angepasst. Perzeptuell linear bedeutet, dass identische Abstände im Farbraum vom Menschen auch als identische Abstände wahrgenommen werden. Beschrieben werden perzeptuelle Farbmodelle durch Farbton (Hue), Helligkeit (Intensity, Value, Brightness) und Sättigung (Saturation). Die Namen der perzeptuellen Farbräume setzen sich aus den Anfangsbuchstaben der englischen Bezeichnungen zusammen. So setzt sich der HSV Farbraum aus hue, saturation und value zusammen.

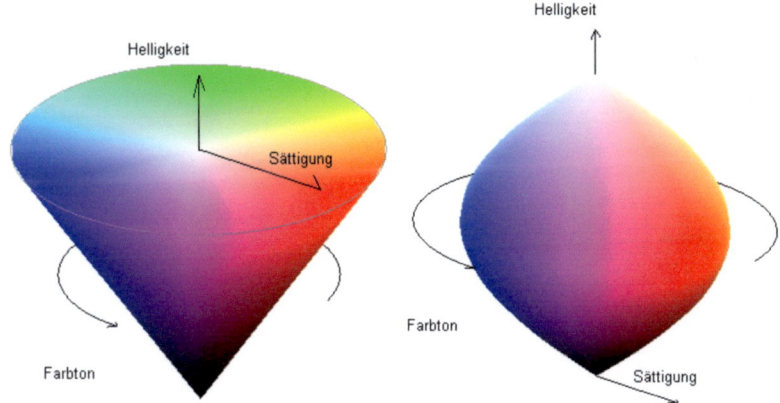

Abbildung 5.3:   HSV/HSB und HSI/HLS Farbräume

Perzeptuelle Farbräume erlauben eine intuitive Farbauswahl, da zuerst mittels Farbton und Sättigung die Farbe bestimmbar ist und danach die Helligkeit der Farbe getrennt festgelegt werden kann. Wie in Abbildung 5.3 erkennbar, basieren perzeptuelle Farbräume auf zylindrischen Koordinaten.

Es sind mehrere Farbräume definiert, welche auf dem Prinzip des perzeptuellen Farbraums basieren. Hierzu gehören das HSI und das HSV Modell.

5.2 Verfahren zur Nutzung von Farbinformationen

Die verwendete Gaborfilterung ist für komplexe Eingangssignale ausgelegt. Bisher wurde das Grauwertbild als Realteil betrachtet und der Imaginärteil auf Null gesetzt. Zur effektiven Auswertung von Farbbildern soll untersucht werden, wie sich Farbinformationen in ein komplexes Ortssignal, welches zur Gaborfilterung geeignet ist, umwandeln lassen. Die Verwendung von Farbinformationen wirft ein Problem auf. Die Farbräume von Farbbildern umfassen im Allgemeinen zumindest drei Dimensionen. Eine Reduzierung auf zwei Dimensionen ist daher mit Informationsverlust behaftet. Um den Informationsverlust in Bezug auf die für die Auswertung benötigten Informationen zu minimieren, bieten sich verschiedene Verfahren an. Es wurden ein auf Chromatizität basierender Farbraum und eine auf der Minimierung des Informationsverlustes basierende Dimensionsreduktion mittels Hauptachsentransformation untersucht.

5.2.1 Farbraum basierend auf der Chromatizität

Farbräume basierend auf der Chromatizität werden im Bereich der inhaltsbasierten Bildsuche (Content-Based Image Retrieval) [86], [87] eingesetzt. Die Chromatizität (Chromaticity) auch als Chrominanz bezeichnet, ist eine zusammenfassende Angabe über Farbton und Sättigung. Der Farbraum basierend auf der Chromatizität setzt sich aus zwei Dimensionen zusammen und kann durch Verhältnisbildung aus dem RGB-Farbraum berechnet werden.

Die grundlegende Idee dieses Farbraums ist es, den Informationsverlust auf Informationen zu begrenzen, welche sich nicht als Merkmale eignen. Wegen der starken Beleuchtungs-abhängigkeit wird die Helligkeitsinformation als ungeeignete Information angesehen [83].

Eine einfache Berechnung der Farbwerte r (normiertes Rot) und g (normiertes Grün) des chromatischen Farbraums ist auf der Grundlage des RGB-Farbraums möglich. Hierfür gilt [83]:

$$\begin{bmatrix} r \\ g \end{bmatrix} = \frac{1}{R+G+B} \cdot \begin{bmatrix} 1 & 0 \\ 0 & 1 \end{bmatrix} \cdot \begin{bmatrix} R \\ G \end{bmatrix} \tag{5.2}$$

Für die RGB Farbwerte eines Bildpunktes gilt, dass der rote Farbwert mit R, der grüne Farbwert mit G und der blaue Farbwert mit B abgekürzt wird.

In [88] und [89] lieferten bei der Texturanalyse die Merkmale basierend auf perzeptuellen Farbräumen bessere Ergebnisse als die grundfarbenbasierten Farbräume. Nach [90] lässt sich auch aus den perzeptuellen Farbmodellen ein chromatischer Farbraum erzeugen. Dazu werden die polaren Koordinaten von Farbton (H) und Sättigung (S) in kartesische Koordinaten umgerechnet.

$$\begin{bmatrix} r \\ g \end{bmatrix} = \begin{bmatrix} \mathrm{Re}(S \cdot e^{jH}) \\ \mathrm{Im}(S \cdot e^{jH}) \end{bmatrix} = \begin{bmatrix} S \cdot \cos(H) \\ S \cdot \sin(H) \end{bmatrix} \tag{5.3}$$

Da das verwendete Bildmaterial im RGB Format vorliegt, ist noch eine Umrechnung von RGB nach HSV notwendig. Für die Umrechnung gelten dabei die Bedingungen [91]:

$$0 \leq R, G, B \leq 1$$

$$MAX = \max(R, G, B) \qquad MIN = \min(R, G, B)$$

$$H = \begin{cases} \left(0 + \dfrac{G-B}{MAX-MIN}\right) \cdot \dfrac{\pi}{3} & \text{für} \quad R = MAX \\[2mm] \left(2 + \dfrac{B-R}{MAX-MIN}\right) \cdot \dfrac{\pi}{3} & \text{für} \quad G = MAX \\[2mm] \left(4 + \dfrac{R-G}{MAX-MIN}\right) \cdot \dfrac{\pi}{3} & \text{für} \quad B = MAX \end{cases}$$

$$S = \begin{cases} \dfrac{MAX-MIN}{MAX} \cdot \dfrac{\pi}{3} & \text{für} \quad MAX \neq 0 \\[3mm] 0 & \text{für} \quad MAX = 0 \end{cases}$$

$$V = MAX \tag{5.4}$$

Die Wertebereiche der Farbkanäle der verwendeten Bilddaten sind nach Gleichung (5.5) festgelegt. Gegenüber dem in Gleichung (5.4) geforderten Wertebereich liegt eine Skalierung vor. Für die Auswertung werden nur die Werte von H und S benötigt. Die Werte von H und S gehen aus Verhältnisbildungen hervor und sind daher unabhängig von der Skalierung des Wertebereichs. Somit ist keine Anpassung des Wertebereichs notwendig.

$$0 \leq R, G, B \leq 255 \tag{5.5}$$

Ob die Entfernung der Helligkeitsinformation eine für das Verfahren geeignete Methode ist, lässt sich nicht ohne weiteres bestätigen. Die Ergebnisse in Abschnitt 3.6 zeigen, dass Objekte in Grauwertbild trotz Helligkeitsschwankungen erkennbar und lokalisierbar sind, obwohl Grauwertbilder nur die Helligkeitsinformation beinhalten.

5.2.2 Hauptachsentransformation zur Erzeugung eines zweidimensionalen Farbraums

Bei der Chromatizität wird eine feste Transformationsformel zur Dimensionsreduktion verwendet. Um eine an die Referenzumgebung angepasste Transformationsformel zur Dimensionsreduktion zu erhalten, wurde ein Verfahren basierend auf der Hauptachsentransformation verwendet.

Mittels Hauptachsentransformation lässt sich eine Dimensionsreduktion bei Minimierung des Informationsverlustes erreichen. Als Maß für den Informationsgehalt eines Datensatzes wird bei der Hauptachsentransformation die Varianz verwendet.

Zunächst folgt eine Einführung in die Hauptachsentransformation, um danach das neu entwickelte Verfahren zur Reduktion des Farbraums zu erläutern.

Hauptachsentransformation

Die Hauptachsentransformation (PCA) auch als Karhunen-Loéve-Transformation [92] bezeichnet, minimiert die Korrelation mehrdimensionaler Merkmale durch Überführung in einen Vektorraum mit neuer Basis.

Sind die Merkmale korreliert, führt die Minimierung der Korrelation dazu, dass Dimensionen des neuen Vektorraumes geringe oder keine Auswirkungen auf die Merkmale haben und somit eine lineare Merkmalsextraktion erlauben. Unter linearer Merkmalsextraktion wird eine lineare Projektion eines p dimensionalen Merkmalsraums auf einen q dimensionalen Raum mit $p>q$ verstanden.

Liegen n Datenpunkte eines Datensatzes mit jeweils einer Anzahl von p Variablen vor, lassen sich die Datenpunkte mittels einer $n \cdot p$ Matrix $\mathbf{X}$ darstellen. Die Variablen oder auch Merkmale lassen sich als Dimensionen eines Merkmalsraumes auffassen. Für die weitere Betrachtung sind die Mittelwerte der Spaltenvektoren $\mathbf{x}_1$ bis $\mathbf{x}_p$ auf 0 zu normieren.

$$\mathbf{X} = \begin{bmatrix} \mathbf{x}_1 & \mathbf{x}_2 & \cdots & \mathbf{x}_p \end{bmatrix} = \begin{bmatrix} x_{11} & x_{12} & \cdots & x_{1p} \\ x_{21} & x_{22} & & \vdots \\ \vdots & & \ddots & \vdots \\ x_{n1} & \cdots & \cdots & x_{np} \end{bmatrix} \tag{5.6}$$

Zur weiteren Untersuchung wird die Kovarianz verwendet. Sie liefert Informationen über den Zusammenhang zweier Variablen.

Die Kovarianz zweier Variablen $\mathbf{x}_1$ und $\mathbf{x}_2$ ist definiert als

$$\text{cov}_{\mathbf{x}_1\mathbf{x}_2} = \frac{1}{n-1}\sum_{i=1}^{n}\left(x_{1i}-xm_1\right)\left(x_{2i}-xm_2\right) \quad \text{mit} \quad xm_j = \frac{1}{n}\sum_{i=1}^{n}x_{ji} \tag{5.7}$$

Um alle Kovarianzen einer Menge von Variablen darzustellen, wird eine Kovarianzmatrix gebildet. Durch die Kombination aller Variablen untereinander ist die Kovarianzmatrix immer symmetrisch und besitzt die Größe $p \cdot p$.

$$\mathbf{S} = \begin{bmatrix} \text{cov}_{\mathbf{x}_1\mathbf{x}_1} & \text{cov}_{\mathbf{x}_1\mathbf{x}_2} & \cdots & \text{cov}_{\mathbf{x}_1\mathbf{x}_p} \\ \text{cov}_{\mathbf{x}_2\mathbf{x}_1} & \text{cov}_{\mathbf{x}_2\mathbf{x}_2} & & \vdots \\ \vdots & & \ddots & \vdots \\ \text{cov}_{\mathbf{x}_p\mathbf{x}_1} & \cdots & \cdots & \text{cov}_{\mathbf{x}_p\mathbf{x}_p} \end{bmatrix} \tag{5.8}$$

Durch den Ansatz

$$\mathbf{L} = \mathbf{T}^T\mathbf{S}\mathbf{T} \tag{5.9}$$

lassen sich die Eigenwertmatrix $\mathbf{L}$ und die Eigenvektormatrix $\mathbf{T}$ der Kovarianzmatrix bestimmen. Die Eigenwerte werden derart angeordnet, dass $\lambda_1>\lambda_2>...>\lambda_p$ gilt.

$$L = \begin{bmatrix} \lambda_1 & 0 & \cdots & 0 \\ 0 & \lambda_2 & & \vdots \\ \vdots & & \ddots & \vdots \\ 0 & \cdots & \cdots & \lambda_p \end{bmatrix} \qquad T = \begin{bmatrix} \varphi_1 & \varphi_2 & \cdots & \varphi_p \end{bmatrix} = \begin{bmatrix} \varphi_{11} & \varphi_{12} & \cdots & \varphi_{1p} \\ \varphi_{21} & \varphi_{22} & & \vdots \\ \vdots & & \ddots & \vdots \\ \varphi_{p1} & \cdots & \cdots & \varphi_{pp} \end{bmatrix} \qquad (5.10)$$

Die Eigenvektoren bilden eine orthogonale Basis zur Darstellung der Daten. Die Höhe des Wertes des zu einem Eigenvektor gehörenden Eigenwertes liefert ein Maß für die Varianz und folglich des Informationsgehaltes in Richtung des Eigenvektors. Die Eigenvektoren, welche die höchsten Eigenwerte besitzen, werden als Hauptkomponenten bezeichnet. Die Dimensionsreduktion erfolgt nun durch Transformation der Daten in einen Eigenraum, welcher durch einen Teil der Eigenvektoren aufgespannt wird.

Somit ergibt sich für die reduzierte Transformationsmatrix **R**

$$R = \begin{bmatrix} \varphi_1 & \varphi_2 & \cdots & \varphi_q \end{bmatrix} = \begin{bmatrix} \varphi_{11} & \varphi_{12} & \cdots & \varphi_{1q} \\ \varphi_{21} & \varphi_{22} & & \vdots \\ \vdots & & \ddots & \vdots \\ \varphi_{p1} & \cdots & \cdots & \varphi_{pq} \end{bmatrix} \quad \text{mit } q{<}p \qquad (5.11)$$

Der reduzierte Vektorraum entsteht durch Multiplikation des Datensatzes **X** mit der reduzierten Transformationsmatrix **R**.

$$X' = X \cdot R \qquad (5.12)$$

Der Verlust durch die Dimensionsreduktion lässt sich durch Vergleich der Eigenwerte der verwendeten und nicht verwendeten Eigenvektoren abschätzen. Eine weitere Möglichkeit der Fehlerbetrachtung bietet die Rücktransformation. Die Eigenvektormatrix **T** ist wie bereits erwähnt orthogonal. Daher gilt

$$T^{-1} = T^T \qquad (5.13)$$

Somit ergibt sich für die Rücktransformation.

$$\hat{X} = X' R^T \qquad (5.14)$$

Verfahren zur Reduzierung der Dimensionen des Farbraums

Die Bilddaten von Farbbildern basieren im Allgemeinen auf dem RGB-Farbraum. Eine lineare Transformation in andere Farbräume ist nicht sinnvoll, da sich identische Ergebnisse nach der Hauptachsentransformation ergeben würden.

Da die Hauptachsentransformation auf den Farbraum angewendet wird, spielen die Positionen der Bildpunkte keine Rolle. Somit lassen sich die Farbkanäle als Spaltenvektoren darstellen. Im Falle eines RGB Bildes ergeben sich die drei Spaltenvektoren x_R, x_G, x_B der Länge Bildbreite x Bildhöhe. Die Spaltenvektoren lassen sich zu der für die Berechnung der Hauptachsentransformation benötigten Eingangsdatenmatrix **X** zusammenfassen.

$$X = \begin{bmatrix} x_R & x_G & x_B \end{bmatrix} \qquad (5.15)$$

Die Hauptachsentransformation liefert eine reduzierte Transformationsmatrix, mit welcher nun jeder Bildpunkt transformiert werden kann. Danach kann mittels der inversen, reduzierten Transformationsmatrix die Rücktransformation in den RGB Raum erfolgen.

Zur Berechnung des reduzierten Farbraums ist nach Gleichung (5.12) eine Multiplikation der reduzierten Transformationsmatrix $\mathbf{R}$ mit den Eingangsdaten, also den Farbwerten der Bildpunkte, durchzuführen. Da ein dreidimensionaler Vektorraum in einen zwei-dimensionalen Vektorraum überführt werden soll, besitzt die Eingangsdatenmatrix $\mathbf{X}$ drei Spalten und die reduzierte Transformationsmatrix drei Zeilen und zwei Spalten. Zur Überführung eines Bildpunktes vom dreidimensionalen Farbraum in den zweidimensionalen Vektorraum sind daher nur 6 Multiplikationen und 6 Additionen durchzuführen. Die rechenintensive Bestimmung der reduzierten Transformationsmatrix erfolgt vorab anhand der Farbwerte der zu erkennenden Objekte und spielt daher für die Rechenzeit während der Objekterkennung und -lokalisierung keine Rolle.

Eigenwerte:

$\lambda_1 = 1509035648.0$
$\lambda_2 = 140703600.0$
$\lambda_3 = 14658462.0$

Abbildung 5.4:   Vergleich Originalbild Lena 512 x 512 Bildpunkte und Ergebnis der Rücktransformation

Abbildung 5.4 zeigt ein Beispiel für die Ergebnisse der hauptachsenbasierten Dimensions-reduktion eines RGB Bildes. Zur Veranschaulichung des Informationsverlusts wird das Originalbild mit dessen Rücktransformierten verglichen. Der Verlust durch die Dimensionsreduktion ist nur bei direktem Vergleich der Bilder möglich. Dass nur ein geringer Fehler entsteht, lässt sich auch an den berechneten Eigenwerten erkennen. Der Eigenwert des nicht verwendeten Eigenvektors liegt unter 1% bezogen auf die Gesamtsumme der Eigenwerte.

5.3 Anpassung der Auswertung

Die Bedingungen an das Gaborfilter aus Anhang B um zur Erzeugung eines Merkmals-bereichs für Rotation, Skalierung und Verschiebung verwendbar zu sein, gelten unabhängig davon, ob ein reelles oder komplexes Eingangssignal vorliegt. Somit ist keine weitere Anpassung der Merkmalsextraktion für komplexe Eingangssignale notwendig. Jedoch wurde beim Auswerteverfahren von reellen Eingangssignalen ausgegangen. Der Nachweis nach Gleichung (3.18), dass ein konjugiert komplexes Eingangssignal zu einem konjugiert komplexen Faltungsergebnis führt, gilt nur für die Faltung eines komplexen mit einem reellen Signal. Bei Faltung zweier komplexer Signale ergibt sich der Zusammenhang nach Gleichung (5.16).

$$E(\mathbf{x}) = E_R(\mathbf{x}) + j \cdot E_I(\mathbf{x})$$

$$h(\mathbf{x}) = h_R(\mathbf{x}) + j \cdot h_I(\mathbf{x}) \Rightarrow$$

$$M(\mathbf{x}) = (h^{**}E)(\mathbf{x}) = \int_{-\infty}^{\infty}\int_{-\infty}^{\infty} (h_R(\mathbf{x}-\boldsymbol{\tau}) + j \cdot h_I(\mathbf{x}-\boldsymbol{\tau})) \cdot E(\boldsymbol{\tau}) d\boldsymbol{\tau}$$

$$M(\mathbf{x}) = \int_{-\infty}^{\infty}\int_{-\infty}^{\infty} h_R(\mathbf{x}-\boldsymbol{\tau}) \cdot E(\boldsymbol{\tau}) d\boldsymbol{\tau} + j \cdot \int_{-\infty}^{\infty}\int_{-\infty}^{\infty} h_I(\mathbf{x}-\boldsymbol{\tau}) \cdot E(\boldsymbol{\tau}) d\boldsymbol{\tau} = (h_R^{**}E)(\mathbf{x}) + j \cdot (h_I^{**}E)(\mathbf{x})$$

$$M(\mathbf{x}) = ((h_R^{**}E_R)(\mathbf{x}) - (h_I^{**}E_I)(\mathbf{x})) + j \cdot ((h_I^{**}E_R)(\mathbf{x}) + (h_R^{**}E_I)(\mathbf{x})) \qquad (5.16)$$

Die Faltung ist distributiv, folglich ergibt sich für ein konjugiert komplexes Eingangssignal.

$$h^*(\mathbf{x}) = h_R(\mathbf{x}) - j \cdot h_I(\mathbf{x}) \Rightarrow$$
$$((h_R^{**}E_R)(\mathbf{x}) + (h_I^{**}E_I)(\mathbf{x})) + j \cdot (-(h_I^{**}E_R)(\mathbf{x}) + (h_R^{**}E_I)(\mathbf{x})) \neq M^*(\mathbf{x}) \qquad (5.17)$$

In Gleichung (5.17) ist erkennbar, dass die konjugiert komplexe Eigenschaft des Gaborfilters sich bei Faltung mit einem komplexen Signal nicht auf das Ausgangssignal überträgt. Um dieses Problem zu lösen, kann eine Betrachtung des Merkmalsraums von 0-2π durchgeführt werden. Hierdurch wird aber die Anzahl der Filterungen fast verdoppelt, wodurch kaum noch ein Gewinn gegenüber der Einzelfilterung der Farbkanäle auftritt.

Es besteht jedoch eine weitere Möglichkeit der Auswertung, indem nur die Referenzjetmatrix von 0 bis 2π abgetastet wird. Die Suchjetmatrix stellt dann einen Teil der Referenzjetmatrix dar und die Anzahl der zu prüfenden Verschiebungen wird gegenüber der Graubildauswertung fast verdoppelt. Durch die Beschleunigung der Kreuzkorrelation nach Unterabschnitt 3.6.2 und der Vorfilterung nach Kapitel 6 spielt der Aufwand der Verschiebungsschätzung kaum eine Rolle, weshalb der Mehraufwand in Kauf genommen werden kann.

5.4 Vergleich der Verfahren

Zum Vergleich der Verfahren wurde wiederum auf das Bildmaterial aus Unterabschnitt 3.7.1 zurückgegriffen. Im Einzelnen wurden die Tests 1,4,5,6 verwendet, da die Originalbilder dieser Tests als Farbbilder vorlagen. Um einen Vergleich mit der Grauwertauswertung zu erhalten, wurden deren Erkennungsgüten gegenübergestellt.

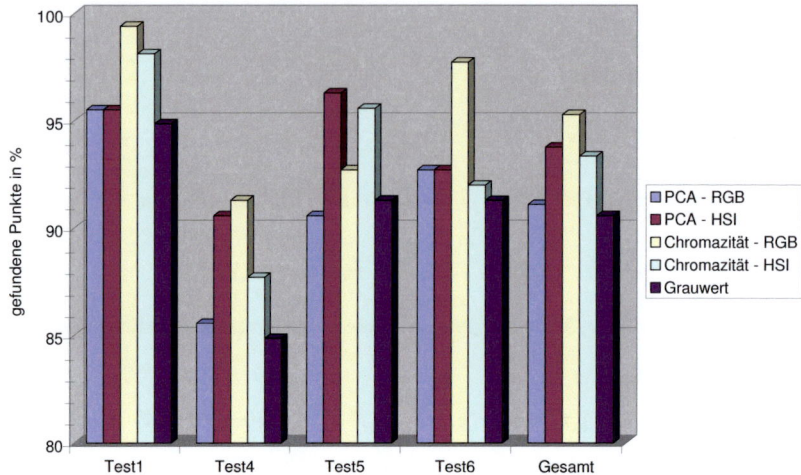

Abbildung 5.5:   Erkennungsfähigkeit der unterschiedlichen Verfahren

Wie in Abbildung 5.5 zu erkennen, lässt sich durch die Farbbildauswertung die
Erkennungsgüte steigern. Im Gesamtergebnis erzielte die Chromatizität basierend auf dem
RGB-Farbraum die besten Ergebnisse. Die Erkennungsgüte liegt dabei ca. 5% über der reinen
Grauwertbildbetrachtung. Bei Betrachtung der Ergebnisse der einzelnen Tests ist zu erkennen,
dass die Chromatizität basierend auf dem RGB-Farbraum nicht immer die besten Ergebnisse
liefert, daher ist die Festlegung der optimalen Farbbildauswertung von der Aufgabenstellung
abhängig.

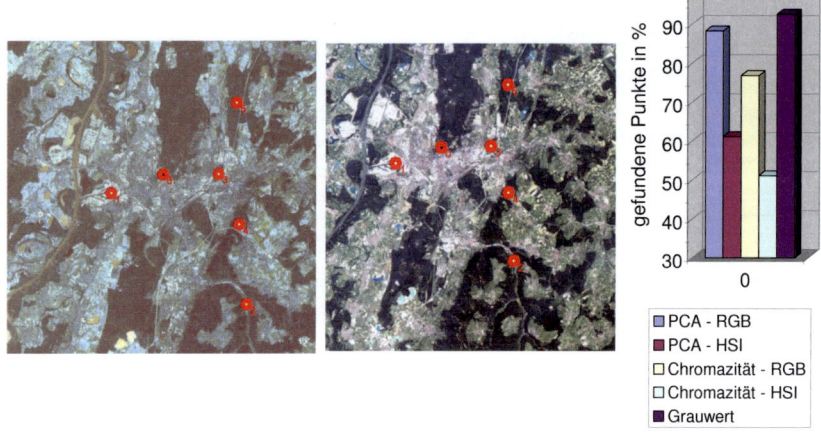

Abbildung 5.6:   Farbbilder und Auswertung zu Test 3

In der Abbildung 5.5 wurde Test 3 nicht berücksichtigt. Da wie in Abbildung 5.6 zu erkennen, bei diesem Test die Farbinformationen durch die unterschiedlichen Jahreszeiten und Sensoren der Aufnahmen stark abweichen, wurde eine getrennte Untersuchung durchgeführt. Bei Vergleich der Bilddaten aus Abbildung 5.6 mit den Bilddaten in Abbildung 3.20 aus Unterabschnitt 3.7.1 ist zu erkennen, dass die Farbabweichungen zwischen den Bilddaten nur bedingt auf die Grauwertdaten auswirken. Dies führt dazu, dass die reine Grauwertauswertung die besten Ergebnisse liefert.

Ausgehend von der Eigenschaft der verwendeten Merkmalsextraktion komplexe Signale effizient zu verarbeiten, wurden in diesem Kapitel Methoden vorgestellt, um Farbbilder in ein geeignetes komplexes Format zu überführen und die Auswirkung auf die Umgebungs- erkennung miteinander zu vergleichen. Zusammenfassend lässt sich sagen, dass mittels Farbbildauswertung die Erkennungsgüte um ca. 5% gesteigert werden kann, falls aussagekräftige Farbinformationen vorliegen beziehungsweise durch Zusatzkenntnisse gewonnen werden können.

6   Neue Verfahren zur maschinellen Ermittlung von signifikanten Umgebungen

Für die Objekterkennung auf Basis lokaler Umgebungen sind Bereiche, welche trotz Störungen zu erkennen sind, von essenzieller Bedeutung. Daher werden solche Bereiche als signifikante Umgebungen angesehen. Zur Bestimmung signifikante Umgebungen werden Störungen durch Rotation, Skalierung und Rauschen betrachtet.

Da die Jetmatrizen eine Beschreibung der lokalen Umgebungen darstellen und das entwickelte Verfahren zur Objekterkennung deren Bestimmung voraussetzt, soll untersucht werden, ob sich die geeigneten Umgebungen anhand dieser Jetmatrizen festlegen lassen.

Die maschinelle Ermittlung von signifikanten Umgebungen ermöglicht eine Beschleunigung der Objekterkennung durch Vorselektierung der Umgebungen im Suchbild, wodurch nur noch die selektierten Umgebungen des Suchbildes beim Umgebungsvergleich zu betrachten sind. Des Weiteren ermöglicht die Vorselektierung eine Unterstützung des Anwenders bei der Festlegung der für die Objekterkennung zu verwendeten Umgebungen. Das Verfahren zur maschinellen Ermittlung signifikanter Umgebungen muss dazu zwei Bedingungen erfüllen:

- Es müssen Umgebungen selektiert werden, welche für die Objekterkennung geeignet sind und

- die Vorselektierung muss invariant oder zumindest robust gegenüber

    o   Rotation,

    o   Skalierung und

    o   Rauschen sein.

Zur Erfüllung dieser Bedingungen werden zunächst Kriterien bestimmt, anhand welcher für die Objekterkennung geeignete Umgebungen bestimmbar sind. Zum Nachweis der Störunempfindlichkeit der Vorselektierung werden die Auswirkungen von Rotation, Skalierung und Rauschen auf die Vorselektierung untersucht und mit dem Verfahren von Lowe verglichen [31].

6.1   Signifikante Umgebungen

Es existiert keine allgemein gültige Definition für die Signifikanz einer Umgebung. Angepasst an die Aufgabenstellung, kann eine Umgebung als signifikant bezeichnet werden, falls die Umgebung trotz Rotation, Skalierung und Rauschen sicher lokalisierbar ist. Anhand dieser Beschreibung lässt sich ein Test zur Bestimmung der Signifikanz definieren.

Durch Rotation, Skalierung und Überlagerung mit normalverteiltem mittelwertfreiem Rauschen werden aus einem Referenzbild mehrere Testbilder erzeugt. Anhand der Jetmatrix der Umgebung jedes Bildpunktes im Referenzbild wird bestimmt, in welchen Testbildern die Umgebung des Bildpunktes korrekt lokalisiert wurde. Die Anzahl der korrekten Lokalisierungen wird nun als Maß für die Signifikanz angesehen. Wird die Anzahl der korrekten Lokalisierungen über den Positionen der zugehörigen Bildpunkte aufgetragen, ergibt sich eine Signifikanzkarte. Anhand solcher Signifikanzkarten lassen sich die signifikanten Umgebungen veranschaulichen.

 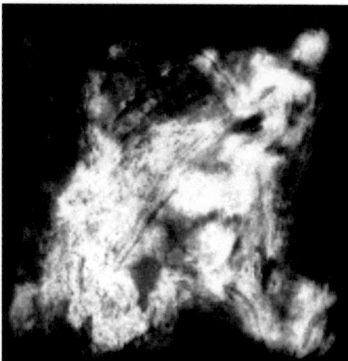

Abbildung 6.1: Referenzbild und zugehörige Signifikanzkarte

Das Beispiel einer Signifikanzkarte ist in Abbildung 6.1 dargestellt. Je mehr korrekte Lokalisierungen mit einer Umgebung erreicht wurden, desto höher ist deren Grauwert. Zur Erzeugung dieser Signifikanzkarte wurde das Referenzbild zwischen 0 bis 360° rotiert, im Bereich von 0.25 bis 1.00 skaliert und mit einem additivem normalverteiltem mittelwertfreiem Rauschen mit $\sigma = \in [0, 20]$ überlagert.

Anhand der Signifikanzkarte in Abbildung 6.1 lassen sich Kategorien von Bereichen erkennen, welche für die Umgebungslokalisierung ungeeignet sind. Bereiche entlang Kanten und Bereiche, welche sich hauptsächlich aus niedrigen Ortsfrequenzen zusammensetzen, liefern kleine Werte in der Signifikanzkarte und sind somit ungeeignet zur Umgebungslokalisierung.

Da entlang der Kanten und innerhalb eines Bereiches mit hauptsächlich niedrigen Ortsfrequenzen, die Umgebungen kaum zu unterscheiden sind, führen die durch Rotation, Skalierung und Rauschen entstehenden Störungen zum Versagen der Lokalisierung. Dies ist in Abbildung 6.2 verdeutlicht. Bereits ohne Störungen fällt dem Mensch die genaue Lokalisierung der beiden Umgebungen schwer.

Abbildung 6.2:   Referenzbild und zwei Umgebungen mit geringer Signifikanz

6.2 Erkennung signifikanter Umgebungen

Die Erkennung signifikanter Punkte erfolgt durch Ausschluss von Punkten mit geringer Signifikanz. In Abschnitt 6.1 wurde erläutert, dass Bereiche mit niedrigen Ortsfrequenzen und Bereiche entlang Kanten ungeeignet sind für die Umgebungslokalisierung. Um solche Bereiche anhand der Jetmatrix ausschließen zu können, wurden deren Jetmatrizen betrachtet.

Abbildung 6.3:   Umgebungen und deren Betrags-Jetmatrizen

In Abbildung 6.3 ist zu erkennen, dass sich die Betrags-Jetmatrizen der Bereiche stark unterscheiden. Bei der Betrags-Jetmatrix der Kante (Bereich 1) ist erkennbar, dass einige benachbarte Spalten weitaus höhere Werte aufweisen als der Rest der Matrix. Dies entsteht dadurch, dass durch die Kante vermehrt Ortsfrequenzen mit einem zum Kantenverlauf um 90° gedrehtem Winkel auftreten. Der zweite Bereich weist einen glatten Grauwertverlauf auf, was einem niederfrequenten Ortssignal entspricht. Wie in Abbildung 3.8 aus Abschnitt 3.4 erkennbar, werden niedrige Ortsfrequenzbereiche bei der Merkmalsextraktion kaum erfasst, wodurch die Betrags-Jetmatrix nur kleine Werte aufweist. Der dritte Bereich aus Abbildung 6.3 stellte eine signifikante Umgebung dar. Die Werte der Jetmatrix sind zufällig verteilt, auch bei Vergleich mit Betrags-Jetmatrizen ist keine wiederkehrende Struktur zu erkennen.

Aufbauend auf diesen Erkenntnissen wurden verschiedene einfache Kriterien auf die Jetmatrix angewendet, um signifikante Punkte zu bestimmen. Zur Auswertung wurden die Mittelwerte über Ortsfrequenzvariationen betrachtet, da durch die Mittelwertbildung die Anzahl der Zeilen der Jetmatrizen auf eine Zeile reduziert wird, wodurch sich der weitere Rechenaufwand verringert und gleichzeitig noch eine Unterscheidung der Bereiche 1 - 3 anhand der Jetmatrizen möglich ist. Auf Basis der Mittelwerte über Ortsfrequenzvariationen wurden verschiedene Kriterien wie Mittelwert, Varianz, Minimalwert, Maximalwert, Median und Verteilung getestet. Es zeigte sich, dass mit einfacher Betrachtung von Minimalwerten, Maximalwerten und des Mittelwertes eine schnelle Auswertung erreicht werden konnte [93]. In Gleichung (6.1) ist dass empirisch ermittelte Kriterium $Q(\mathbf{x})$ dargestellt.

$$Mean(\mathbf{x}) = \frac{\sum\limits_{n=1}^{N}\sum\limits_{k=1}^{M}\left|\mathbf{J}(\mathbf{x})_{k,n}\right|}{N \cdot M}$$

$$Q(\mathbf{x}) = \frac{\min\left(\left\{\sum\limits_{k=1}^{M}\left|\mathbf{J}(\mathbf{x})_{k,1}\right|, \sum\limits_{k=1}^{M}\left|\mathbf{J}(\mathbf{x})_{k,2}\right|, \ldots, \sum\limits_{k=1}^{M}\left|\mathbf{J}(\mathbf{x})_{k,N}\right|\right\}\right)}{\max\left(\left\{\sum\limits_{k=1}^{M}\left|\mathbf{J}(\mathbf{x})_{k,1}\right|, \sum\limits_{k=1}^{M}\left|\mathbf{J}(\mathbf{x})_{k,2}\right|, \ldots, \sum\limits_{k=1}^{M}\left|\mathbf{J}(\mathbf{x})_{k,N}\right|\right\}\right)} \cdot \sqrt{Mean(\mathbf{x})}$$

$$(6.1)$$

Das Gütekriterium nach Gleichung (6.1) setzt sich aus einer Multiplikation zweier Terme zusammen. Der erste Term dient zum Unterdrücken der Bereiche entlang Kanten. Entlang Kanten ist das Minimum sehr klein und das Maximum sehr groß, folglich kann durch die Division eine Unterdrückung erreicht werden. Zur Unterdrückung der Bereiche mit glattem Grauwertverlauf dient der zweite Term. Der zweite Term entspricht der Wurzel des Mittelwerts der Betrags-Jetmatrix. Bereiche mit glattem Grauwertverlauf weisen einen sehr kleinen Mittelwert auf und lassen sich dadurch unterdrücken. Um als signifikanter Punkt erkannt zu werden, müssen die zugehörigen Werte von $Mean(\mathbf{x})$ und $Q(\mathbf{x})$ über vorgegebenen Schwellen liegen. Die Festlegung der Schwellen hängt von dem zu untersuchenden Bildmaterial ab und ist experimentell so festzulegen, dass die extrahierten signifikanten Umgebungen in den hellen Bereichen der Signifikantskarte liegen (vgl. Abbildung 6.4). Die Festlegung der signifikanten Punkte auf Basis der Gleichung (6.1) wird im Weiteren als Jetmatrix-Verfahren bezeichnet.

Zur robusten Erkennung signifikanter Umgebungen gilt die skalierungsinvariante Merkmalstransformation (Scale Invariant Feature Transform, SIFT) von Lowe [31] als Stand der Technik. Für die vorliegende Aufgabenstellung ist jedoch gefordert, dass die detektierten Umgebungen eine hohe Erkennungsgüte mit dem verwendeten Verfahren besitzen. In Abbildung 6.4 sind Ergebnisse des SIFT-Verfahrens und des Jetmatrix-Verfahrens gegenübergestellt. Die mittels Auswertung der Jetmatrix ermittelten Punkte sind geeigneter als die vom SIFT Verfahren ermittelten.

a

b

c

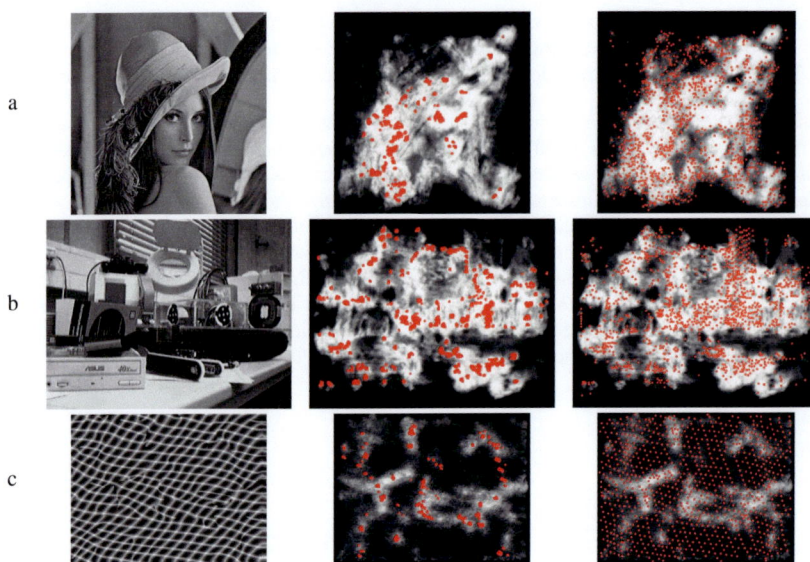

Abbildung 6.4:   Referenzbilder (links), zugehörige Signifikanzkarte mit überlagerten
                 Signifikanzpunkten ermittelt mit dem Jetmatrix-Verfahren(Mitte) und
                 zugehörige Signifikanzkarte mit überlagerten Signifikanzpunkten ermittelt
                 mit dem Lowe-Verfahren (rechts)

Zum Vergleich der Verfahren wurde die Auswirkung von Rotierung, Skalierung und
Rauschen auf die ermittelten Signifikanzpunkte beim SIFT Verfahrens und beim Jetmatrix-
Verfahrens untersucht. Dazu wurden zwei Kennzahlen für verschiedene Werte von Rotation,
Skalierung und Rauschen ermittelt.

Der Prozentsatz zwischen gleich bleibenden Signifikanzpunkten zu maximal vorkommenden
gleich bleibenden Signifikanzpunkten gibt Auskunft, wie robust die Positionen der
Signifikanzpunkte erkannt werden. Dies lässt sich an einem Beispiel erläutern. Ohne
Rauschen wurden beim SIFT Verfahren im Durchschnitt 1265 Signifikanzpunkte detektiert,
bei einem normalverteiltem Rauschen von σ=10 stieg der Durchschnittswert auf 1568 an,
wobei durchschnittlich 936 Signifikanzpunkte identische Positionen in beiden Bildern
behielten. Es ergibt sich eine Robustheitsgüte von 936/1265*100%, da die kleinere Anzahl
von Signifikanzpunkten die Anzahl der maximal vorkommenden gleich bleibenden
Signifikanzpunkte angibt. Diese Kennzahl ist aber nicht ausreichend, da sie keine Information
über die Änderung der Anzahl der gefundenen Signifikanzpunkte beinhaltet. Daher wird die
Anzahl der gefundenen Signifikanzpunkte im Suchbild als zusätzliche Kennzahl angegeben.

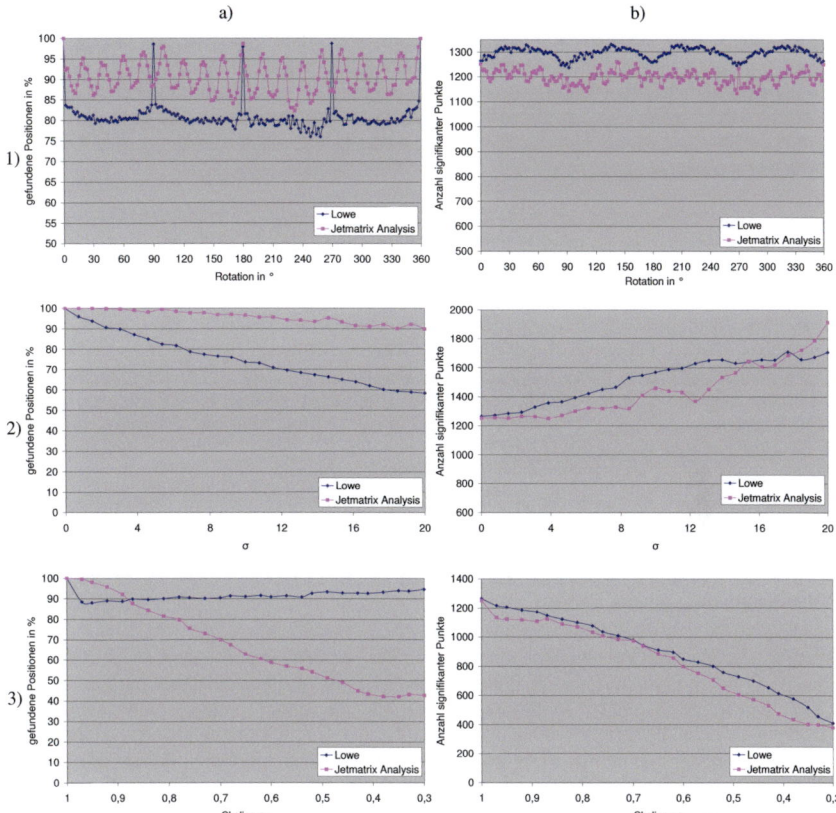

Abbildung 6.5:   Vergleich der Leistungsfähigkeit des Lowe-Verfahrens und des Jetmatrix-
Verfahrens bei Rotation, Rauschen und Skalierung

In Abbildung 6.5 sind die beiden Kennzahlen aufgetragen. In Spalte a) ist der Prozentsatz zwischen gleich bleibenden Signifikanzpunkten zu maximal vorkommenden gleich bleibenden Signifikanzpunkten und in b) ist die Anzahl der gefundenen Signifikanzpunkte dargestellt. In den Zeilen der Abbildung sind die Ergebnisse für Rotation 1), Rauschen 2) und Skalierung 3) gegeben. Die Schwelle, ab wann ein Punkt als signifikant gilt, wurde beim Jetverfahren so angepasst, dass sich eine nahezu identische durchschnittliche Anzahl der gefundenen Signifikanzpunkte im Referenzbild ergibt. Da für eine Skalierung von 1, ein Rauschen von $\sigma=0$ und eine Rotation von $0°$ das Referenzbild identisch mit dem Suchbild ist, beginnen die Graphen in Spalte b) immer mit nahezu identischen Werten.

Bei der Rotation 1) liefert die Jetmatrix Analyse bessere Ergebnisse als das Lowe-Verfahren. Die starke Schwankung des Prozentsatz 1a) der Jetmatrix Analyse ist auf die Abtastung des Merkmalsraums zurückzuführen. Für die Erzeugung der Jetmatrix wurde ein Wert von $N=9$ verwendet. Der Rotationsbereich von $180°$ wird somit mit 9 Punkten abgetastet. Eine Drehung um $20°$ entspricht daher einer Verschiebung im Merkmalsbereich um einen

Abtastpunkt (Vergl. Abbildung 3.12), weshalb der Prozentsatz 1a) der Jetmatrix Analyse alle 20° ein Maximum aufweist. Bei den Winkeln 0°, 90°, 180° und 270° ergeben sich beim Lowe-Verfahren weitaus höhere Prozentsätze als bei den restlichen Winkeln. Dies ist darauf zurückzuführen, dass bei diesen Winkeln die Grauwerte unverändert bleiben, nur deren Position ändert sich. Die Anzahl der gefundenen Signifikanzpunkte 1b) liegen in einem ähnlichen Bereich, wobei die periodische Schwankung auf die Schwankung der Bildgröße zurückzuführen ist, welche bei 0°, 90°, 180° und 270° ihr Minimum erreicht.

Das Rauschen 2) wirkt sich auf die prozentuelle Anzahl gefundener Positionen bei Jetmatrix-Verfahren kaum aus. Im Gegensatz dazu fällt die Anzahl gefundener Positionen beim Lowe-Verfahren ab. Die Anzahl signifikanter Punkte steigt bei beiden Verfahren mit Anstieg des Rauschens an. Dies ist darauf zurückzuführen, dass bei Bereichen deren Gütekriterium ohne Rauschen unter der Signifikanzgrenze liegen, durch das Rauschen über diese Grenze angehoben werden. Durch Bestimmung lokaler Maxima im Scale Space, wie es beim Lowe-Verfahren durchgeführt wird, lässt sich der Anstieg etwas reduzieren, weshalb ab einem Rauschen von $\sigma=17$ die Anzahl signifikanter Punkte beim Jetmatrix-Verfahren weitaus stärker ansteigt als beim Lowe-Verfahren. Ein so starkes Rauschen kommt in realen Anwendungen aber kaum vor.

Bei der Skalierung 3) liefert die Jetmatrix Analyse weitaus schlechtere Ergebnisse als das Lowe-Verfahren. Nur bis zu einer Skalierung um 0.9 erreicht die Jetmatrix Analyse vergleichbare Ergebnisse. Durch die Skalierung verschiebt sich der Ortsfrequenzbereich. Beim Lowe-Verfahren kann diese Verschiebung durch die Bestimmung lokaler Maxima im Scale Space kompensiert werden, weshalb der Prozentsatz 3a) sogar leicht ansteigt. Dieser Anstieg ergibt sich durch den Abfall der gefundenen Signifikanzpunkte 3b), da dadurch der Wert im Nenner der Prozentberechnung sinkt. Bei der Jetmatrix Analyse wird immer der gleiche Ortsfrequenzbereich betrachtet, es gibt keine Kompensation der Verschiebung des Ortsfrequenzbereichs. Mit Verkleinerung des Eingangsbildes weichen die betrachteten Ortsfrequenzbereiche mit und ohne Skalierung immer weiter voneinander ab, weshalb der Prozentsatz immer weiter sinkt. Der Verlauf der Anzahl der signifikanten Punkte 3b) verläuft bei beiden Verfahren ähnlich und ist auf die durch die Skalierung entstehende Reduzierung der Gesamtzahl von Bildpunkten zurückzuführen.

Zusammenfassend ist erkennbar, dass das Jetmatrix-Verfahren bei Rotation und Rauschen bessere Ergebnisse als das Lowe-Verfahren liefert. Bei Skalierung liegt das Jetmatrix-Verfahren aber unter dem Lowe-Verfahren.

Eine einfache Methode eine Invarianz des Jetmatrix-Verfahrens gegen Skalierungen zu erreichen, besteht in der Betrachtung mehrerer Ortsfrequenzbereiche. Dies ist aber nur beim Referenzbild sinnvoll, da dadurch der Rechenaufwand der Merkmalsextraktion steigt. Werden nur Punkte ausgewählt, welche bei verschiedenen Skalierungen des Referenzbildes immer als signifikant erkannt werden, ergibt sich eine Invarianz gegen Skalierung, jedoch reduziert sich die Anzahl der signifikanten Punkte. Durch Anpassung der Schwellen, lässt sich die Anzahl der signifikanten Punkte jedoch wieder erhöhen. Da die Betrachtung mehrerer Ortsfrequenzbereiche nur auf das Referenzbild angewendet wird, steigt beim Suchbild, durch die Schwellenanpassung, die Anzahl der signifikanten Punkte.

In Abbildung 6.6 sind die Ergebnisse bei Verwendung der zuvor beschriebenen Skalierungsanpassung dargestellt. Die Schwelle des Jetmatrix-Verfahrens wurde so angepasst, dass sich eine nahezu identische durchschnittliche Anzahl von signifikanten Punkten beim Lowe-Verfahren und beim Jetmatrix-Verfahren im Referenzbild einstellt. Beim Referenzbild wurde der betrachtete Ortsfrequenzbereich so gewählt, dass eine Skalierung von 1 bis 0.5 abgedeckt wird. Wie bereits erwähnt ist für eine Skalierung von 1, ein Rauschen von σ=0 und eine Rotation von 0° das Referenzbild identisch mit dem Suchbild. Da beim Jetmatrix-Verfahren durch die Skalierungsanpassung die Anzahl der signifikanten Punkte beim Referenzbild eingeschränkt wird, liegt in Spalte b) der Startpunkt der Anzahl an signifikanten Punkten des Jetmatrix-Verfahrens weit über dem des Lowe-Verfahrens.

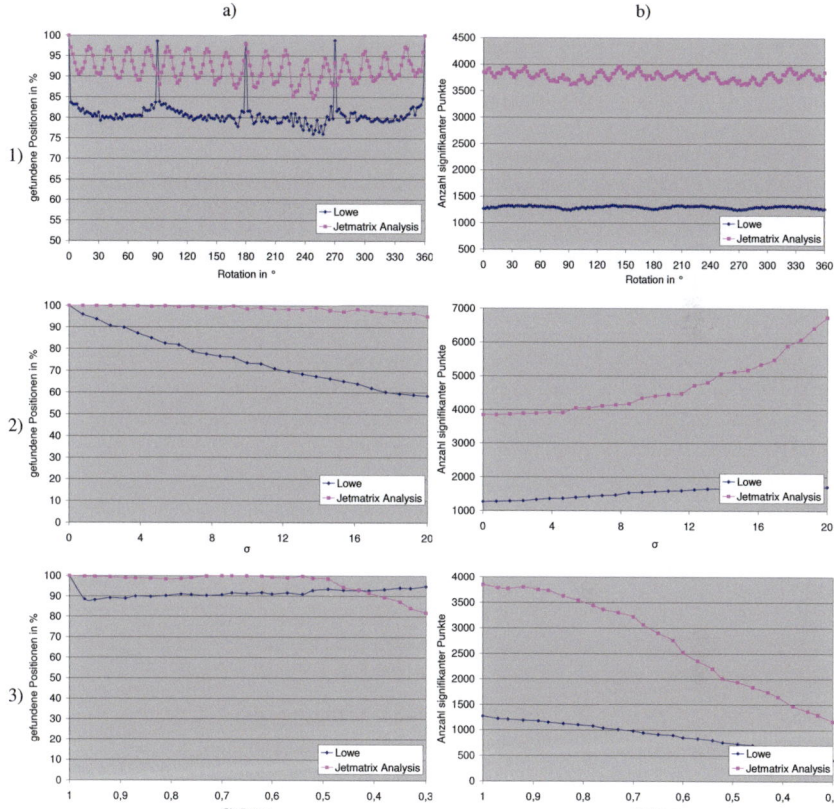

Abbildung 6.6:   Vergleich der Leistungsfähigkeit des Lowe-Verfahrens und des Jetmatrix-Verfahrens mit Skalierungsanpassung bei Rotation, Skalierung und Rauschen

Gegenüber den Ergebnissen aus Abbildung 6.5 sind die Prozentsätze bei Rotation 1a) und Rauschen 2a) aus Abbildung 6.6 gestiegen. Diese Verbesserung ist auf die Erhöhung der Anzahl der signifikanten Punkte im Suchbild gegenüber dem Referenzbild zurückzuführen.

Bei der Skalierung 3) ist eine deutliche Verbesserung des Prozentsatzes 3a) beim Jetmatrix-Verfahren mit Skalierungsanpassung aus Abbildung 6.6 gegenüber dem Jetmatrix-Verfahren ohne Skalierungsanpassung aus Abbildung 6.5 erkennbar. Durch die Betrachtung mehrerer

Skalierungsstufen, tritt erst unter einer Skalierung von 0.5 eine Absenkung auf. Bis zu einer Skalierung von 0.43 bleibt das Jetmatrix-Verfahren über dem Lowe-Verfahren. Beim Referenzbild kann der betrachtete Ortsfrequenzbereich weiter vergrößert werden, wodurch sich der Beginn der Absenkung zu kleineren Skalierungen verschiebt. Diese Verbesserung wird aber durch eine weiter steigende Anzahl an signifikanten Punkten im Suchbild erkauft.

6.3 Schlussfolgerungen

Die Ermittlung signifikanter Punkte erlaubt eine robuste Bestimmung von für die Umgebungserkennung geeigneten Punkten. Das vorgestellte Verfahren ist invariant gegen Rotation und robust gegen Rauschen. Eine Erweiterung auf Skalierung ist möglich, führt aber dazu, dass mehr Punkte des Suchbildes als signifikante Punkte gelten und daher auszuwerten sind. Die Bestimmung von signifikanten Punkten wurde auf Basis von Bereichen, welche unabhängig von der Aufgabenstellung, ungeeignet für die Umgebungslokalisierung sind, durchgeführt. In vielen Fällen kann damit bereits eine starke Reduzierung der zu betrachteten Bereiche erreicht werden. Jedoch existieren je nach Aufgabenstellung Bereiche, die im Allgemeinen als geeignet für die Umgebungslokalisierung gelten, aber bedingt durch die Aufgabenstellung ungeeignet sind. Daher ist die vorgestellte Auswertung für die jeweilige Aufgabenstellung zu optimieren.

7 Beispielanwendungen

In diesem Kapitel werden einige Beispielanwendungen des Verfahrens zur rotations-, skalierungs- und verschiebungsinvarianten Objekterkennung und -lokalisierung auf der Basis lokaler Merkmale vorgestellt. Um zu zeigen, dass sich das Verfahren auf unterschiedlichste Probleme anwenden lässt, wurden Anwendungen aus verschiedenen Anwendungsgebieten ausgewählt. Im Einzelnen wurde das neue Verfahren zur

- Erkennung und Lokalisierung von Messmarken,

- Georeferenzierung von Satellitenbildern und

- Vollständigkeitsprüfung

verwendet.

Durch die Flexibilität des neuen Verfahrens war eine Anpassung an die unterschiedlichen Anforderungen in kürzester Zeit möglich.

7.1 Erkennung und Lokalisierung von Messmarken

Die Erkennung, Lokalisierung und Vermessung von Objekten mithilfe von Messmarken findet immer mehr Anwendung in industriellen Umgebungen. Die Messmarke stellt eine definierbare Umgebung dar, wodurch sich die Objektlokalisierung und -erkennung vereinfacht. Zudem sind Messmarken so konzipiert, dass die geometrische Objekttransformation anhand der Messmarke bestimmbar wird. In Abbildung 7.1 sind einige Messmarken, entwickelt vom Fraunhofer-Institut für Informations- und Datenverarbeitung (IITB), dargestellt.

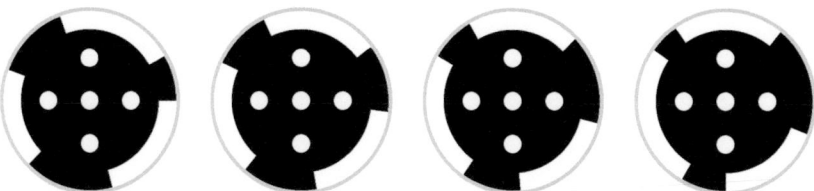

Abbildung 7.1:   Messmarken des Multi-Cursor-MarkerXtrackT (MC-MXT) Verfahrens

Bei den MC-MXT Messmarken ermöglicht der innere Kreis mit den fünf weißen Punkten eine robuste Lokalisierung. Der äußere Ring stellt einen ringförmigen Barcode dar, welcher zur Identifikation der Marken dient. Wird die Lage der Messmarke durch eine affine

Transformation verändert, ist anhand der Lage und Größe der fünf weißen Punkte die affine Transformation der Messmarke bestimmbar. Zu beachten ist, dass die Drehlage der Messmarke mittels der weißen Punkte nicht eindeutig bestimmt werden kann, da der innere Kreis sich nach einer Drehung von 90° periodisch fortsetzt. Durch Betrachtung der Lage der Mitte der Barcodebalken bezogen auf die Lage der weißen Punkte ist jedoch eine eindeutige Bestimmung der Drehlage möglich.

Am Fraunhofer-Institut für Informations- und Datenverarbeitung wurde ein Lokalisierungs-verfahren speziell für die MC-MXT Messmarken entwickelt. Da deren Verfahren für die vorliegenden Marken entwickelt wurde, ist es kaum auf andere Objektlokalisierungsaufgaben anpassbar. Um die Flexibilität des Jetmatrix-Verfahrens nachzuweisen, wurde daher untersucht, ob das Verfahren auf die Lokalisierung der MC-MXT Messmarken angepasst werden kann.

Zur Lokalisierung der Messmarke werden ebenso die fünf weißen Punkte herangezogen. Die weißen Punkte sind mittels lokaler Umgebungssuche bestimmbar. Da die Umgebungen um die Punkte jedoch rotationssymmetrisch sind, kann die Objektlokalisierung nach Abschnitt 3.8 nicht verwendet werden, da die Drehlage nicht bestimmt werden kann. Von Vorteil ist, dass die weißen Punkte eine identische lokale Umgebung besitzen und folglich nicht jede Umgebung einzeln zu bestimmen ist.

Die Rotationssymmetrie der zu suchenden Umgebungen ermöglicht weitere Anpassungen zur Beschleunigung des Verfahrens. Ist eine Umgebung rotationssymmetrisch, enthält die zugehörige Jetmatrix für alle Orientierungen identische Werte da, wie in Gleichung (10.33) aus Anhang D gezeigt, das Filterergebnis unabhängig von der Drehung des Filterkerns ist. Zudem ergeben sich durch die konjugiert komplexe Eigenschaft des Gaborfilters weitere Zusammenhänge. Die Faltung eines nach 180° konjugiert komplexen mit einem rotationssymmetrischen Signal ergibt, wie in Gleichung (10.35) im Anhang D bewiesen, Null als Filterergebnis. Daher sind die Imaginärteile der Werte in der Jetmatrix für einen rotations-symmetrischen Bereich Null. Da die Ausdehnung der Filterkerne im Allgemeinen nicht vollständig im rotationssymmetrischen Bereich liegt, sind diese Eigenschaften von Störungen überlagert. Deshalb ist bei der Bestimmung der weißen Punkte ein robustes Verfahren zu wählen.

Eine Detektion rotationssymmetrischer Umgebungen ist anhand der oben beschriebenen Merkmale möglich. Da Umgebungen mit konstanten Grauwerten ebenfalls rotations-symmetrisch sind, ist die Betrachtung der Symmetrie nicht ausreichend. Aus diesem Grund ist eine zusätzliche Unterdrückung von Bereichen mit konstanten Grauwerten notwendig. Anhand dieser Anforderungen wurde das experimentell ermittelte Gütekriterium $Q(\mathbf{x})$ nach Gleichung (7.1) entwickelt.

$$Mean_R(\mathbf{x}) = \frac{1}{N \cdot M} \sum_{n=1}^{N} \sum_{k=1}^{M} \text{Re}(\mathbf{J}(\mathbf{x})_{k,n}) \qquad Mean_I(\mathbf{x}) = \frac{1}{N \cdot M} \sum_{n=1}^{N} \sum_{k=1}^{M} \left| \text{Im}(\mathbf{J}(\mathbf{x})_{k,n}) \right|$$

$$Mean_{Skale}(k,\mathbf{x}) = \frac{1}{N} \sum_{n=1}^{N} \text{Re}(\mathbf{J}(\mathbf{x})_{k,n}) \qquad Mean_{Rot}(n,\mathbf{x}) = \frac{1}{M} \sum_{k=1}^{M} \text{Re}(\mathbf{J}(\mathbf{x})_{k,n})$$

$$E_{Skale}(\mathbf{x}) = \frac{1}{N \cdot M} \sum_{k=1}^{M} \frac{\sqrt{\sum_{n=1}^{N} \left(Mean_{Rot}(n,\mathbf{x}) - \text{Re}(J(\mathbf{x})_{k,n}) \right)^2}}{N}$$

$$E_{Rot}(\mathbf{x}) = \frac{1}{N \cdot M} \sum_{n=1}^{N} \sqrt{\sum_{k=1}^{M} \left(Mean_{Skale}(k,\mathbf{x}) - \text{Re}(J(\mathbf{x})_{k,n}) \right)^2}$$

$$Q(\mathbf{x}) = \underbrace{\left(\frac{E_{Skale}(\mathbf{x})}{E_{Rot}(\mathbf{x}) + 0.01} \right)^2}_{Term\ A} \cdot \underbrace{E_{Skale}(\mathbf{x})}_{Term\ B} \cdot \underbrace{\frac{Mean_R(\mathbf{x})}{Mean_I(\mathbf{x}) + 1}}_{Term\ C} \tag{7.1}$$

Zunächst werden die Mittelwerte $Mean_R(\mathbf{x})$ und $Mean_I(\mathbf{x})$ der Real- und Imaginärteile der Jetmatrix berechnet. Für rotationssymmetrische Umgebungen sind die Werte der Imaginärteile der Jetmatrix und somit der Mittelwert 0. Ein Mittelwert von 0 kann auch bei der Summierung von großen sich gegenseitig kompensierenden Werten entstehen. Um den Mittelwert trotzdem als Kriterium für rotationssymmetrische Umgebungen verwenden zu können, werden die Beträge über die Imaginärteile aufsummiert, da sich durch die Betragsbildung die Werte nicht mehr gegenseitig kompensieren können. $Mean_{Skale}(\mathbf{x})$ und $Mean_{Rot}(\mathbf{x})$ beschreiben die Mittelwerte über die Zeilen bzw. Spalten der Jetmatrix. Diese Mittelwerte werden dazu benutzt, die Summe der quadratischen Abweichungen $E_{Skale}(\mathbf{x})$ und $E_{Rot}(\mathbf{x})$ über die Zeilen und Spalten der Jetmatrix zu bestimmen. Anhand der bestimmten Zwischenwerte lässt sich nun ein Gütekriterium $Q(\mathbf{x})$ definieren.

Mittels des Terms A werden die Wertabweichungen der Jetmatrix in Skalierungs- und Rotationsrichtung betrachtet. In Rotationsrichtung sind die Wertabweichungen gering, da für alle Orientierungen identische Werte erwartet werden. In Skalierungsrichtung werden große Wertabweichungen durch die Kante des Kreises erwartet. Um gerade Kanten verstärkt zu unterdrücken, wurde der Term B hinzugefügt. Wie in Abbildung 6.3 zu erkennen, liegen bei Kanten in Skalierungsrichtung nur geringe Wertabweichungen vor. Dieser Term führt auch zur Unterdrückung von Umgebungen mit konstantem Grauwert, da bei Umgebungen mit konstantem Grauwert nur kleine Wertabweichungen in Skalierungsrichtung vorliegen. Term C setzt die Mittelwerte von Realteil und Imaginärteil ins Verhältnis. Da bei rotationssymmetrischen Umgebungen der Mittelwert des Imaginärteils bei 0 liegt, wird dadurch eine Unterdrückung nicht rotationssymmetrischer Umgebungen erreicht. Die Additionen in den Nennern dienen zur Vermeidung einer Division durch 0 und die Festlegung der Konstanten, mit welchen addiert wird, erlauben eine Regulierung der Auswirkung der Funktionen im Nenner auf die Gesamtgüte. Die Quadrierung des Terms A erhöht dessen Gewichtung und wurde ebenso wie die Werte der Konstanten im Nenner experimentell bestimmt.

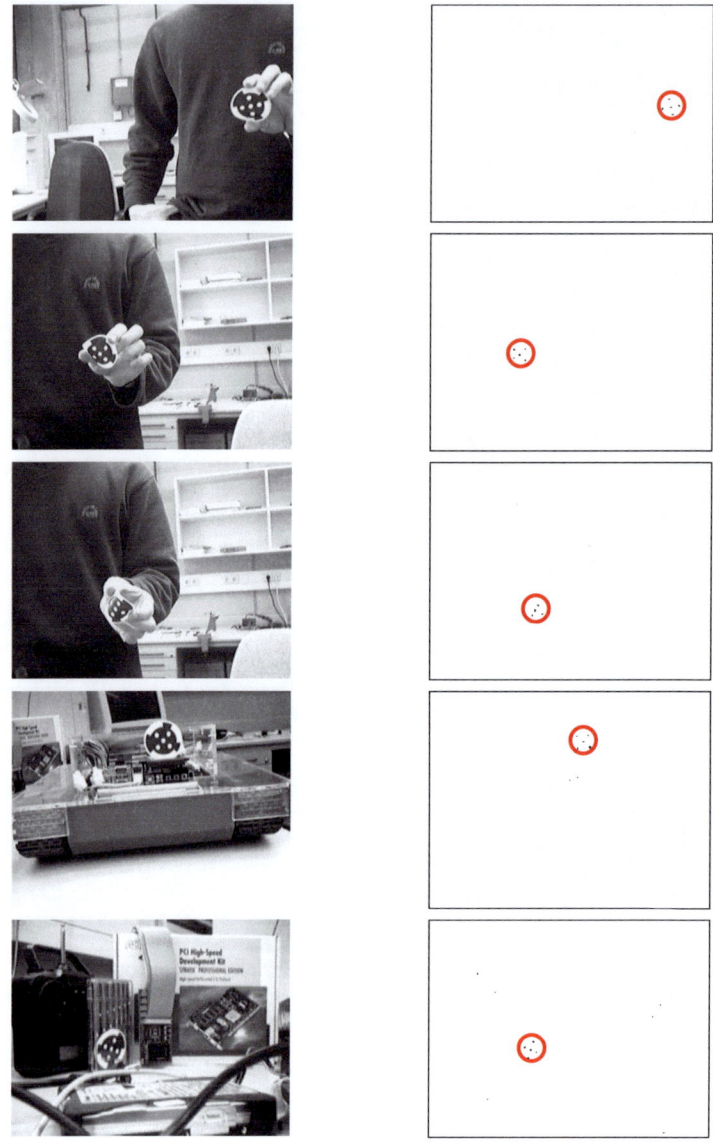

Abbildung 7.2:   Eingangsbilder und detektierte Umgebungen.

In Abbildung 7.2 sind einige Beispiele gezeigt. Links sind die Testbilder mit den MC-MXT
Messmarken und rechts die Ergebnisse des Gütekriteriums nach Gleichung (7.1) dargestellt.
Je dunkler eine Umgebung desto höher der Wert des Gütekriteriums. Anhand der Ergebnisse
des Gütekriteriums lassen sich die Messmarken detektieren. In den Eingangsbildern sind

einige Strukturen mit hellen kreisförmigen Bereichen vor dunklem Hintergrund vorhanden, weshalb nicht nur die Kreise der Messmarke einen hohen Wert des Gütekriteriums besitzen. Durch Auswertung der lokalen Häufung hoher Werte des Gütekriteriums kann eine Detektion der Messmarke erfolgen, da in den Eingangsbildern ansonsten keine lokalen Häufungen von kreisförmigen Bereichen vorliegen. Die Detektionsergebnisse sind rot markiert.

Als Parameter der Merkmalsextraktion wurden $g=0.7$, $M=3$, $N=5$ und $\omega_m=0.9$ verwendet. Somit sind für die Markendetektierung weitaus weniger Filterungen als für eine Umgebungserkennung notwendig. Durch die reduzierte Filteranzahl ist eine schnelle Auswertung möglich. Auf einem PC mit einem Pentium 4 Prozessor mit 2.6 GHz wurden Auswertezeiten von 100ms bei Bildgrößen von 320x240 Bildpunkten erreicht.

Die Beispielanwendung zeigt, wie flexibel sich Auswertungen auf Basis der Jetmatrix entwickeln lassen. Da die Jetmatrix eine Merkmalsbeschreibung lokaler Umgebungen darstellt, bietet sie Informationen, welche für unterschiedlichste Anwendungen auswertbar sind.

7.2 Geometrische Entzerrung von Satellitenbildern

Die geometrische Entzerrung von Satellitenbildern wird zur Georeferenzierung benötigt. Unter Georeferenzierung wird die Zuordnung von Bildkoordinaten in einem beliebigen Koordinatensystem in ein Koordinatensystem, das reale Punkte auf der Erdoberfläche repräsentiert, verstanden. Mittels Georeferenzierung wird die Bestimmung der Lage von Merkmalen oder Objekten wie beispielsweise Häusern, Schiffen, Straßenkreuzungen, Ackerland, Ölteppichen usw. anhand von Satellitenaufnahmen ermöglicht.

Die Parameter der geometrischen Entzerrung werden dabei mittels Passpunkten bestimmt. Bei der Georeferenzierung werden die Passpunkte auch als Bodenkontrollpunkte (Ground Control Points, GCP) bezeichnet. Durch Zuordnung von Passpunkten eines Satellitenbildes mit Passpunkten einer Landkarte, lassen sich die Transformationsparameter ermitteln und damit die geometrische Entzerrung des Satellitenbildes vornehmen. Als Passpunkte werden hauptsächlich dauerhafte Strukturen wie Brücken, Straßenkreuzungen, markante Geländepunkte, Gebäudekomplexe o. ä. verwendet.

Die Festlegung der Passpunkte in Satellitenbild und Landkarte wird dabei vom Anwender oder maschinell durchgeführt. Für die maschinelle Festlegung wird ein georeferenziertes Satellitenbild als Referenz verwendet. In Gesprächen mit Herrn Prof. Pfeiffer vom Studiengang Vermessung und Geomatik der Hochschule Karlsruhe wurde festgestellt, dass die maschinelle Festlegung sehr rechenintensiv und daher langsam ist. Auswertungen im Minutenbereich sind die Regel. Daher wurde untersucht, ob eine Auswertung anhand der Jetmatrix eine schnellere Bestimmung der Passpunkte erlaubt.

Als Problem erweist sich dabei aber die hohe Auflösung von Satellitenbildern. Eine Umgebungssuche in einem Satellitenbild mit seinen ca. 5000x5000 Bildpunkten ist kaum möglich. Für eine Suche mit 36 Filterkernen umfasst der Merkmalsbereich 7,2 GByte. Eine solche Datenmenge lässt sich in handelsüblichen Rechnern nicht im Arbeitsspeicher ablegen und muss auf die Festplatte ausgelagert werden. Durch eine solche Auslagerung vergrößern sich die Zugriffszeiten, wodurch nicht akzeptable Rechenzeiten entstehen.

Das Problem der großen Datenmenge kann umgangen werden, indem das Satellitenbild zunächst bei geringer Auflösung betrachtet wird, um die Passpunkte grob zu lokalisieren.

Danach erfolgt die genaue Lokalisierung anhand der Auswertung kleiner Ausschnitte des Satellitenbildes bei voller Auflösung.

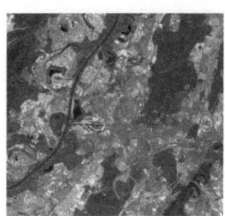 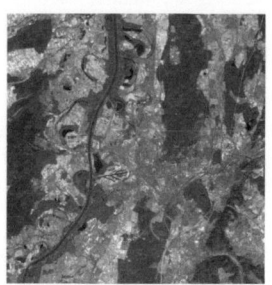

Abbildung 7.3:   Georeferenziertes Satellitenbild (links) und noch zu entzerrendes Satelliten-
                  bild (rechts)

Die Abbildung 7.3 zeigt Satellitenbilder erzeugt vom indischen IRS-Satelliten mit einer Auflösung von 6m. Die Festlegung der Passpunkte im georeferenzierten Satellitenbild erfolgt in zwei Auflösungsstufen. Mehrere Suchpunkte werden bei einem auf 10% Kantenlänge skaliertem georeferenzierten Satellitenbild gesetzt. Diese Suchpunkte dienen rein der Bestimmung der bei voller Auflösung zu betrachteten Bildausschnitte und werden für die Berechnung der Transformationsparameter nicht verwendet, da sie dafür zu ungenau lokalisiert wurden. Die Bildausschnitte werden aus dem georeferenzierten Satellitenbild mit voller Auflösung ausgeschnitten. Somit ergeben sich mehrere zu untersuchende Bild-ausschnitte. Als Größe der Bildausschnitte wurden 150x150 Bildpunkte gewählt. In den zu untersuchenden Ausschnitten werden nun jeweils mehrere Passpunkte definiert. Um die Wahrscheinlichkeit einer falschen Lokalisierung zu verringern, wurden mindestens drei Passpunkte pro Ausschnitt verwendet. Eine weitere Erhöhung der Anzahl der Passpunkte pro Ausschnitt verbessert die Lokalisierung nur bedingt, da zum einen nicht immer genügt signifikante Umgebungen existieren. Zum anderen deckt jeder Passpunkt eine bestimmte Umgebung ab, wodurch eine Steigerung der Anzahl an Passpunkte nicht immer zusätzliche Informationen liefert.

Mittels Bildpyramiden [94] mit gestuften Auflösungen ist eine Beschleunigung der Auswertung möglich. Anhand grober Strukturen kann bei geringer Auflösung eine erste Positionsschätzung erfolgen. Die genaue Lokalisierung erfolgt danach in einem kleinen Bildausschnitt mit hoher Auflösung. Bei Bildpyramiden werden meist mehrere Auflösungen verwendet, wobei zwischen den Stufen die Auflösung halbiert wird. Für die Satellitenbildauswertung mittels Jetmatrix Analyse genügen zwei Auflösungsstufen. Eine Stufe bei voller Auflösung und eine Stufe bei auf 10% reduzierter Auflösung. Die Auswertung erfolgt in mehreren Schritten. Zunächst wird das zu entzerrende Satellitenbild auf 10% der Kantenlänge skaliert, wobei mittels vorheriger Tiefpassfilterung eine Verletzung der Abtastbedingung verhindert wird. Danach werden die Positionen der Suchpunkte, welche bei geringer Auflösung definiert wurden, bestimmt. Daraufhin werden Bildausschnitte um diese Passpunkte aus dem zu entzerrenden Satellitenbild ausgeschnitten, damit darin die Passpunkte bei voller Auflösung lokalisiert werden können. Anhand der Positionszuordnungen der Passpunkte zwischen georeferenziertem und noch zu entzerrendem Satellitenbild lassen sich nun die für die Entzerrung benötigten Transformationsparameter bestimmen und das zu entzerrende Satellitenbild zu georeferenzieren.

In Abbildung 7.4 sind die Ergebnisse einer Georeferenzierung dargestellt. In der ersten Zeile links ist das Bild zur Groblokalisierung mit den Referenzpunkten dargestellt. Das rechte Bild der ersten Zeile zeigt das zu georeferenzierende Suchbild. Die Referenzpunkte wurden korrekt im georeferenzierenden Suchbild erkannt. Zu den drei markierten Umgebungen der Groblokalisierung des Referenzbildes gehören die in der zweiten Zeile abgebildeten Bildausschnitte mit den Passpunkten. Diese Passpunkte wurden, wie bei Vergleich der zweiten und dritten Zeile erkennbar, korrekt im Suchbild lokalisiert. Der in der Abbildung rechts unten enthaltene weiße Strich entstand durch starke Übersteuerung des Satellitensensors. Zu starke Lichteinstrahlung führt zur Sättigung und somit zum Nachleuchten. Wie zu erkennen ist das Verfahren robust gegen solche Störungen, die Passpunkte wurden korrekt erkannt.

Referenzpunkte
und gefundene
Suchpunkte in
den skalierten
Satelliten-
bildern

Passpunkte im
entzerrten
Satellitenbild

gefundene
Passpunkte im
zu entzerrenden
Satellitenbild

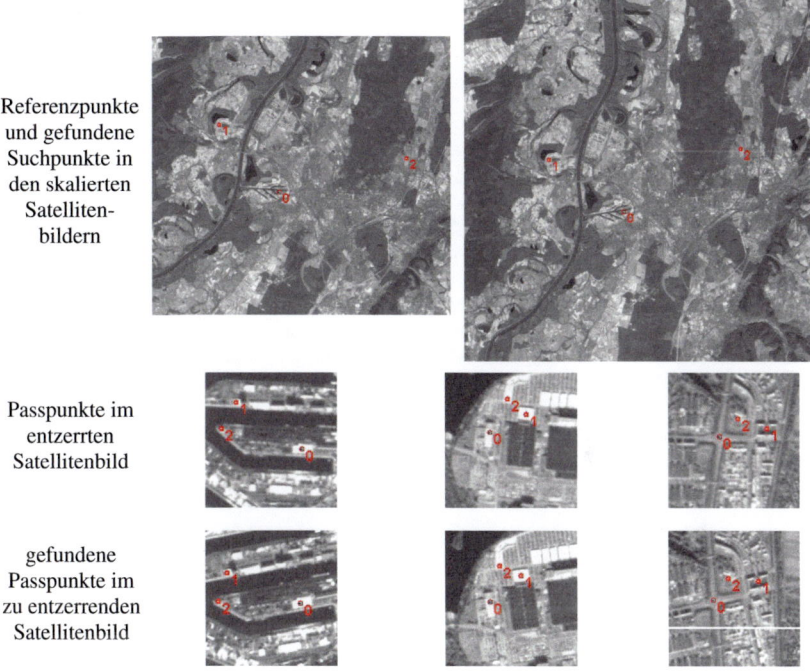

Abbildung 7.4:   Bestimmung der Passpunkte bei zwei Skalierungsstufen

Auf einem Rechner mit aktueller Hardware lassen sich somit die Positionen von 15 Passpunkten eines Satellitenbildes mit 5000x5000 Bildpunkten in einer Zeit unter 10 Sekunden berechnen. Dies bringt eine enorme Zeitersparnis gegenüber einer Festlegung der Passpunkte durch den Anwender. Hier wurde eine Arbeitszeit von zwei Minuten veranschlagt. Eine maschinelle Festlegung der Passpunkte mittels des Leica Photogrammetry Suite welches im ERDAS IMAGINE Software Paket enthalten ist, benötigte für vergleichbare Aufgabenstellungen über eine Minute.

7.3   Visuelle Vollständigkeitsprüfung

Die Vollständigkeitsprüfung ist eine Aufgabe der Qualitätssicherung. Dabei wird überprüft, ob alle für den ordnungsgemäßen Ablauf eines Prozesses benötigten Komponenten vorhanden sind. Viele visuelle Vollständigkeitsprüfungen werden mittlerweile mittels Bildverarbeitung durchgeführt. So ermöglicht die Bildverarbeitung eine Reduzierung der Prüfkosten. Zudem erfolgt eine Prüfung nach gleich bleibenden Kriterien, was bei menschlicher Prüfung nicht gewährleistet werden kann.

Das Aufgabengebiet ist dabei sehr vielfältig. Einige Beispiele sind:

- Vollständigkeit von Aussparungen in Stanzblechteilen

- Bestückungskontrolle auf Platinen

- Schriftzug- bzw. Symbolbedruckungen

- Kontrolle von Schweißnähten

- Montagekontrolle von Verschraubungen oder Nietverbindungen

Ein in der visuellen Vollständigkeitsprüfung weit verbreitetes Verfahren, stellt das Durchlichtverfahren dar. Dabei wird das Objekt vor einem leuchtenden Hintergrund oder Gegenlicht betrachtet, wodurch nur die Silhouette des Objektes erkennbar ist. Der Vorteil des Durchlichtverfahrens ist, dass die Silhouette einfach zu segmentieren ist und das Segment schnell und robust klassifiziert werden kann. Oftmals ist die Silhouette nicht aussagekräftig, da unterschiedliche Objekte identische Silhouetten besitzen können, z.B. sind aufgedruckte Symbole nicht mehr erkennbar. Daher wurde am Fraunhofer-Institut für Informations- und Datenverarbeitung statt einer Kamera ein Scanner verwendet. Diese Anordnung ermöglicht eine einfache Segmentierung, es entstehen kaum Schatten und die Grauwerte des Objektes sind noch zu erkennen.

Abbildung 7.5:   Bild eines Scanners mit Gegenlicht

In Abbildung 7.5 sind einige Objekte dargestellt. Die Auswertung der dargestellten Objekte ist auf einfache Weise möglich. Durch Segmentierung lassen sich die Objekte trennen. Danach können die getrennten Objekte anhand ihrer Silhouette in eine Normlage transformiert und grob klassifiziert werden. Bei Objekten mit mehrdeutiger Silhouette kann im Anschluss eine exakte Klassifizierung anhand der Grauwertverteilung erfolgen.

Ein Problem in diesem Bereich stellt die Vollständigkeitsprüfung des Inhalts von durchsichtigen Tüten dar. Hierbei können zwei zusätzliche Störquellen entstehen. So kann es zu Reflexionen an der Tütenoberfläche kommen und zudem können Abschattungen entstehen, falls sich Symbole oder Ähnliches auf der Tüte befinden.

Diese Störungen führen dazu, dass keine Segmentierung mehr möglich ist. Die Reflexionen können bei der Segmentierung zur Trennung der Bauteile in zwei Segmente und die Abschattungen zur Verbindung zweier Bauteile zu einem Segment führen. In Abbildung 7.6 ist ein Beispiel einer solchen Aufnahme dargestellt.

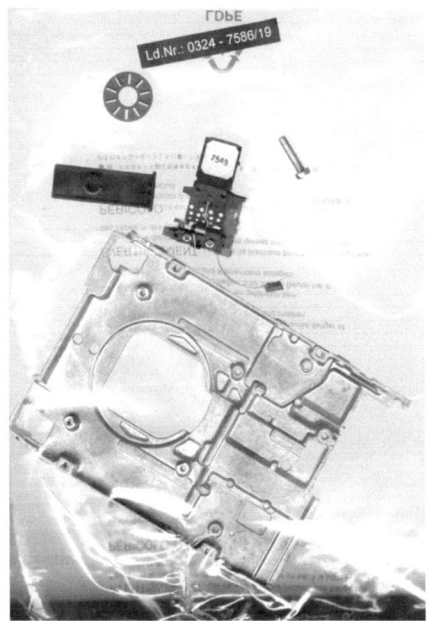

Abbildung 7.6:   Störungen durch Tütenoberfläche

Diese Probleme lassen sich umgehen, indem der Tüteninhalt entnommen, geprüft und wieder eingefüllt wird. Dieser Prüfvorgang ist aufwändig und birgt weitere Fehlerquellen, da es während des Prüfvorgangs zum Verlust von Teilen des Tüteninhalts kommen kann. Sind nur Fehlerraten von wenigen Teilen pro Million gefordert, ist ein solches Verfahren unbefriedigend.

Mittels der Auswertung der Jetmatrix ist eine Objekterkennung trotz durch die Tütenoberfläche bedingte Störungen möglich. Dazu wurden verschiedene Bauteile getestet.

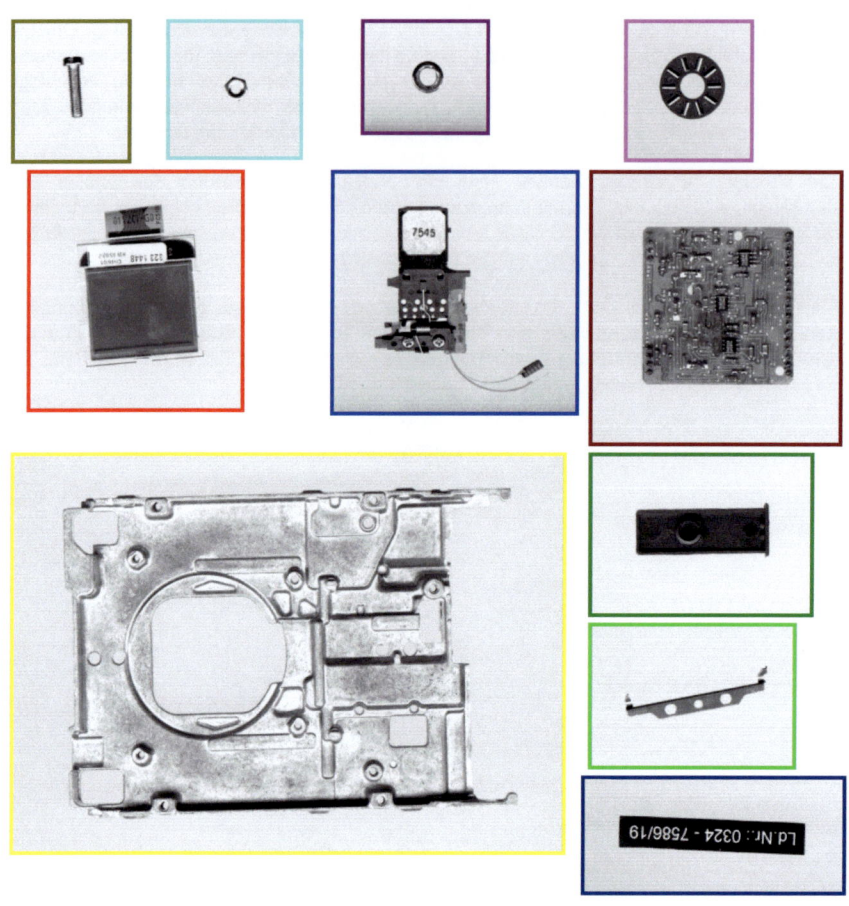

Abbildung 7.7: Verwendete Bauteile für die Objekterkennung

In Abbildung 7.7 sind die verwendeten Objekte dargestellt. Dabei wurden Bauteile mit unterschiedlichsten Eigenschaften verwendet. So unterscheiden sich die Bauteile im Reflexionsverhalten, der Komplexität, der Größe, der Form usw.

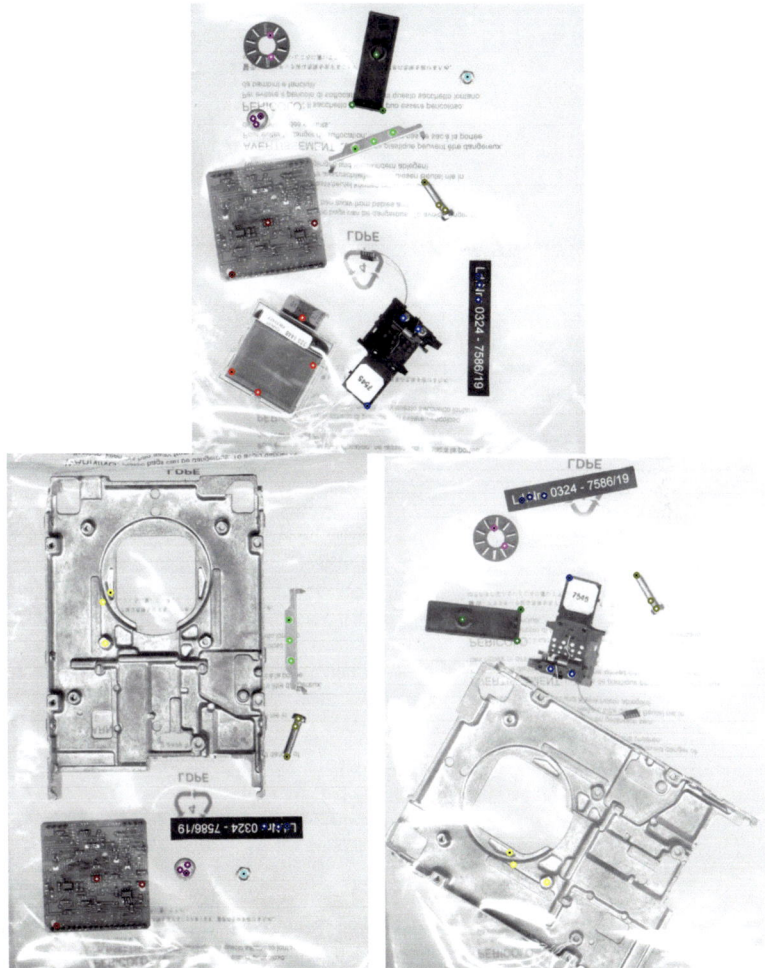

Abbildung 7.8:   Erkennung der Objekte trotz Störung durch die Tütenoberfläche

In Abbildung 7.8 sind die Ergebnisse der Objekterkennung dargestellt. Zur Veranschaulichung wurde jedem Objekt in Abbildung 7.7 mittels eines Rahmens eine Farbe zugeordnet. Diese Farbzuordnungen werden zur Visualisierung der Ergebnisse der Klassifizierung der erkannten Punkte verwendet. Trotz unterschiedlichster Objekte wurde erreicht, dass alle Objekte erkannt und korrekt lokalisiert wurden.

Nachdem dieses Kapitel einen abschließenden Einblick in die Anwendungen gibt, welche mit dem in dieser Arbeit entwickelten Verfahren zu realisieren sind, erfolgt im nächsten Kapitel eine Zusammenfassung der Arbeit und ein Ausblick inwieweit Potential zur Weiter-entwicklung des Verfahrens besteht.

8 Zusammenfassung und Ausblick

Das Ziel der vorliegenden Arbeit bestand in der Entwicklung eines neuen Verfahrens zur invarianten Objekterkennung und -lokalisierung. Im Gegensatz zu weit verbreitenden Ansätzen der Merkmalsgewinnung durch Segmentierung wurden moderne Methoden basierend auf lokalen Merkmalen untersucht, weiterentwickelt und implementiert.

Die Arbeit umfasst folgende inhaltliche Schwerpunkte:

- Übersichtsdarstellung des Entwicklungsstandes im Bereich der visuellen Objekterkennung und -lokalisierung (Kapitel 1).

- Herleitung eines allgemeinen theoretischen Ansatzes zur invarianten Objekterkennung und -lokalisierung, anhand welchem sich Bedingungen für einzelne invariante Objekttransformationen aufstellen lassen (Kapitel 2).

- Entwicklung eines Verfahrens zur rotations-, skalierungs- und verschiebungsinvarianten Objekterkennung und -lokalisierung (Kapitel 3). Dazu wurden folgende Aufgaben durchgeführt:

    o Aufstellung der Bedingungen eines Merkmalsbereichs zur rotations-, skalierungs- und verschiebungsinvarianten Objekterkennung anhand des zuvor hergeleiteten theoretischen Ansatzes. Modifikation von Gaborfiltern zur Erfüllung dieser Bedingungen (Abschnitt 3.3 und 3.4).

    o Entwicklung effizienter und robuster Verfahren zur Erzeugung und Auswertung des Merkmalsbereichs (Abschnitt 3.6 und 3.5).

    o Optimierung der Parameter der Objekterkennung und -lokalisierung anhand von Testreihen (Abschnitt 3.7).

- Entwicklung neuer Methoden zur Beschleunigung der Objekterkennung und Objektlokalisierung mittels programmierbarer Hardware. Als Hardwareplattform wurde eine feldprogrammierbare Gatter Anordnung gewählt. Es wurde eine Implementierung der Merkmalsextraktion durchgeführt und die erreichbare Leistungsfähigkeit bei optimaler Auswahl und Anpassung der Hardwarekomponenten untersucht (Kapitel 4).

- Erweiterung des Verfahrens auf Farbbilder. Dazu wurden neue Verfahren entwickelt und untersucht, die eine Farbbildauswertung bei geringen rechentechnischen Mehraufwand gegenüber dem Verfahren basierend auf Graubildern ermöglichen (Kapitel 5).

- Ermittlung von Kriterien zur Bestimmung signifikanter Punkte. Hierdurch lässt sich eine deutliche Beschleunigung erreichen und der Anwender kann bei der Festlegung der Umgebungen, die ein Objekt definieren, unterstützt werden (Kapitel 6).

- Nachweis der Funktion und Flexibilität des Verfahrens anhand dreier Beispielanwendungen (Kapitel 7). Es wurden Anwendungen aus den Bereichen Markenerkennung, Satellitenbildauswertung und Vollständigkeitsprüfung betrachtet.

Die wesentlichen Ergebnisse dieser Arbeit lassen sich in drei Gruppen gliedern:

Methodische und theoretische Ergebnisse

- Herleitung eines theoretischen Ansatzes zur invarianten Objekterkennung.

- Entwicklung eines neuen Verfahrens zur invarianten Objekterkennung und Objektlokalisierung auf der Basis von modifizierten Gaborfiltern.

- Erstellung einer neuen Methode zur Auswertung des lokalen Merkmalsbereichs mittels eines angepassten Gütekriteriums auf Basis einer modifizierten Kreuzkorrelation.

- Erweiterung der invarianten Objekterkennung und -lokalisierung auf Farbbilder durch Entwicklung neuartiger Ansätze.

- Aufbau einer an die Objekterkennung und -lokalisierung angepasste maschinelle Ermittlung signifikanter Punkte.

Hardware- und Softwarerealisierung

- Vergleich und Realisierung unterschiedlicher Methoden der Gaborfilterung.

- Entwicklung von Software zur Lösung verschiedener Beispielanwendungen.

- Realisierung eines neuen effektiven und flexiblen Verfahrens zur Hardwarebeschleunigung von Gaborfilterungen.

- Implementierung eines Algorithmus zur robusten Objekterkennung und -lokalisierung anhand der Erkennung lokaler Umgebungen.

Simulationsergebnisse und experimentelle Ergebnisse

- Experimenteller Nachweis der Korrektheit der theoretisch ermittelten Ausdehnung der Gaborfilterbank.

- Bestimmung optimaler Parameter der Merkmalsextraktion anhand der Auswertung simulierter Störungen auf die Umgebungserkennung, Bei den einzelnen Aufgabenstellungen wurden angepasste Optimierungskriterien verwendet.

- Experimenteller Nachweis der Robustheit der maschinellen Ermittlung signifikanter Punkte durch Untersuchung des Verhaltens bei simulierten Störungen.

Die Beispielanwendungen zeigen, dass bereits im jetzigen Stadium der Entwicklung komplexe Aufgabenstellungen lösbar sind. Das Verfahren bietet zudem Potential zur Weiterentwicklung.

Zur Auswertung des Merkmalsbereichs wurden bisher Einzelbetrachtungen der Jetmatrizen durchgeführt. Eine gleichzeitige Betrachtung benachbarter Jetmatrizen und der Einsatz moderner Verfahren zur Auswertung von Texturmerkmalen kann die maschinelle Ermittlung signifikanter Punkte verbessern. Hierdurch ist eine weitere Beschleunigung möglich und neue Anwendungsgebiete, wie die Stereobildauswertung können erschlossen werden.

Auf Basis neuer Auswerteverfahren der Jetmatrizen können zusätzliche Anwendungsgebiete erschlossen werden. So kann durch Erzeugung und Vergleich von Hash Werten aus den Jetmatrizen eine Beschleunigung der Objektsuche erfolgen. Auf dieser Grundlage ist eine effektive Objektsuche mit einer Großzahl in einer Datenbank abgelegter Referenzobjekte denkbar.

9 Literaturverzeichnis

[1]   N. N.: *Artikel Künstliche Intelligenz.* Wikipedia, Die freie Enzyklopädie. http://de.wikipedia.org/w/index.php?title=K%C3%BCnstliche_Intelligenz&oldid= 25097167 (Abgerufen: 15.08.2006)

[2]   BOTTHOF, A. U.A.: *Anforderungen an die Technologie- und Wirtschaftspolitik durch die Konvergenz der elektronischen Medien.* Bundesministerium für Wirtschaft und Arbeit, Dokumentation Nr. 539, S. 45-46, 2005.

[3]   DEMANT, C.; STREICHER-ABEL, B.; WASZKEWITZ, P: *Industrielle Bildverarbeitung - Wie optische Qualitätskontrolle wirklich funktioniert.* Springer-Verlag; 2. Auflage, 2001.

[4]   PHAM, D.T.: ALCOCK, R.: *Smart Inspection Systems - Techniques and Applications of Intelligent Vision,* Academic Press, 2003.

[5]   DAVIES, E. R.: *Machine Vision - Theory, Algorithms, Practicalities,* Academic Press, 2005.

[6]   COSTARIDOU, L.: *Applied Medical Image Analysis Methods,* CRC Press, 2005.

[7]   LEHMANN T., OBERSCHELP W., U.A.: *Bildverarbeitung für die Medizin,* Springer-Verlag, 1997

[8]   KLETTE, R.; ZAMPERONI, P.: *Handbuch der Operatoren für die Bildverarbeitung.* Vieweg Verlag, 1992

[9]   MARR, D.; HILDRETH, E.: *Theory of edge detection.* In: Proceedings of the Royal Society of London, Band 207, S. 187-217, 1980

[10]   HABERÄCKER, P.: *Praxis der Digitalen Bildverarbeitung und Mustererkennung.* Hanser Elektronik, 1995

[11]   ROERDINK, J.; MEIJSTER, A.: *The Watershed Transform: Definitions, Algorithms and Parallelization Strategies.* Fundamenta Informaticae, Band 41(1), S. 187-228, 2000

[12]   BÄSSMANN, H.; BESSLICH, P.: *Konturorientierte Verfahren in der digitalen Bildverarbeitung.* Springer Verlag, 1989

[13]   JÄHNE, B.: *Digitale Bildverarbeitung.* Springer Verlag, 6. Auflage, 2005.

[14]   PICHLER, O.: *Unüberwachte Bild - und Bildfolgeanalyse mit Mehrkanal-filtermethoden.* VDI Fortschritt-Berichte, Informatik, Kommunikationstechnik, 1997

[15]   LOOS, H. S.; U.A.: *Computer-based recognition of dysmorphic faces.* European Journal of Human Genetics, Band 11, S. 555-560, 2003.

[16]   BRÜNENBERG, K.: *Investigations on illumination dependency regarding the face recognition problem.* IRINI 2001-04, Institut für Neuroinformatik, Ruhr-Universität Bochum, 2001.

[17]   JOHNS, M.: *Anwendung von Wavelets für die biometrische Authentikation.* Diplomarbeit, Universität Hamburg, 2003.

[18]   REISS, T.H.: *Recognizing planar objects using invariant image features.* Springer Verlag, Lecture notes in computer science, Band 676, 1993

[19]   FLUSSER, J.; SUK, T.: *Affine moment invariants: a new tool for character recognition.* Pattern Recognition Letters, Band 15(4), S. 433-436, 1994.

[20]   KHOTANZAD, A.; HONG. Y. H.: *Invariant image recongnition by Zernike moments.* IEEE Transactions on Pattern Analysis and Machine Intelligence, Band 12(5), S. 489–497, 1990.

[21]   DERRODE, S.; GHORBEL, F.: *Robust and efficient Fourier-Mellin transform approximations for Gray-level image reconstruction and complete invariant description.* Computer Vision and Image Understanding, Band 83(1), S. 57–78, 2001.

[22]   SCHAEL, M.: *Texture Defect Detection using Invariant Textural Features.* Springer Verlag, Lecture notes in computer science, Band 2191, 2001.

[23]   KASS, M.; WITKIN, A.; TERZOPOULOS, D.: *Snakes: Active Contour Models.* International Journal of Computer Vision, Band 1(4), S. 321-331, 1988.

[24]   SETHIAN, J.A.: *Level Set Methods and Fast Marching Methods.* Cambridge University Press, 1999.

[25]   CREMERS, D.; KOHLBERGER, T.; SCHNÖRR, C.: *Shape Statistics in Kernel Space for Variational Image Segmentation.* Pattern Recognition Journal, Band 36(9), S. 1929-1943, 2003.

[26]   AVRITHIS Y.; XIROUXAKIS, Y.; KOLLIAS, S.: *Affine-Invariant Curve Normalization for Object Shape Representation, Classification and Retrieval.* Springer Verlag, Machine Vision and Applications, Band 13(2), S. 80-94, 2001.

[27]   PAULIK, M. J.; WANG, Y. D.: *Three-Dimensional Object Recognition Using Vector Wavelets.* In: Proceedings International Conference on Image Processing, S. 586-590, 1998.

[28]   ARLT, B.; BRAUSE, R.; TRATAR, E.: *MASCOT: A Mechanism for Attention-based Scale-Invariant Object Recognition in Images.* Goethe-Universität Frankfurt/Main, Interner Bericht, 2000.

[29]   LINDEBERG, T.: *Scale-Space Theory In Computer Vision.* Monograph, Kluwer Academic Publishers, 1994.

[30]   N. N.: *Wie arbeitet MASCOT?* http://seco.asa.cs.uni-frankfurt.de/Seco/mascot/ (Abgerufen: 12.04.06)

[31]   LOWE, D. G.: *Distinctive Image Features from Scale-Invariant Keypoints.* In: International Journal of Computer Vision, Band 60(2), S. 91-110, 2004.

[32]   VIOLA, P.; JONES, M.: *Rapid object detection using a boosted cascade of simple features.* In: Proceedings Conference on Computer Vision and Pattern Recognition, S. 511-518, 2001.

[33]   FREUND, Y.; SCHAPIRE, E.: *A decision-theoretic generalization of on-line learning and an application to boosting.* In: Proceedings European Conference on Computational Learning Theory, S. 23-37, 1995.

[34]   SCHARNSTEIN, D.; SZELISKI, R.: *A taxonomy and evaluation of dense two-frame stereo correspondence algorithms.* In: International Journal of Computer Vision, Band 47(1). S. 7-42, 2002.

[35]   SCHARNSTEIN, D.; SZELISKI, R.: *High-Accuracy Stereo Depth Maps Using Structured Light.* IEEE Computer Society Conference on Computer Vision and Pattern Recognition, Band 1, S. 195-202, 2003.

[36]   KRAUS, K.: *Photogrammetrie Band 1 - Geometrische Informationen aus Photographien und Laserscanneraufnahmen.* Walter de Gruyter Verlag, 7. Auflage, 2004.

[37]   DAVIS, J.; CHEN, X.: *A laser range scanner designed for minimum calibration complexity.* In: Proceedings International Conference on3D Digital Imaging and Modeling, S 91-98, 2001.

[38]   SCHNEIDER, B.: *Der Photomischdetektor zur schnellen 3D-Vermessung für Sicherheitssysteme und zur Informationsübertragung im Automobil.* Dissertation, Universität Siegen, 2003.

[39]   JOHNSON, A. E.; HEBERT, M.: U*sing Spin Images for Efficient Object Recognition in Cluttered 3D Scenes.* IEEE Transactions on Pattern Analysis and Machine Intelligence, Band 21(5), S. 433-449, 1999.

[40]   WOLBERG, G.; ZOKAI, S.: *Robust image registration using log-polar transform.* In: Proceedings International Conference on Image Processing, Band 1, S. 493-496, 2000.

[41]   SCHULZ-MIRBACH, H.: *Invariant Features for Gray Scale Images.* DAGM Symposium „Mustererkennung", S. 1-14, 1995.

[42]   GABOR, D.: *Theory of communications*. In: Journal of Institution of Electrical
        Engineers, Band 93(26), S. 429-457, 1946.

[43]   DAUGMAN, J.G.: *Uncertainty relation for resolution in space, spatial frequency,
        and orientation optimized by two-dimensional visual cortical filters*. In: Journal of
        the Optical Society of America A, Band 2(7), S. 1160-1169, 1985.

[44]   BURKE HUBBARD, B.: *Wavelets: Die Mathematik der kleinen Wellen*. Birkhäuser
        Verlag, 1997.

[45]   DAUGMAN, J.: *How Iris Recognition Works*. IEEE Transactions on Circuit and
        Systems for Video Technology, Band 14(1), S. 21-30, 2004.

[46]   GRIGORESCU, S.E.; PETKOV, N.; KRUIZINGA, P.: *Comparison of texture features
        based on Gabor filters*. In: IEEE Transactions on Image Processing, Band 11(10),
        S. 142-147, 2002.

[47]   MESSER, K.; KITTLER, J.; U. A.: *Face Authentication Test on the BANCA Database*.
        In: Proceedings International Conference on Pattern Recognition, Band 4, S. 523-
        532, 2004.

[48]   FRÖHLINGHAUS, T.: *Multiscale Gabor Wavelet-based Stereo Disparity Estimation*.
        Dissertation, Friedrich-Wilhelms-Universität Bonn, 2000.

[49]   HAMAMOTO, Y.; UCHIMURA, S.; MASAMIZU, K.; TOMITA, S.: *Recognition of
        handprinted chinese characters using gabor features*. In: Proceedings International
        Conference on Document Analysis and Recognition, Band 2, S. 819-823, 1995.

[50]   REED, T. R.: *High-quality image compression using the Gabor transform*. In:
        Proceedings International Symposium Seminar and Exhibition, S. 792-795, 1993.

[51]   JONES, J. P.; PALMER, L. A.: *An evaluation of the two-dimensional Gabor filter
        model of simple receptive fields in cat striate cortex*. In: Journal of
        Neurophysiology, Band 58(6), S. 1233-1258, 1987.

[52]   HEINTZ, R; SCHÄFER, G.: *Lokale invariante Objektlokalisierung mittels
        Gaborfiltern*. GMA Kongress, VDI-Bericht 1883, S. 441-448, 2005.

[53]   HEINTZ, R; SCHÄFER, G.; BRETTHAUER, G.: *Local invariant object localization
        based on Gabor feature space*. .In: Proceedings 5th International Conference on
        Visualization, Imaging and Image Processing, S. 575-580, 2005.

[54]   DAUGMAN, J. G.: *Complete discrete 2-D Gabor transforms by neural networks for
        image analysis and compression*. IEEE Transactions on Acoustics, Speech, and
        Signal Processing, Band 36(7), S. 1169-1179, 1988.

[55]   NESTARES, O.; NAVARRO, R.; U.A.: *Efficient Spatial-Domain Implementation of a
        Multiscale Image Representation Based on Gabor Functions*. In: Journal of
        Electronic Imaging, Band 7(1), S. 166-173, 1998.

[56]   JAIN, A. K.; FARROKHNIA F.: *Unsupervised Texture Segmentation using Gabor
        Filters*. In: Pattern Recognition, Band 24(12), S. 1167-1186, 1991.

[57] BOVIK, A.C.; CLARK, M.; GEISLER; W.S.: *Multichannel Texture Analysis Using Localized Spatial Filters*. In: IEEE Transactions on Pattern Analysis and Machine Intelligence, Band 12(1), S. 55-73, 1990.

[58] FORSYTH, D. A.; PONCE, J.: *Computer Vision: A Modern Approach*. Prentice Hall, 2003.

[59] HEINTZ, R; SCHÄFER, G.; MONARI, E; BRETTHAUER, G.: *Robust detection of local interest regions based on Gabor features*. In: Proceedings 6th International Conference on Visualization, Imaging and Image Processing, S. 511-516, 2006.

[60] WU, P.; MANJUNATH, B. S.; NEWSAM, S.; SHIN, H. D.::*A texture descriptor for browsing and similarity retrieval*. In: Journal of Signal Processing: Image Communication, Band 16(1-2), S. 33–43, 2000.

[61] TIWARI, S.; GALLAGER, S.: *Machine Learning and Multiscale Methods in the Identification of Bivalve Larvae*. In: Proceedings IEEE International Conference on Computer Vision, Band 1, S. 494- 501, 2003.

[62] SHEN, D.; ZHAN, Y; DAVATZIKOS, C.: *Segmentation of prostate boundaries from ultrasound images using statistical shape model*. IEEE Transactions on Medical Imaging, Band 22(4), S. 539- 551, 2003.

[63] WISKOTT, L.: *Labeled Graphs and Dynamic Link Matching for Face Recognition and Scene Analysis*. Verlag Harri Deutsch, Reihe Physik, Band 53, 1995.

[64] KAMMEYER, K. D.; KROSCHEL, K.: *Digitale Signalverarbeitung*. Teubner Verlag, Studienbücher Elektrotechnik, 5. Auflage, 2002.

[65] YOUNG, I. T.; VAN VLIET, L.J., VAN GINKEL, M.: *Recursive Gabor filtering*. IEEE Transactions on Signal Processing, Band 50(11), S. 2798-2805, 2002.

[66] ABRAMOWITZ, M.; STEGUN, I. A.: *Handbook of Mathematical Functions*. Dover Publications, 1972.

[67] YOUNG, I. T.; VAN VLIET, L.J.: *Recursive implementation of the Gaussian filter*. Signal Processing, Band 44(2), S. 139–151, 1995.

[68] B. TRIGGS, B.; SDIKA, M.: *Boundary conditions for Young - van Vliet recursive filtering*. IEEE Transactions on Acoustics, Speech, and Signal Processing, Band 54(6), S. 2365- 2367, 2005.

[69] BERNARDINO, A.; SANTOS–VICTOR, J.: *A Real-Time Gabor Primal Sketch for Visual Attention*. In: Proceedings Conference on Pattern Recognition and Image Analysis, S. 335-342, 2005.

[70] SARA, R.: *Finding the largest unambiguous component of stereo matching*. In: Proceedings European Conference on Computer Vision, Band 3, S. 900-914, 2002.

[71] BRIECHLE, K.; HANEBECK, U. D.: *Template Matching using Fast Normalized Cross Correlation*. In: Proceedings International Society for Optical Engineering, Band 4387, S. 95-102, 2001.

[72]   WEBER, G. A.: *The USC-SIPI Image Database: Version 5.* USC-SIPI Report, Band. 315, 1997.

[73]   BURIANEK, J.; AHMADYFARD, A.; KITTLER, J.: *SOIL-47: Surrey Object Image Library.*   http://www.ee.surrey.ac.uk/Research/VSSP/demos/colour/soil47/, (Abgerufen: 21.06.2005).

[74]   STEVEN, J. K.; SEITZ, M.; AGRAWALA, M.: Video-*Based Document Tracking: Unifying Your Physical and Electronic Desktops.* In: Proceedings Symposium on User Interface Software and Technology, S. 99-107, 2004.

[75]   STEVEN, J. K.; SEITZ, M.; AGRAWALA, M.: *The Office of the Past: Document Discovery and Tracking from Video.* IEEE Workshop on Real-Time Vision for Human-Computer Interaction, S. 157-157, 2004.

[76]   MONARI, E; HEINTZ, R; SCHÄFER, G.: *FPGA basierte Gaborfilterung zur Beschleunigung eines Objekterkennungssystems.* In: Proceedings 34 MPC Workshop, S. 13-22, 2005.

[77]   REICHARDT, J.; SCHWARZ, B.: *VHDL-Synthese. Entwurf digitaler Schaltungen und Systeme.* Oldenburg Verlag, 2. Auflage, 2001.

[78]   GOLDBERG, D.: *What Every Computer Scientist Should Know About Floating-Point Arithmetic.* ACM Computing Surveys, Band 23(1), S. 5-48, 1991.

[79]   IEEE: *IEEE Standard 754-1985 for Binary Floating-Point Arithmetic.* IEEE. Neudruck in SIGPLAN, Band 22(2), S. 9-25, 1987.

[80]   SAHIN, I.; GLOSTER, C.; DOSS, C.: *Feasibility of Floating-Point Arithmetic in Reconfigurable Computing Systems.* In: Proceedings Military and Aerospace Applications of Programmable Devices and Technology Conference, S. 1-8, 2000.

[81]   JAIN, A.; HEALEY, G.: *A Multiscale Representation Including Opponent Color Features for Texture Recognition.* IEEE Transactions on Image Processing, Band 7(1) S. 124-128, 1998.

[82]   Lepistö, L.; Kunttu, I.; Autio, J.; Visa,A. *Classification method for colored natural textures using Gabor filtering.* In: Proceedings International Conference on Image Analysis and Processing, S. 397-401, 2003.

[83]   DREW, M. S.; AU, J.: *Video keyframe production by efficient clustering of compressed chromaticity signatures.* In: Proceedings International Conference on Multimedia, S. 365-367, 2000.

[84]   HEINTZ, R; MONARI, E; SCHÄFER, G.: *Local invariant object localization based on a reduced color space.* In: Proceedings International Conference on Signal, Speech and Image Processing, S. 202-207, 2005.

[85]   HEINTZ, R; MONARI, E; SCHÄFER, G.: *Parametric local feature space for invariant object localization.* WSEAS Transactions on Information Science and Applications, Vol. 9(2), S. 1258-1268, 2005.

[86]   ANDERSON, D.; DREW, M. S.: *Image object search combining color with Gabor wavelet shape descriptions*. In: Proceedings Storage and Retrieval for Media Databases, Band 5021, S. 44-53, 2003.

[87]   YANAI, K.; SHIRAHATTI, V.; GABBUR, P.; BARNARD, K.: *Evaluation Strategies for Image Understanding and Retrieval*. In: Proceedings of the 7th International workshop on Multimedia information retrieval, S. 217-226, 2005.

[88]   MANTHALKAR, R.; BISWAS, P. K.; CHATTERJI, B. N.: *Rotation Invariant Color Texture Classification in Perceptually Uniform Color Spaces*. In: Proceedings Indian Conference on Computer Vision, Graphics & Image Processing, 2002.

[89]   PASCHOS, G.: *Perceptually Uniform Color Spaces for Color Texture Analysis: An Empirical Evaluation*. IEEE Transactions on Image Processing, Band 10(6), S. 932-937, 2001.

[90]   FREY, H.: *Digitale Bildverarbeitung in Farbräumen*. Dissertation, Technische Universität München, 1988.

[91]   GONZALEZ R.; WOODS, R. E.: *Digital Image Processing*. Prentice Hall Press, 2. Auflage, S. 295, 2002.

[92]   JOLLIFFE, I. T.: *Principal Component Analysis*. Springer-Verlag, 1986.

[93]   MONARI, E.: *Signifikanzanalyse von Gabor-Jet-Matrizen zur segmentierungslosen Objekterkennung*. Diplomarbeit, Hochschule Karlsruhe, 2004.

[94]   BURT, P.; ADELSON, E.: *The Laplacian Pyramid as a Compact Image Code*. IEEE Transactions on Communications, Band 31(4), S. 532-540, 1983.

[95]   BRONSTEIN, I. N. U.A.: *Taschenbuch der Mathematik*. Harri Deutsch Verlag, 5. Auflage, 2000.

[96]   BURGER, W.; BURGE, M. J.: Digitale Bildverarbeitung. Springer Verlag, 1. Auflage, 2005.

10 Anhang

Die im Anhang angebenden Herleitungen basieren auf eigenen Arbeiten. Zur Unterstützung wurde Fachliteratur aus dem Bereich der Mathematik [95] und der Bildverarbeitung [96] verwendet.

A. Herleitung der Bedingungen an ein Faltungsfilter als Basis eines Merkmalsbereichs für Rotation, Skalierung und Verschiebung

Für Rotation, Skalierung und Verschiebung ergibt sich folgende Transformationsgleichung:

$$\mathbf{f}(\mathbf{x},\mathbf{q})+\mathbf{v}=q_1\cdot\mathbf{B}\cdot\mathbf{x}+\mathbf{v} \text{ mit } \mathbf{B}=\begin{bmatrix}\cos(q_2) & \sin(q_2)\\ -\sin(q_2) & \cos(q_2)\end{bmatrix},\ \mathbf{x}=\begin{bmatrix}x_1\\x_2\end{bmatrix} \text{ und } \mathbf{v}=\begin{bmatrix}v_1\\v_2\end{bmatrix} \quad (10.1)$$

Die Transformation setzt sich zusammen aus einer Rotation mit dem Winkel q_2, einer Skalierung um den Faktor q_1 und zuletzt eine Verschiebung um den Vektor $\mathbf{v}$.

Wie in Kapitel 2 beschrieben, ist folgende Bedingung an den Merkmalsraum zu stellen.

$$M_2(\mathbf{x},\mathbf{p})=M_1\big(\mathbf{f}(\mathbf{x},\mathbf{q})+\mathbf{v},\mathbf{p}-\mathbf{g}(\mathbf{q})\big) \text{ mit } \mathbf{q}=\begin{bmatrix}q_1\\q_2\end{bmatrix},\ \mathbf{g}(\mathbf{q})=\begin{bmatrix}g_1(q_1)\\g_2(q_2)\end{bmatrix} \quad (10.2)$$

Die auf der Faltung basierende Merkmalsextraktion wird mittels des Faltungsintegrals realisiert. Das Faltungsintegral wurde um einen Parametervektor $\mathbf{p}$ erweitert, mittels welchem sich der Filterkern parametrisieren lässt. Der Parametervektor wird zur Kompensation der Transformationen verwendet.

$$M(\mathbf{x},\mathbf{p})=(h**E)(\mathbf{x},\mathbf{p})=\int_{-\infty}^{\infty}\int_{-\infty}^{\infty}h(\mathbf{x}-\boldsymbol{\tau},\mathbf{p})\cdot E(\boldsymbol{\tau})d\boldsymbol{\tau} \text{ mit } \boldsymbol{\tau}=\begin{bmatrix}\tau_1\\\tau_2\end{bmatrix} \text{ und } d\boldsymbol{\tau}=d\tau_1\cdot d\tau_2 \quad (10.3)$$

Ein Eingangsbild $E(\mathbf{x})$ wird mit dem Faltungskern $h(\mathbf{x},\mathbf{p})$ gefaltet, um das Filterergebnis $M(\mathbf{x},\mathbf{p})$ zu erhalten. Ziel ist die Erfüllung der Bedingung (10.1), daraus ergeben sich Bedingungen an den Filterkern.

Die Bedingungen an den Filterkern lassen sich unabhängig für alle Transformationen ermitteln. In den folgenden Unterabschnitten werden die Bedingungen für Verschiebung, Rotation und Skalierung hergeleitet.

A.1 Bedingungen für Verschiebung

In Fall einer Verschiebung gilt für die Umgebungen $E_1(\mathbf{x})$ und $E_2(\mathbf{x})$ der Zusammenhang

$$E_2(\mathbf{x}) = E_1(f(\mathbf{x},\mathbf{q}) + \mathbf{v}) = E_1(\mathbf{x} + \mathbf{v}). \tag{10.4}$$

Aus Gleichung (10.2) ergibt sich für den Merkmalsbereich der Zusammenhang

$$M_2(\mathbf{x},\mathbf{p}) = M_1(\mathbf{x} + \mathbf{v},\mathbf{p}). \tag{10.5}$$

Für die Merkmalsbereiche ergibt sich:

$$M_2(\mathbf{x},\mathbf{p}) = \int\limits_{-\infty}^{\infty}\int\limits_{-\infty}^{\infty} h(\mathbf{x} - \tau,\mathbf{p}) \cdot E_2(\tau)d\tau$$

$$M_2(\mathbf{x},\mathbf{p}) = \int\limits_{-\infty}^{\infty}\int\limits_{-\infty}^{\infty} h(\tau,\mathbf{p}) \cdot E_2(\mathbf{x} - \tau)d\tau$$

$$M_2(\mathbf{x},\mathbf{p}) = \int\limits_{-\infty}^{\infty}\int\limits_{-\infty}^{\infty} h(\tau,\mathbf{p}) \cdot E_1(\mathbf{x} + \mathbf{v} - \tau)d\tau$$

$$M_1(\mathbf{x} + \mathbf{v},\mathbf{p}) = \int\limits_{-\infty}^{\infty}\int\limits_{-\infty}^{\infty} h(\tau,\mathbf{p}) \cdot E_1(\mathbf{x} + \mathbf{v} - \tau)d\tau$$

$$\Rightarrow M_2(\mathbf{x},\mathbf{p}) = M_1(\mathbf{x} + \mathbf{v},\mathbf{p}) \tag{10.6}$$

Die geforderte Bedingung (10.5) wird vom Faltungsintegral erfüllt, der Faltungskern muss keine speziellen Anforderungen erfüllen.

A.2 Bedingungen für Rotation

Für die Rotation ergibt sich folgender Zusammenhang für die Umgebungen $E_1(\mathbf{x})$ und $E_2(\mathbf{x})$.

$$E_2(\mathbf{x}) = E_1(f(\mathbf{x},\mathbf{q}) + \mathbf{v}) = E_1(\mathbf{B} \cdot \mathbf{x}) \text{ mit } B = \begin{bmatrix} \cos(q_1) & \sin(q_1) \\ -\sin(q_1) & \cos(q_1) \end{bmatrix} \tag{10.7}$$

Für die Merkmalsbereiche muss folgende Bedingung erfüllt sein:

$$M_2(\mathbf{x}, p_1) = M_1(\mathbf{B} \cdot \mathbf{x}, p_1 - g(q_1)) \tag{10.8}$$

Das Faltungsintegral von $M_2(\mathbf{x})$ lässt sich wie folgt umformen:

$$M_2(\mathbf{x}, p_1) = \int\limits_{-\infty}^{\infty}\int\limits_{-\infty}^{\infty} h(\mathbf{x} - \tau, p_1) \cdot E_2(\tau)d\tau$$

$$M_2(\mathbf{x}, p_1) = \int\limits_{-\infty}^{\infty}\int\limits_{-\infty}^{\infty} h(\mathbf{x} - \tau, p_1) \cdot E_1(\mathbf{B} \cdot \tau)d\tau$$

Bei Substitution mit $\tau_B = \begin{bmatrix} \tau_{B1} \\ \tau_{B2} \end{bmatrix} = \mathbf{B} \cdot \tau$ ergibt sich:

$$M_2(\mathbf{x}, p_1) = \int\limits_{-\infty}^{\infty} \int\limits_{-\infty}^{\infty} h(\mathbf{x} - \boldsymbol{\tau}, p_1) \cdot E_1(\boldsymbol{\tau}_B) \cdot |\det(\mathbf{D})| \cdot d\boldsymbol{\tau}_B$$

mit Matrix $\mathbf{D} = \begin{bmatrix} \dfrac{d\tau_1}{d\tau_{B1}} & \dfrac{d\tau_1}{d\tau_{B2}} \\ \dfrac{d\tau_2}{d\tau_{B1}} & \dfrac{d\tau_2}{d\tau_{B2}} \end{bmatrix} = \mathbf{B}^{-1}$

Die Funktionaldeterminante ist: $\det(\mathbf{D}) = \det(\mathbf{B}^{-1}) = \det\left(\begin{bmatrix} \cos(q_1) & -\sin(q_1) \\ \sin(q_1) & \cos(q_1) \end{bmatrix}\right) = 1$

Es ergibt sich

$$M_2(\mathbf{x}, p_1) = \int\limits_{-\infty}^{\infty} \int\limits_{-\infty}^{\infty} h(\mathbf{x} - \mathbf{B}^{-1}\boldsymbol{\tau}_B, p_1) \cdot E_1(\boldsymbol{\tau}_B) d\boldsymbol{\tau}_B \tag{10.9}$$

Für $M_1(\mathbf{B} \cdot \mathbf{x}, p_1 - g(q_1))$ ergibt sich

$$M_1(\mathbf{B} \cdot \mathbf{x}, p_1 - g(q_1)) = \int\limits_{-\infty}^{\infty} \int\limits_{-\infty}^{\infty} h(\mathbf{B} \cdot \mathbf{x} - \boldsymbol{\tau}, p_1 - g(q_1)) \cdot E_1(\boldsymbol{\tau}) d\boldsymbol{\tau} \tag{10.10}$$

Um die Bedingung (10.8) zu erfüllen, ergibt sich aus den Gleichungen (10.9) und (10.10) eine Bedingung an den Filterkern.

$$h(\mathbf{x} - \mathbf{B}^{-1}\boldsymbol{\tau}, p_1) = h(\mathbf{B} \cdot \mathbf{x} - \boldsymbol{\tau}, p_1 - g(q_1)) \tag{10.11}$$

Diese Bedingung muss ein Filterkern erfüllen, um zur Erzeugung eines Merkmalsbereichs für Rotation geeignet zu sein.

A.3   Bedingungen für Skalierung

Bei der Skalierung ergibt sich folgender Zusammenhang für die Umgebungen $E_1(\mathbf{x})$ und $E_2(\mathbf{x})$:

$$E_2(\mathbf{x}) = E_1(f(\mathbf{x}, \mathbf{q}) + \mathbf{v}) = E_1(q_2 \cdot \mathbf{x}) \tag{10.12}$$

Als Bedingung an den Merkmalsbereich ergibt sich

$$M_2(\mathbf{x}, p_2) = M_1(q_2 \cdot \mathbf{x}, p_2 - g(q_2)).$$

Der Merkmalsbereich für $M_2(\mathbf{x}, p_2)$ berechnet sich mit:

$$M_2(\mathbf{x}, p_2) = \int\limits_{-\infty}^{\infty} \int\limits_{-\infty}^{\infty} h(\mathbf{x} - \boldsymbol{\tau}, p_2) \cdot E_2(\boldsymbol{\tau}) d\boldsymbol{\tau} = \int\limits_{-\infty}^{\infty} \int\limits_{-\infty}^{\infty} h(\boldsymbol{\tau}, p_2) \cdot E_2(\mathbf{x} - \boldsymbol{\tau}) d\boldsymbol{\tau}$$

$$M_2(\mathbf{x}, p_2) = \int\limits_{-\infty}^{\infty} \int\limits_{-\infty}^{\infty} h(\boldsymbol{\tau}, p_2) \cdot E_1(a\mathbf{x} - a\boldsymbol{\tau}) d\boldsymbol{\tau}$$

Bei Substitution mit $\boldsymbol{\tau}_a = \begin{bmatrix} \tau_{a1} \\ \tau_{a2} \end{bmatrix} = a \cdot \boldsymbol{\tau}$ ergibt sich:

$$M_2(\mathbf{x}, p_2) = \int\limits_{-\infty}^{\infty}\int\limits_{-\infty}^{\infty} h\left(\frac{\boldsymbol{\tau}_a}{a}, p_2\right) \cdot E_1(a\mathbf{x} - \boldsymbol{\tau}_a) \cdot |\det(\mathbf{D})| \cdot d\boldsymbol{\tau}_a$$

mit Matrix $\mathbf{D} = \begin{bmatrix} \dfrac{d\tau_1}{d\tau_{B1}} & \dfrac{d\tau_1}{d\tau_{B2}} \\ \dfrac{d\tau_2}{d\tau_{B1}} & \dfrac{d\tau_2}{d\tau_{B2}} \end{bmatrix} = \begin{bmatrix} \dfrac{1}{a} & 0 \\ 0 & \dfrac{1}{a} \end{bmatrix}$

Die Funktionaldeterminante ergibt $\det(\mathbf{D}) = \dfrac{1}{a^2}$

$$M_2(\mathbf{x}, p_2) = \int\limits_{-\infty}^{\infty}\int\limits_{-\infty}^{\infty} \frac{1}{q_2^2} h\left(\frac{\boldsymbol{\tau}_a}{q_2}, p_2\right) \cdot E_1(q_2\mathbf{x} - \boldsymbol{\tau}_a) d\boldsymbol{\tau}_a \tag{10.13}$$

Für den Merkmalsbereich von $M_1(q_2\mathbf{x}, p_2 - q_2)$ ergibt sich:

$$M_1(q_2\mathbf{x}, p_2 - g(q_2)) = \int\limits_{-\infty}^{\infty}\int\limits_{-\infty}^{\infty} h(\boldsymbol{\tau}, p_2 - g(q_2)) \cdot E_1(q_2\mathbf{x} - \boldsymbol{\tau}) d\boldsymbol{\tau} \tag{10.14}$$

Aus den Gleichungen (10.13) und (10.14) lässt sich die Bedingung an einen Filterkern zur Skalierungskompensation bestimmen:

$$\frac{1}{q_2^2} h\left(\frac{\boldsymbol{\tau}}{q_2}, p_2\right) = h(\boldsymbol{\tau}, p_2 - g(q_2)) \tag{10.15}$$

B. Nachweis, dass ein Gaborfilter als Basis eines Merkmalsbereichs für Rotation, Skalierung und Verschiebung verwendbar ist

Im Anhang B werden die Bedingungen bestimmt, unter welchen ein Gaborfilter zur Erzeugung eines Merkmalsbereichs für Rotation, Skalierung und Verschiebung verwendet werden kann.

Das zweidimensionale drehbare Gaborfilter wird durch die Funktion (10.16) beschrieben.

$$h_g(\mathbf{x}, \sigma_{x1}, \sigma_{x2}, \omega, \theta) = \frac{1}{\sigma_{x1}\sigma_{x2}} e^{\left(-\frac{1}{2}\left(\frac{x_{R1}^2}{\sigma_{x1}^2} + \frac{x_{R2}^2}{\sigma_{x2}^2}\right)\right)} e^{(j\cdot\omega\cdot(x_{R1}+x_{R2}))} \text{ mit } j^2 = -1 \text{ und}$$

$$\mathbf{x}_R = \begin{bmatrix} x_{R1} \\ x_{R2} \end{bmatrix} = \mathbf{A} \cdot \mathbf{x} = \begin{bmatrix} \cos(\theta) & \sin(\theta) \\ -\sin(\theta) & \cos(\theta) \end{bmatrix} \cdot \begin{bmatrix} x_1 \\ x_2 \end{bmatrix} \tag{10.16}$$

Im Anhang A wurde gezeigt, dass bei der Faltung unabhängig vom Filterkern die Verschiebung im Ortsbereich in eine Verschiebung im Merkmalsbereich übergeht. Daher ist eine Untersuchung von Rotation und Skalierung ausreichend.

B.1   Bedingungen für Rotation

Damit eine Rotation im Ortsbereich in eine Verschiebung im Merkmalsbereich übergeht, muss die Bedingung nach Gleichung (10.11) erfüllt werden. Das Gaborfilter lässt sich mittels des Parameters θ rotieren, daher wird untersucht, ob mittels dieses Parameters die Bedingung erfüllbar ist.

$$h_g\left(\mathbf{x} - \mathbf{B}^{-1}\boldsymbol{\tau}, \theta\right) = h_g\left(\mathbf{B} \cdot \mathbf{x} - \boldsymbol{\tau}, \theta - g(q_1)\right) \text{ mit } \mathbf{B} = \begin{bmatrix} \cos(q_1) & \sin(q_1) \\ -\sin(q_1) & \cos(q_1) \end{bmatrix} \tag{10.17}$$

Für die rotierten Koordinaten $\mathbf{x}_R$ ergibt sich:

$$\mathbf{x}_R = \mathbf{A}_1 \cdot \left(\mathbf{x} - \mathbf{B}^{-1}\boldsymbol{\tau}\right) = \mathbf{A}_2 \cdot \left(\mathbf{B} \cdot \mathbf{x} - \boldsymbol{\tau}\right) \Rightarrow \mathbf{A}_1 = \mathbf{A}_2 \cdot \mathbf{B} \text{ mit}$$

$$\mathbf{A}_1 = \begin{bmatrix} \cos(\theta) & \sin(\theta) \\ -\sin(\theta) & \cos(\theta) \end{bmatrix} \text{ und } \mathbf{A}_2 = \begin{bmatrix} \cos(\theta - g(q_1)) & \sin(\theta - g(q_1)) \\ -\sin(\theta - g(q_1)) & \cos(\theta - g(q_1)) \end{bmatrix} \tag{10.18}$$

Daraus ergibt sich der Zusammenhang:

$$\mathbf{A}_2 \cdot \mathbf{B} = \begin{bmatrix} \cos(\theta - g(q_1)) & \sin(\theta - g(q_1)) \\ -\sin(\theta - g(q_1)) & \cos(\theta - g(q_1)) \end{bmatrix} \cdot \begin{bmatrix} \cos(q_1) & \sin(q_1) \\ -\sin(q_1) & \cos(q_1) \end{bmatrix}$$

$$\Rightarrow g(q_1) = q_1$$

$$\mathbf{A}_2 \cdot \mathbf{B} = \begin{bmatrix} \cos(\theta - g(q_1) + q_1) & \sin(\theta - g(q_1) + q_1) \\ -\sin(\theta - g(q_1) + q_1) & \cos(\theta - g(q_1) + q_1) \end{bmatrix} = \begin{bmatrix} \cos(\theta) & \sin(\theta) \\ -\sin(\theta) & \cos(\theta) \end{bmatrix} = \mathbf{A}_1 \tag{10.19}$$

Die Bedingung nach Gleichung (10.11) wird vom Gaborfilter erfüllt (Gleichung (10.19)). Zur Erfüllung war nur die Betrachtung der Rotationsmatrix des Gaborfilters notwendig, folglich erfüllt jeder Faltungsfilter, welcher sich mittels einer Rotationsmatrix drehen lässt, diese Bedingung und ist als Merkmalsbereich für die Rotation geeignet.

B.2   Bedingungen für Skalierung

Um einen Übergang der Skalierung im Ortsbereich in eine Verschiebung im Merkmalsbereich zu erreichen, muss ein Faltungsfilter die Bedingung nach Gleichung (10.15) erfüllen.

$$\frac{1}{q_2^2} h_g\left(\frac{\mathbf{x}}{q_2}, p_2\right) = h_g\left(\mathbf{x}, p_2 - g(q_2)\right) \tag{10.20}$$

Bei Betrachtung des Gaborfilterkerns ist erkennbar, dass die geforderte Form durch Zusammenfassung der Parameter erreichbar ist.

$$\frac{\sigma_{x1}}{d_1} = \frac{\sigma_{x2}}{d_2} = \sigma \quad \omega = \frac{c}{\sigma} \text{ mit } c, d_1, d_2 \in \mathbb{R} \text{ und } c, d_1, d_2 > 0 \tag{10.21}$$

Durch Definition des Parameter ω als Skalierungsparameter kann eine Annäherung an die Forderung erreicht werden.

$$\frac{1}{qt_2^2}h_g\left(\frac{\mathbf{x}}{qt_2},\omega\right)=\frac{\omega^2\cdot d_1\cdot d_2}{qt_2^2\cdot c^2}e^{\left(-\frac{\omega^2}{2c^2\cdot qt_2^2}\left(d_1^2\cdot x_{R1}^2+d_1^2\cdot x_{R2}^2\right)\right)}e^{\left(j\cdot\frac{\omega}{qt_2}\cdot(x_{R1}+x_{R2})\right)}=h_g\left(\mathbf{x},\frac{\omega}{qt_2}\right)\tag{10.22}$$

Um die Division in eine Subtraktion zu überführen ist eine Anpassung der Parameter nötig.

$$\frac{1}{\left(\omega_m a^{qt_2}\right)^2}h_g\left(\frac{\mathbf{x}}{\omega_m a^{qt_2}},p_2\right)=\frac{\left(\omega_m a^{pt_2}\right)^2\cdot d_1\cdot d_2}{\left(\omega_m a^{qt_2}\right)^2\cdot c^2}e^{\left(-\frac{\left(\omega_m a^{pt_2}\right)^2}{2c^2\cdot\left(\omega_m a^{qt_2}\right)^2}\left(d_1^2\cdot x_{R1}^2+d_1^2\cdot x_{R2}^2\right)\right)}e^{\left(j\cdot\frac{\omega_m a^{pt_2}}{\omega_m a^{qt_2}}\cdot(x_{R1}+x_{R2})\right)}$$

mit $a\in\mathbb{R}$, $0<a<1$ und $\omega=\omega_m a^{pt_2}$

$$\frac{1}{\left(\omega_m a^{qt_2}\right)^2}h_g\left(\frac{\mathbf{x}}{\omega_m a^{qt_2}},p_2\right)=\frac{\left(a^{pt_2-qt_2}\right)^2}{c^2}e^{\left(-\frac{\left(a^{pt_2-qt_2}\right)^2}{2c^2}\left(d_1^2\cdot x_{R1}^2+d_1^2\cdot x_{R2}^2\right)\right)}e^{\left(j\cdot a^{pt_2-qt_2}\cdot(x_{R1}+x_{R2})\right)}=h_g\left(\mathbf{x},pt_2-qt_2\right)$$

$$\frac{1}{q_2^2}h_g\left(\frac{\mathbf{x}}{q_2},p_2\right)=\frac{\left(a^{p_2-q_2}\right)^2\cdot d_1\cdot d_2}{c^2}e^{\left(-\frac{\left(a^{p_2-q_2}\right)^2}{2c^2}\left(d_1^2\cdot x_{R1}^2+d_1^2\cdot x_{R2}^2\right)\right)}e^{\left(j\cdot a^{p_2-q_2}\cdot(x_{R1}+x_{R2})\right)}=h_g\left(\mathbf{x},p_2-\log_a\left(\frac{q_2}{\omega_m}\right)\right)$$

$$\frac{1}{q_2^2}h_g\left(\frac{\mathbf{x}}{q_2},p_2\right)=h_g\left(\mathbf{x},p_2-g(q_2)\right)\text{ mit }g(q_2)=\log_a\left(\frac{q_2}{\omega_m}\right)\tag{10.23}$$

B.3   Ergebnisse

Ein Merkmalsbereich für Rotation, Skalierung und Verschiebung ist mittels Gaborfiltern realisierbar. Der Merkmalsbereich wird dabei mittels Gleichung (10.24) erzeugt.

$$M(\mathbf{x},\mathbf{p})=\int\int_{-\infty}^{\infty}h_g(\mathbf{x}-\boldsymbol{\tau},\mathbf{p})\cdot E(\boldsymbol{\tau})d\boldsymbol{\tau}\tag{10.24}$$

Durch die Verschiebung und Rotation ergeben sich keine Einschränkungen an das Gaborfilter, nur durch die Skalierung entstehen Einschränkungen die zu einem eingeschränktem Gaborfilter führen.

$$h_g(\mathbf{x},\mathbf{p})=\frac{\omega^2\cdot d_1\cdot d_2}{c^2}e^{\left(-\frac{\omega^2}{2c^2}\left(d_1^2\cdot x_{R1}^2+d_2^2\cdot x_{R2}^2\right)\right)}e^{\left(j\cdot\omega\cdot(x_{R1}+x_{R2})\right)}\text{ mit }a,c,d_1,d_2\in\mathbb{R},\ 0<a<1,$$

$$\omega=\omega_m\cdot a^{p_2},\ g(\mathbf{q})=\begin{bmatrix}q_1\\\log_a\left(\frac{q_2}{\omega_m}\right)\end{bmatrix}\text{ und }\mathbf{x}_R=\begin{bmatrix}x_{R1}\\x_{R2}\end{bmatrix}=\mathbf{A}\cdot\mathbf{x}=\begin{bmatrix}\cos(p_1)&\sin(p_1)\\-\sin(p_1)&\cos(p_1)\end{bmatrix}\cdot\begin{bmatrix}x_1\\x_2\end{bmatrix}\tag{10.25}$$

C. Bestimmung der Maximalfrequenz des Gaborfilters

Im Ortsfrequenzbereich entspricht der Gaußfilter einer Gaußglocke. Die Position der Gaußglocke wird durch ω und p_1 festgelegt, wobei ω die Verschiebung und p_1 die Rotation angibt. Die Ausdehnung der Gaußglocke wird mit ω und c variiert.

Ausgehend von einer gitterförmigen Verteilung der Bildpunkte / Abtastpunkte wird der Mindestabstand zwischen den Punkten mit Δx bezeichnet. Für eine vollständige Abtastung des Merkmalsraumes, muss das Abtasttheorem auch für den ungünstigsten Fall erfüllt sein.

Der ungünstigste Fall tritt ein bei einer Filterdrehung von 45°. Bei einer Filterdrehung von 45° beträgt der Abstand der Abtastpunkte $\sqrt{2}\Delta x$. Für die minimale Abtastfrequenz ergibt sich folglich

$$\omega_A = \frac{2 \cdot \pi}{\sqrt{2} \cdot \Delta x} = \frac{\sqrt{2} \cdot \pi}{\cdot \Delta x} \tag{10.26}$$

Als minimaler Abstand zwischen den Bildpunkten wird die Länge des Einheitsvektors angenommen, somit kann $\Delta x = 1$ gesetzt werden.

Eine Gaußglocke besitzt eine unendliche Ausdehnung, wobei die Fläche einen Grenzwert aufweist. Somit lässt sich der Fehler mittels der Fehlerfunktion angeben. Da die zweidimensionale Gaußglocke rotationssymmetrisch ist, ist eine Darstellung in Polarkoordinaten unabhängig vom Drehwinkel. Der prozentuale Volumenanteil bezogen auf die Gesamtfläche in Abhängigkeit des Radius ergibt sich nach Gleichung (10.27). Mit „*erf*" wird die Errorfunktion bezeichnet.

$$G(\omega, \sigma) = 2\pi^2 e^{\left(-\frac{(\omega_1^2 + \omega_2^2)}{2\sigma^2}\right)} \Leftrightarrow G(r, \alpha, \mathbf{p}) = 2\pi^2 e^{\left(-\frac{r^2}{2\sigma^2}\right)}$$

$$A(r, \sigma) = \frac{\int\limits_{-f}^{f} \int\limits_{0}^{2\pi} G(r, \alpha, \mathbf{p}) d\alpha dr}{\int\limits_{-\infty}^{\infty} \int\limits_{0}^{2\pi} G(r, \alpha, \mathbf{p}) d\alpha dr} \cdot 100\% = erf\left(\frac{c \cdot r}{\sqrt{2}\omega}\right) \cdot 100\% = erf\left(\frac{r}{\sqrt{2}\sigma}\right) \cdot 100\% \tag{10.27}$$

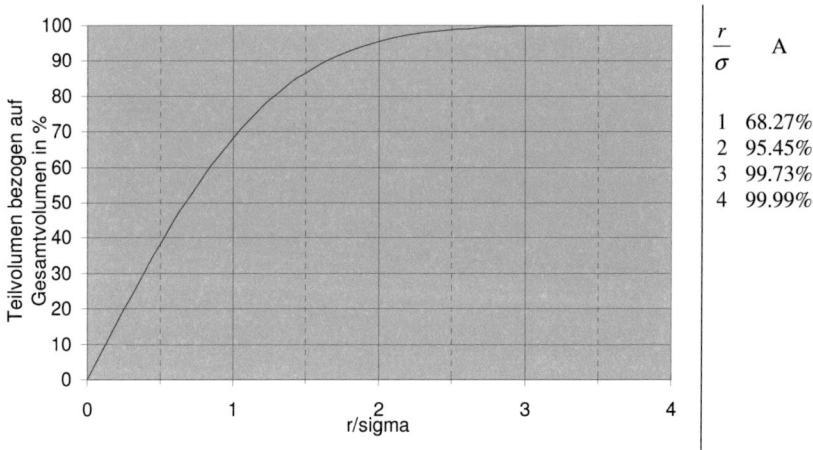

$\dfrac{r}{\sigma}$	A
1	68.27%
2	95.45%
3	99.73%
4	99.99%

Abbildung 10.1: Volumenanteil in Abhängigkeit des Verhältnisses $\dfrac{r}{\sigma}$

Durch den starken Anstieg des Volumens, erkennbar in Abbildung 10.1, kann die Ausdehnung mit einem Radius von 3σ abgeschätzt werden, da hierbei das abgeschätzte

Volumen 99,73% des Gesamtvolumens umfasst. Für die maximal zulässige Frequenz der komplexen Schwingung des Gaborfilters ergibt sich aus Gleichung (3.13).

$$\omega_{max} + 3 \cdot \sigma = \omega_{max} + 3 \cdot \frac{\omega}{c} = \omega_{max} \cdot \left(1 + \frac{3}{c}\right) < \sqrt{2\pi} \Rightarrow \omega_{max} < \sqrt{2\pi} \cdot \frac{c}{c+3} \tag{10.28}$$

D. Faltung mit rotationssymmetrischen Signalen

Im Anhang D werden die Eigenschaften bei Faltung mit einem rotationssymmetrischen Signal untersucht. Zur Vereinfachung wurde die Betrachtung teilweise mittels Polarkoordinaten durchgeführt.

Das Signal $f(\mathbf{x})$ ist rotationssymmetrisch um einen Punkt $\mathbf{p}_0$. Somit ergibt sich der Zusammenhang nach Gleichung (10.29).

$$f\left(\mathbf{p}_0 - \begin{bmatrix} r \cdot \cos(\varphi) \\ r \cdot \sin(\varphi) \end{bmatrix}\right) = f\left(\mathbf{p}_0 - \begin{bmatrix} r \cdot \cos(\alpha) \\ r \cdot \sin(\alpha) \end{bmatrix}\right) \quad \text{mit } \varphi, \alpha, r \in \mathbb{R} \tag{10.29}$$

Für die Faltung von $f(\mathbf{x})$ mit einem Filterkern $g(\mathbf{x})$ gilt Gleichung (10.30).

$$(g ** f)(\bar{x}) = \int\limits_{-\infty}^{\infty}\int\limits_{-\infty}^{\infty} f(\mathbf{x} - \boldsymbol{\tau}) \cdot g(\boldsymbol{\tau}) d\boldsymbol{\tau} \quad \text{mit } \boldsymbol{\tau} = \begin{bmatrix} \tau_1 \\ \tau_2 \end{bmatrix} \text{ und } d\boldsymbol{\tau} = d\tau_1 \cdot d\tau_2 \tag{10.30}$$

Umformung in Polarkoordinaten liefert den Zusammenhang (10.31).

$$(g_p ** f)(\mathbf{x}) = \int\limits_{-\infty}^{\infty}\int\limits_{0}^{2\pi} f\left(\mathbf{x} - \begin{bmatrix} r \cdot \cos(\alpha) \\ r \cdot \sin(\alpha) \end{bmatrix}\right) \cdot g_p(r,\alpha) \cdot r \, d\alpha dr \tag{10.31}$$

Für die Position $\mathbf{p}_0$, ist das Signal $f(\mathbf{x})$ unabhängig vom Winkel α, daher kann der Winkel für $f(\mathbf{x})$ mit 0 festgelegt werden.

$$(g_p ** f)(\mathbf{p}_0) = \int\limits_{-\infty}^{\infty} r \cdot f\left(\mathbf{p}_0 - \begin{bmatrix} r \\ 0 \end{bmatrix}\right) \int\limits_{0}^{2\pi} g_p(r,\alpha) d\alpha dr \tag{10.32}$$

Da das Integrationsintervall bei Integration über den Winkel α einer vollständigen Umdrehung entspricht, ist die Integration unabhängig von einer Verschiebung θ.

$$\int\limits_{0}^{2\pi} g_p(r,\alpha) d\alpha = \int\limits_{0}^{2\pi} g_p(r,\alpha + \theta) d\alpha \quad \text{mit } \theta \in \mathbb{R}$$

Es ergibt sich Gleichung (10.33).

$$(g_p ** f)(\mathbf{p}_0) = \int\limits_{-\infty}^{\infty} r \cdot f\left(\mathbf{p}_0 - \begin{bmatrix} r \\ 0 \end{bmatrix}\right) \int\limits_{0}^{2\pi} g_p(r,\alpha) d\alpha dr = \int\limits_{-\infty}^{\infty} r \cdot f\left(\mathbf{p}_0 - \begin{bmatrix} r \\ 0 \end{bmatrix}\right) \int\limits_{0}^{2\pi} g_p(r,\alpha + \theta) d\alpha dr \tag{10.33}$$

Infolgedessen ist das Faltungsergebnis an der Stelle, um welche eine Umgebung rotationssymmetrisch ist, für jede Drehlage des Filterkerns identisch.

Ist der Filterkern zudem punktsymmetrisch, gilt $g(\mathbf{x}) = -g(-\mathbf{x})$. In Polarkoordinaten ergibt sich $g_p(r, \alpha) = -g_p(r, \alpha + \pi)$.

Für die Integration über den Winkel α folgt daraus Gleichung (10.34).

$$\int_0^{2\pi} g_p(r, \alpha) \, d\alpha = \int_0^{\pi} g_p(r, \alpha) \, d\alpha + \int_{\pi}^{2\pi} g_p(r, \alpha) \, d\alpha$$

Substitution: $\varphi = \alpha - \pi \Rightarrow \alpha = \varphi + \pi, \dfrac{d\alpha}{d\varphi} = 1$

Integrationsgrenzen: $\alpha = \pi \Rightarrow \varphi = 0$ und $\alpha = 2\pi \Rightarrow \varphi = \pi$

$$\int_0^{2\pi} g_p(r, \alpha) \, d\alpha = \int_0^{\pi} g_p(r, \alpha) \, d\alpha + \int_0^{\pi} g_p(r, \varphi + \pi) \, d\varphi = \int_0^{\pi} g_p(r, \alpha) \, d\alpha - \int_0^{\pi} g_p(r, \varphi) \, d\varphi = 0 \qquad (10.34)$$

Durch Einsetzen dieses Ergebnisses in die Faltungsgleichung ergibt sich Null als Faltungsergebnis an der Stelle $\mathbf{p}_0$.

$$\left(g_p ** f\right)(\mathbf{p}_0) = \int_{-\infty}^{\infty} r \cdot f\left(\mathbf{p}_0 - \begin{bmatrix} r \\ 0 \end{bmatrix}\right) \int_0^{2\pi} g_p(r, \alpha) \, d\alpha \, dr = \int_{-\infty}^{\infty} r \cdot f\left(\mathbf{p}_0 - \begin{bmatrix} r \\ 0 \end{bmatrix}\right) \cdot 0 \, dr = 0 \qquad (10.35)$$

Das Faltungsergebnis eines rotationssymmetrischen Signals mit einem punktsymmetrischen Filterkern liefert also Null an der Stelle, um welche das Signal rotationssymmetrisch ist.

11 Abbildungsverzeichnis

12 Tabellenverzeichnis

13 Index